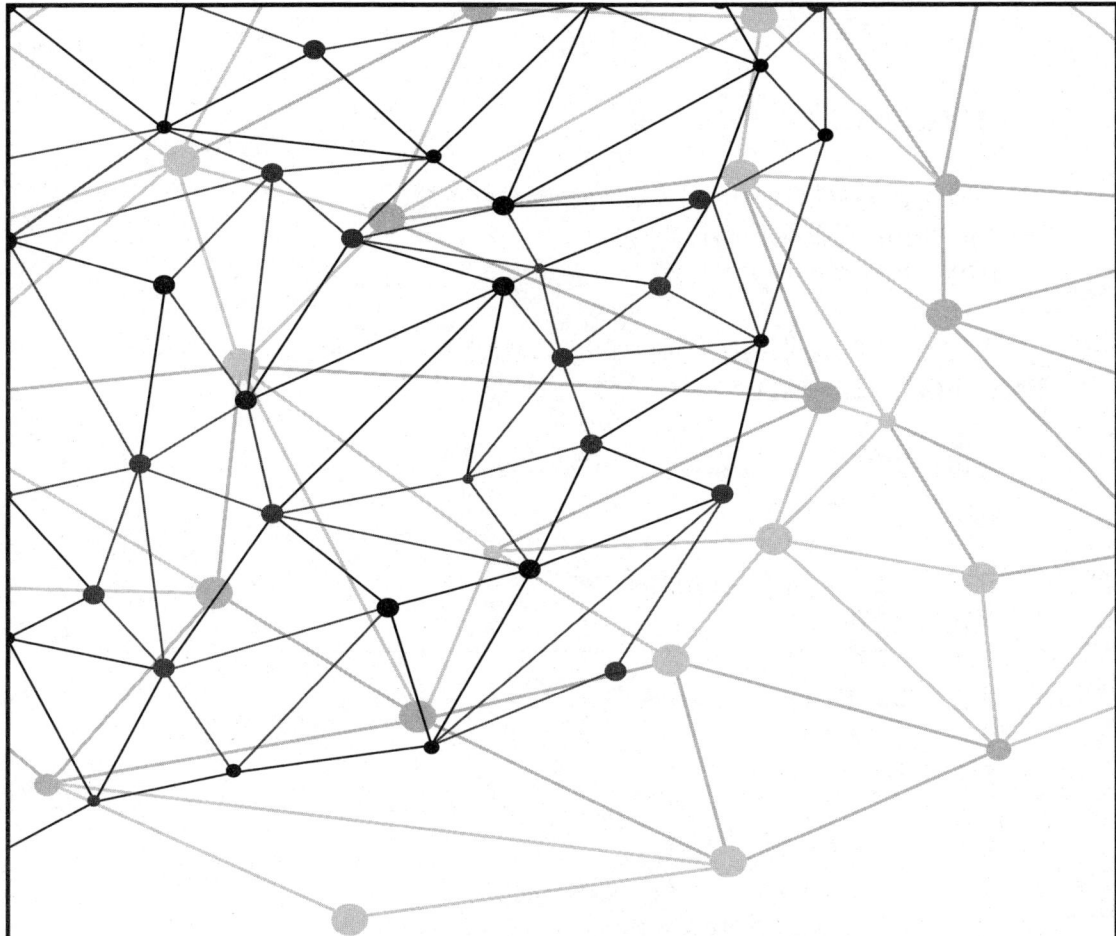

新时代地方本科高校
应用型发展研究

———— 吴建铭◎主编 ————

XINSHIDAI DIFANG BENKE GAOXIAO
YINGYONGXING FAZHAN YANJIU

中国广播影视出版社

图书在版编目（ＣＩＰ）数据

新时代地方本科高校应用型发展研究 / 吴建铭主编
. —北京：中国广播影视出版社，2023.1
ISBN 978-7-5043-8933-6

Ⅰ.①新… Ⅱ.①吴… Ⅲ.①地方高校—教育改革—
研究—中国 Ⅳ.①G649.21

中国版本图书馆 CIP 数据核字（2022）第 206970 号

新时代地方本科高校应用型发展研究
吴建铭　主编

责任编辑　王　波
责任校对　张　哲
装帧设计　中北传媒

出版发行　中国广播影视出版社
电　　话　010-86093580　010-86093583
社　　址　北京市西城区真武庙二条 9 号
邮政编码　100045
网　　址　www.crtp.com.cn
电子邮箱　crtp8@sina.com

经　　销　全国各地新华书店
印　　刷　艺通印刷（天津）有限公司

开　　本　710 毫米 ×1000 毫米　　　　1/16
字　　数　251（千）字
印　　张　17.75
版　　次　2023 年 1 月第 1 版　　　2023 年 1 月第 1 次印刷

书　　号　978-7-5043-8933-6
定　　价　86.00 元

前　言

　　本书为福建省高校以马克思主义为指导的哲学社会科学学科基础理论研究项目——《习近平总书记关于教育的重要论述与闽江大学实践研究》的研究成果。1990 年 6 月至 1996 年 5 月，习近平总书记在福州工作期间，曾兼任闽江职业大学（闽江学院前身）校长一职，亲自为学校改革发展把方向、谋规划、做决策、解难题、办实事。在这期间，他对发展高等教育有了更多的思考与实践探索，提出了"不求最大，但求最优，但求适应社会需要"的办学理念，倡导"立足福州、面向市场、注重质量、突出应用"的办学宗旨，科学地擘画了闽大跨世纪宏伟蓝图。党的二十大报告提出："要办好人民满意的教育，全面贯彻党的教育方针，落实立德树人根本任务，培养德智体美劳全面发展的社会主义建设者和接班人。"这与习近平总书记对闽江学院办学重要指示精神一脉相承。在这些教育思想的指导下，闽大师生开创了从站稳脚跟到快速发展的崭新局面，这些具有前瞻性的办学理念和思想，是闽江学院改革发展的指路明灯，也成为闽江学院发展道路上最为宝贵的思想财富和精神财富。多年来，闽江学院在发展中始终牢记习近平总书记的殷殷嘱托，深入贯彻落实习近平总书记关于教育的重要论述，并结合闽江学院的实际特点进行了富有成效的实践。《习近平总书记关于教育的重要论述与闽江大学实践研究》这一课题的选题就是立足于习近平总书记关于教育的重要论述在闽江学院的实践，总结了具有闽江学院特色的实践案例和经验，也清晰地勾画出了中国特色社会主义教育思想在建设地方应用型大学过程中不断深化和发展的过程。

本书共收录论文29篇，以闽江学院践行习近平总书记关于教育的重要思想为总线，分为应用型人才培养、课程思政、教学改革三部分进行探讨，介绍了闽江学院践行习近平总书记关于教育的重要论述的具体尝试。第一部分从科教融合、产教融合、开放办学、应用型本科教育等角度总结闽江学院在应用型人才培养实践中的尝试；第二部分从学科、专业、课程等不同层次，探讨了闽江学院在思政课程质量保障、思政与专业课程融合、高校思政课程建设等方面的具体实践；第三部分将闽江学院在专业培养、在线教学、三创教育、第二课堂等不同角度和层面上的教学改革实践进行汇总。

本书的集结与出版，从应用型本科高校具体实践的角度，在教学、科研、思政课程建设、三创教育等方面提供了大量的一手案例资料，为深入学习贯彻习近平总书记关于教育的重要论述的理论意义和实践价值开辟了一个全新的视角。

吴建铭

2022 年 10 月 21 日

目 录

第一部分 应用型人才培养

★ 深化科教产教融合 ………………………………… 李佐勇 / 003

★ 产教融合协同育人的工作思路 ……………………… 刘运娟 / 011

★ 把一二三课堂融合发展引向深入打造高水平应用型人才培养的闽大模式

………………………………………………… 何 伟 洪晓林 / 017

★ 校地合作 共创未来 ………………………………… 李佐勇 / 030

★ 坚定不移地走开放办学之路 ………………………… 郑 坚 / 035

★ 集聚资源 综合改革

——为高水平有特色的应用型大学发展战略全局助力 ……… 洪晓林 / 040

★ 科教与产教双融合下闽江学院应用型办学实践

——以信息技术类为例 ……………………………… 邵振华 / 047

★ 新商科背景下经管学院应用型人才培养模式研究

    ·············· 乐上泓　尹利军　林俊韬　赖丽萍　刘祖军　翁曼莉 / 059

★ 应用型本科高校产业学院的"三链"融合改革　戴　程　何　敏　何　白 / 073

第二部分　课程思政

★ 科学构建思政课教学质量保障体系探析 ························· 杨艳春 / 087

★ 从"浅表化"到"深层化"：课程思政改革的实践与探索

    ——以公共关系学概论为例 ·································· 王燕星 / 095

★ 新媒体艺术设计课程思政建设有效路径研究

    ——基于植根华夏　筑梦家国的作品思政视角 ················· 丁　耀 / 105

★ "三位一体"育人理念下服装营销方向课程思政的探索与实践

    ——以《服装展示设计》课程为例 ···················· 于小利 / 113

★ 课程思政背景下概论性课程中教学案例选择策略研究 ············· 张季苹 / 124

★ 以马克思主义方法论为指导推进形势与政策课教学改革 ··········· 周丽芳 / 131

★ 家国情怀教育在《社区工作》课程中的实践探索 ····················· 刘宜君 / 142

第三部分　教学改革

★ 产教深度融合的应用型大学人才培养模式探索与实践

    ——以闽江学院电子商务专业为例 ········· 林中燕　李　煊　张和荣 / 153

★ 数字经济背景下新商科专业建设的探索与实践

    ——以闽江学院新华都商学院为例 ····························· 林　萍 / 162

★ 新文科背景下广告学创新应用型人才培养生态型体系的探索与实践

  …………………………………………………………… 陈思达 / 169

★ 三螺旋理论下经济学专业创新创业教育研究

  ——以闽江学院为例 ……………… 林 文 曾岚婷 陈王盈 邱如荫 / 179

★ 应用型涉外法治人才培养之"普法式"教学法探索 ……………… 陈 雄 / 190

★ 财税专业应用型人才培养的教学模式改革研究

  ………………………………… 尹利军 李 文 邱 强 罗会武 / 199

★ 《服装材料学》课程在线教学探索与实践 …………… 吕 佳 赵 莉 / 210

★ 基于雨课堂的翻转课堂模式教学改革探究

  ——以《理论力学》课程教学为例 ………………………… 洪锦泉 / 217

★ 以规范精准为导向的本科毕业论文(设计)信息化管理 林文如 林叶郁 / 228

★ 应用型高校学生社团管理"课程化"模式构建… 邹文通 薛 琳 何 伟 / 236

★ 基于成果导向的新闻采写课程模式改革探析………………… 李 馨 / 247

★ 多维驱动下的广告学专业课程教学改革探析………………… 彭丽霞 / 257

★ 赛教融合——平面设计类课程三创教育教学改革…………… 李 娟 / 266

后 记 ……………………………………………………………… 274

第一部分　应用型人才培养

深化科教产教融合

李佐勇

（闽江学院 科研处）

一、引言

随着应用型本科高校改革的不断深入，闽江学院通过出台服务地方社会经济发展的制度或文件，吸引教师通过校企合作等形式探索科教产教融合和人才培养模式。具体而言，科教融合是科研与教学相融合的方法，大力支持并引导学生主动参与教师科研，教师指导学生学科竞赛和创业活动，以研促学、以赛促学、以创促学，实现科教融合；产教融合是产业与教育两个行业合作，鼓励学院与相关企业深度合作，企业可以参与讨论学校培养标准研讨会、人才培养方案制定、教学过程等各教学环节，推进产教融合。

二、目的和意义

产教融合是应用型大学的基本办学理念和人才培养方法，有利于促进教育和产业的互动发展。《国务院关于加快发展现代职业教育的决定》和《现代职业教育体系建设规划（2014—2020年）》把"深化科教产教融合"作为加快发展现代职业教育的指导思想和基本原则，并提出"加快现代职业教育体系建设，深化产教融合、校企合作，培养数以亿计的高素质劳动者和技术技能人才。产教融合对我国的人才培养、高等教育发展和产业优化升级的意义开始逐渐凸显。"

（一）科教产教融合成为应用型人才培养的重要方式

产教融合更倾向于关注教育与产业之间的距离，关注教育与产业的适应性发展，强调人才培养与企业生产的契合度，培养理论联系实际并能将科学知识转化为现实生产力的应用型人才。"科教融合与合作"本质上就是发挥应用研究在学校转型发展的支撑和引领作用，在应用科研中实现对学生应用研究能力的提升，即寓教于研。

（二）深化科教产教融合有利于促进高校分层分类发展，推动高等教育更好地服务社会经济

应用型高校的三大特征为定位于培养应用型人才、侧重应用研究和服务地方经济发展。建设应用型高校有利于打破我国高等教育类型单一、同质化发展、与经济社会发展脱节等现状。可以说，科教产教融合不仅是应用型人才培养的重要手段，也是应用研究的出发点和落脚点，更是应用型高校有效服务地方经济发展的重要保障。

（三）科教产教融合是促进我国产业结构优化升级的重要动力

科教产教融合，一方面可以实现科学研究和产业发展的"强强联手"，有利于借助新的知识技术促进产业升级更替；另一方面可以培养适应和引领产业发展的人才，为产业升级发展提供重要的基础条件。我国正在倡导大力发展以物联网、大数据、云计算为代表的信息产业，以我校"数字福建智能化生产物联网实验室""海洋传感功能材料福建省重点实验室"为例，培育节能环保、生物、新材料、新能源、高端装备制造业等新兴产业，以科技含量高

的产业优化升级引领我国经济的转型发展。

三、研究问题

深化科教产教融合，实质上是一场牵涉多方利益相关主体的跨系统合作，其合作效果取决于外部主体（行业、企业和政府）和内部主体（高校内部的学校管理人员、教师和学生）的产教融合动力。然而，实际改革过程中我校产教融合的内外部主体并没有足够的动力深化科教产教融合，以致产教融合举步维艰。目前，我校实践基地建设和产学研合作发展虽然呈现出多元化发展的趋势，但是产业与教育两个行业的融合仍然不够充分和成熟，促进企业与学校开展合作培养、科技研发的机制还不够完善，导致我校人才培养过程中实践研究投入少，学生应用实践能力不强。校企合作协同育人一直在开展，但企业参与合作的动力不足，呈现出合作深度和系统性不够强的现象。

（一）科研与教学分离

科研是教育发展的核心竞争力，虽然我校在科研数量上取得了令人瞩目的成绩，但科研基础薄、积淀弱。与传统研究型高校相比，在科研经费总额、科研成果数量以及技术成果转让等方面均存在明显劣势。长期以来，我校科研定位不清，发展目标不明的问题突出，从本质上说，缺乏科研"指挥棒"的引领，形成了以追求科研"高大上"为方向，以分享研究型大学"科研残羹"为目标的科研现状，科研与教学彼此分离、"两张皮"各扫门前雪现象已成为制约我校发展的瓶颈之一。从本质上看，高校教师从事科学研究和教书育人本应该是互为支撑，但实际上在当前高等教育体制下，科学研究和社会服务大多名利双收，同时职称评定时科学研究和社会服务的分量重、关联大，导致教师热衷于科学研究和社会服务，投入的精力甚至远远高于人才培养方面。

（二）产业与教育融入不深，学生应用实践能力不强

目前，我校实践基地建设和产学研合作发展虽然呈现出多元化发展的趋势，但是产业与教育两个行业的融合仍然不够成熟，促进企业与学校开展合作培养、科技研发的机制还不够完善，导致应用型本科高校人才培养过程中实践育人不足，学生应用实践能力不强。究其原因，可能主要存在两方面的问题：一是校企合作主体的共赢模式尚未构建。企业参与合作的动力不足、应用型本科高校专业服务行业企业的能力不足、政府缺乏有效的政策激励等原因，导致校企合作中应用型本科高校一方使力，普遍存在"学校热、企业冷"的现象。二是校企主体合作的系统性尚未形成，组织治理制度不完善。许多校企合作产学对接项目仅停留在立项或正在建设阶段；企业参与协同育人的积极性不高，与学校合作的深入度不够，学生参与度低、合作培养教育内容较少、合作范围较为狭窄；学生的专业学习、科技活动与产业背景、企业生产经营的实际联系不紧密，学生对企业科技创新的贡献率不高等。

四、策略与建议

（一）动力是深化科教产教融合的切入点

意识转变、经费投入、师资队伍建设、人才培养模式、课程改革、合作模式改革等一系列动力问题，这些才是深化科教产教融合必须首要解决的问题。学校管理人员深化产教融合的动力比较充足，学校管理人员比较支持培养应用型人才、深化校企合作、加强实践教学等科教产教融合活动，对产教融合的精力投入比较充足。因此，高校内部主体的意识觉醒是动力的源头，只有科教产教融合的各方主体都有了足够的产教融合动力，应用型高校的产教融合才能"源源不断"，才不至于沦为"纸上谈兵"，后续的学科专业调整、课程改革、融合模式改革等问题也才容易解决。换言之，动力是产教融合的"龙头"，只有把各个产教融合主体的动力都打开，让应用型高校产教融合内

外部主体的资源和活力积极主动地释放出来，应用型高校深化科教产教融合才能铺得开、融得深、走得远。

在操作方面，深化科教产教融合有五大基本要求：根据地方产业发展需求及时调整学科专业设置，侧重应用研究，提高实践教学频率，校企深入合作，建设"双师双能型"教师队伍。我校在融合进程中积极落实习近平总书记来校考察重要讲话精神，推进现代产业学院建设，深化产教融合、校企合作、校地互动。材料与化学工程学院依托其优势专业——应用化学、高分子材料与工程和制药工程，紧密对接我省化工新材料产业和福州市四千亿级功能性纺织化纤材料、千亿级江阴化工新材料、罗源湾南岸千亿级化工产业基地，同时学院立足福州，面向福建，与相关行业和企业保持了良好的产学研合作关系。闽江学院化工新材料产业学院、现代纺织服装产业学院、电子商务产业学院、人工智能产业学院等特色产业学院成立，既是高等教育支撑经济高质量发展的必然要求，也是推动学校特色专业发展，实现校企合作创新链、产业链和教育链衔接的有效途径。最后，一定的办学自主权是应用型高校深化科教产教融合的前提，也是应用型高校保持活力的必要条件。

（二）建设高校与政府、企业长效组织治理机制

产教融合涉及面广、合作程度深、实施力度大、效果显著的原因是众多利益相关主体共同作用的结果，显而易见高校、企业是推动产教融合发展的内在主体，政府则是产教融合外部的有力推动者，主要承担为产教融合创造有利环境、提供优质服务和监督合作过程。如何通过有效的组织治理机制，使三个主体扬长避短、相互协调、密切合作，是深化科教产教融合的另一大考验。

首先，组织治理必须兼顾各类组织的性质属性、社会职能、资源深度和利益诉求，以求达到组织治理的起始平衡。其次，组织间要逐步消除壁垒，打破沟通障碍，加快不同职能人员等要素的渗透与融合，通过科学有纪律地

规划加强各组织的协调管理，避免出现组织冲突甚至组织对抗。再次，通过对各种资源进行整合归类，使其更具有系统性、层次性和丰富性，最终取得优化资源配置、高效使用和创造新资源的整体最优效果。最后，充分发挥高校自身组织功能，增强组织主体自我治理的意识与能力，通过相互学习、紧密协作而自我增值，提升自身吸引力和综合实力，激发组织创新的动力与活力，提升组织运作绩效，促使组织向有序化、协同化方向迭代升级。确立"学院办大学"的办学思路，下放人事、财务、设备管理等权限，鼓励二级学院建立由地方、行业和用人单位参与的院理事会制度，发挥咨询、协商、审议与监督作用。鼓励二级学院与行业企业共建基于学科和专业大类的科技服务性企业，增加高校人力资源和设备资源的利用率，扩大与社会的互动性，增强二级学院的办学活力和社会服务能力，提高二级学院社会影响力和筹资能力。

（三）建设"大学—企业—政府"合作联盟机制

合作联盟是为了加强组织主体的战略协作和提高整体竞争力，通过整合政府、大学、企业等资源力量，以投资参股或签订协议、契约形式结盟建立的"伙伴式"合作组织。它是一种既合作又竞争的"竞合"关系，在竞争中合作，在合作中共发展。科教产教合作联盟机制是产教之间多主体建立战略合作伙伴关系的具体方式，它致力于推动大学与政府、行业企业的协调合作，把独立优势转化为整体优势，实现多方互利共赢，是推进科教产教融合的重要组织创新。

一是服务区域经济，搭建校地共赢的研究与服务平台。面向区域现代产业集群，聚焦行业产业经济发展的核心共性问题，结合学校学科专业方向，建设支撑地方产业的应用研究与技术服务平台。将企业生产一线实际需求作为学校工程技术研究选题的重要来源，支持二级学院与行业骨干企业共建的地方支柱产业高端研发与应用平台。鼓励二级学院与企业共建产业学院和企业工作室、产业技术实验室、行业检测中心等。闽江学院海洋学院和新华都商学院积极开展校企合作研讨会，努力实现"优势互补、资源共享、平等互利、共同发展"的现实需要，也是促进产教融合、服务地方、提高应用型人才培养质量的重要途径。与政府合作建立地方研究院，为企业提供多方位的科技服务。利用二级学院设备和人才资源开展社会培训，将学校建成服务行业和主要企业的培训平台。

二是构筑产教基地，建设基于二级学院的产教融合综合应用平台。创新产教融合教育组织形态，设立基于学科、专业大类服务于相关行业、产业的产教融合综合应用平台。建设工程（工业）中心，集聚学科专业的设施设备、师资力量、行业新技术、产业对人才与科技服务的需求信息，营造真实工程环境，实现工程技术人才培养的目标。将平台建成相关专业学生的实践教学和创新创业基地、相关专业学生实习就业和企业技术需求的信息集散地、相关学科的应用研究中心、相关产业的科技服务平台、相关专业的应用型师资培训中心、相关行业技术人员的社会培训机构，形成校企地合作长效共赢机制，提升学生应用实践能力。

（四）建立成熟的科技成果转化评价机制

我国深入实施科技创新驱动发展战略，促进产教融合持续发展，最终的目标是将科技创新转化为现实生产力。创新促进经济发展新常态，产教融合创新驱动政策促进科技成果转化，促进社会生产力发展。随着产教融合政策越来越深入，高校是科技成果转化的重要场所，在国家科技发展中发挥着重要作用。加快完善科技成果转化的评价机制。我国传统的科技成果评价机制主要把重心放在基础研究上，而应用研究一直都是少数的、缺失的，因此我们更需要重视应用研究的质量和数量。应用研究的评价体系主要是论文、专利以及一些纵向课题，其注重项目资金等重要评价标准的评价和推广，却忽视了经济社会科学的转型和产业化以及技术成就。在未来的科学技术评价机制中，有必要为科学技术成果转化增加评价指标和评价体系，在评价体系中增加高校教师和研究人员的数量。实行科技人员分类管理，为实现科技成果转化和高新技术产业化创造宽松而良好的外部环境。

科教产教融合是教育发展的重要规律，也是应用型大学改革的必由之路。产教融合是教育系统和产业系统协作发展的过程，是社会各要素相互渗透、协同基础上的互补性融合。教育和产业是密切联系并可以相互促进的两大系统，二者的互动结合可以产生巨大的经济社会效益，增进人类的福利。因此，拉近教育和产业的关系，是教育组织和产业组织共同的内生需求和重要责任，资源是应用型高校深化产教融合不可或缺的保障。加大经费投入，拓宽经费来源，严格保证地方政府对应用型高校的经费投入，为应用型高校的学科专业建设提供政策支持。单独建立应用型高校评价体系，强化应用型高校的应用学科专业。政府主导建立多方合作交流机制，拓宽应用型高校的社会资源。展望未来，闽江学院继续以建设高水平应用型大学为发展目标，以培养应用研究能力和应用实践能力的复合型人才为根本，进一步深化科教产教融合与合作。

产教融合协同育人的工作思路

刘运娟

（闽江学院　教务处）

　　近年来，国家持续深化高等教育改革，推动产教深度融合。产教融合背景下，校企互动是一种新的培养模式，是应用型大学的重要特色之一。产教融合涉及学校、政府、行业企业等诸多主体，通过建立"政府主导、行业指导、企业参与、学校推进"的四环联动协同育人管理机制，协同共建实践教学平台，协同共建课程体系，协同共建师资队伍，改革教学方法和评价机制，可有效推动应用型大学的产教融合。

　　为进一步深化产教融合协同育人，促进教育链、人才链与产业链、创新链有机衔接，提升应用型人才培养质量，政府先后出台了《国务院办公厅关于深化产教融合的若干意见》（国办发〔2017〕95号）、《福建省人民政府办公厅关于深化产教融合十五条措施的通知》（闽政办〔2018〕94号）、《福建省人民政府办公厅关于深化产教融合推动职业教育高质量发展若干措施的通知》（闽政办〔2020〕51号）等文件，从国家到政府都给予了推进产教融合协同育人工作的充分重视。我校产教协同育人近几年取得了一些成绩，但仍存在以下几个问题：

　　一是产教融合缺乏深度。各专业与企业之间相互达成人才培养协议或校企合作协议，但政府很少参与其中，使得产教融合模式推广力度不够。校企之间的合作只限于协议的签订，并没有开展实质性合作。

二是企业参与产教协同育人的积极性不高。高校与企业之间的合作要遵循互惠互利的原则，但是，校方和企业方的目标却是不同的。学校需要借助企业这个实践平台去培养高级应用型人才，提高学生的实践能力和创新能力。而企业的目的是要盈利，企业在合作中找不到利益点，所以表现出消极的态度。

三是双师型教师资源不足。我校教师缺少相应的企业实践经验，现有的双师型考核标准过低，双师型教师队伍还存在过多"水分"；同时校外企业教师队伍的引进也存在诸多门槛，未形成校内外共同参与人才培养的教师队伍。

四是缺少高质量的实践实训平台。缺少省级以上的实验教学示范中心、虚拟仿真实验平台、校外实习实践基地、校企共建实验室等，难以支撑我校产教协同育人工作的开展。

针对目前产教协同育人工作的背景与我校存在的问题，提出以下几点工作思路：

一、提高对产教融合协同育人重要性的认识

1. 充分认识产教融合协同育人的重要意义

近年来国家、省市先后颁布了一系列文件，从多个层面推进产教融合工作。产教融合协同育人是人力资源供给侧结构性改革、实现精准就业和培育经济发展新动能的迫切要求。推进产教融合协同育人，也是我校办学理念的内在要求和深化人才培养改革的重要着力点，对提升人才培养质量和服务能力具有重要意义。

2. 加强规划引领，做好顶层设计

以产教融合推动学校综合改革是我校当下面临的重要而迫切的工作任务。突出规划导向作用，将产教融合协同育人工作纳入学校"十四五"发展规划，

充分做好顶层设计，推进各项子规划的衔接，同步规划产教融合协同育人的政策措施、支持方式、实现途径和项目。

3. 提高理论认识，强化担当意识

加强产教融合协同育人有关政策的学习研究，更新思想观念，深刻理解产教融合协同育人的理论内涵和实践要点。产教融合协同育人是一项系统性工作，各单位要牢固树立"全校上下一盘棋"的思想，强化担当意识，将产教融合协同育人贯穿于办学全过程。

二、探索产教融合协同育人机制

1. 深化"引企入教"改革

推动行业企业参与人才培养过程，参与专业建设规划、培养方案制订、课程教学大纲编制、教材开发、教学设计、实习实训、毕业论文（设计）指导、质量评价等工作，促进企业需求融入人才培养。积极探索校企合作的途径与方式，拓展合作交流渠道，推进"引企入教"。在符合有关政策规定下，支持二级学院在技术创新、就业创业、社会服务、文化传承等方面与行业企业开展深层次、多形式的合作，提高协同育人的成效。

2. 推进行业企业参与教学组织

吸纳行业企业人员进入教学指导委员会、专业建设指导委员会和就业创业指导委员会等组织，积极发挥行业企业职业资格标准制定者的桥梁和纽带作用，在专业设置评议、人才培养方案制订、教师队伍建设、教材开发、教学内容更新、质量评价等方面接受行业企业指导。支持二级学院探索其他类型的校企合作治理组织，促进产教供需双向对接。

3. 探索实习实训"双主体"育人机制

进一步理顺实习实训教学机制，增强企业接收学生实习实训的动力，提供实训场地、设施设备、安排技术和管理人员。加强实习实训教学管理，促进学生实习岗位与其所学专业面向的岗位群相对接。将产、学、研结合作为

主线贯穿于实践教学体系，完善学生到企业实习实训制度，遴选企业实习实训基地，推进面向真实生产环境的任务式教学，试行校企双师联合培养，探索校企"双主体"育人机制。

三、加强产教融合协同育人资源建设

1. 共建实习实训平台

与行业、知名企业共建实践基地，新建 50 个校外实践基地，确保每个专业 3 个以上稳定的具有示范作用的校外实习基地。校企共建集教育、学习、研究及生产于一体的综合性实验实训实习平台。以优质服务促合作，建设 3 个面向全校的公共实验实训平台，10 个产业契合度高的专业性实验实训平台，力争 1~2 个国家级高水平实验实训平台。推进育人与企业需求衔接，通过就业和人才预备培训、参与企业顶岗实习、推荐毕业生等，搭建行业企业认可的人才提升平台。

2. 建设产教融合师资队伍

健全产教融合师资队伍建设机制，提升师资队伍实践能力，加强双师双能型教师队伍建设，"双师双能型"教师占比达到 55%。推进校企人才双向流动。遴选优秀人才到各类前沿产业、骨干企业开展专业理论与实践技能进修。五年选派进修访学、交流培训、挂职等人员 400 名。加大具有行业企业工作经历教师的聘用力度，从行业企业中引进具有学科背景的应用型人才，建立企业行业优秀人才库，聘请行业和企业优秀人才来校任教，促成校地、校企培养高素质技能人才的合力机制。将双师双能型标准作为教师聘期考核、职称晋升、岗位聘任的重要条件，引导教师转型。

3. 建设校企合作课程与教材

以产业技术进步驱动课程与教材建设，深化课程建设校企合作，促进校企在课程设置、课程内容上对接。积极推进课程设置模块化，提升课程设置与行业实际场域的匹配度，推动课程内容与行业标准、职业标准对接，每个

专业校企共建 3 门以上课程。推动校企联合开发在线开放课程。将企业真实研发项目引入实践实训课程。校企合作开发教材，聘任行业企业的一线技术人员与教师合作，结合新技术新工艺，选用和编写教材，五年内新增出版实践课程、校企合作教材 30 ~ 50 部。

四、深化产教融合协同育人模式改革

1. 稳步推进现代产业学院

以区域产业发展急需为牵引，谋划和推进现代产业学院。支持二级学院瞄准与地方经济社会发展的结合点，对接地方支柱产业、新兴产业和特色产业链，选择合作伙伴，推进 5 ~ 8 个现代产业学院，探索人才共育、师资共培、资源共享、实习就业共担的运行机制，发挥学院、行业协会、企业等多元办学主体作用，打造校企协同育人的应用型人才培养共同体，培养产业发展需求的应用型人才，推动人才培养供给侧与产业需求侧对接。

2. 探索订单式、定向班等培养模式

围绕行业企业需求，支持二级学院与企业联合试点"定向培养""订单培养"等校企合作育人模式，以行业企业人才培养需求为导向，校企双方共同讨论决定人才培养的环节和要求，学生的生产实训、顶岗实习、毕业设计在企业进行，达到企业人才需求目标，增强校企合作的针对性和有效性。

3. 开展"1+X"证书制度试点

联合优质企业，试点"1+X"证书制度（"学历证书 + 若干职业技能等级证书"制度试点）5 ~ 10 项，促进书证融通，将职业岗位所需知识、技能和职业素养融入教学过程，鼓励学生取得多类职业技能等级证书，提升就业创业本领。

五、强化产教融合协同育人工作保障

1. 健全推进机制

加强组织领导，成立校院两级领导小组，发挥领导小组的引领和指导作用。推进形成学校主导、学院主体的协同推进模式，完善部门密切配合的工作协调机制。各教学单位结合本单位特点制定具体工作方案。鼓励先行先试，支持有较强代表性、影响力和改革意愿的二级学院先行先试，探索可借鉴的模式和经验。强化工作督导，推动各项工作任务落地落实。

2. 加强政策扶持

按上级有关产教融合协同育人的文件规定，各单位结合部门工作实际，完善相关管理制度，落实支持举措，建立健全产教融合协同育人政策支持体系，促进政策落地，加大对产教融合协同育人工作的支持力度。

3. 加大经费支持

多渠道多方位筹措资金，加大对产教融合协同育人工作的经费投入力度，保障教育教学改革、实验实训实习和"双师双能型"教师队伍等建设经费的实际需要，确保产教融合协同育人工作取得明显成效。

4. 完善激励机制

将产教融合协同育人工作作为重要工作内容，纳入学院年度绩效考核体系。对在产教融合协同育人方面做出突出贡献的集体和个人给予表彰，推动形成一批典型案例和成果，发挥示范作用。积极营造全校充分理解、大力支持、参与产教融合协同育人的良好氛围。

把一二三课堂融合发展引向深入打造高水平应用型人才培养的闽大模式

何　伟　洪晓林

（闽江学院　教务处、创新创业创造学院）

2021 年 3 月 25 日，习近平总书记时隔 25 年重返闽大考察调研，与师生亲切交流并发表重要讲话，充分肯定了学校坚持应用型办学的实践探索，为学校深入推进高水平有特色的应用型大学建设指明了前进方向、提供了根本遵循、注入了强大动力。站在学校发展新的历史起点上，我们要牢记嘱托，把对习近平总书记的崇敬之心、爱戴之情转化为立德树人、勇毅前行的强大精神动力，着力把习近平总书记来校考察重要讲话精神、对学校办学的重要指示精神以及关于教育的重要论述有效转化为学校教育教学发展导向、政策举措和工作方法，把闽江学院建设成为习近平总书记关于教育重要论述的研究高地、高水平应用型人才培养模式的实践高地，以融入中国教育事业现代化的历史担当，领先开展应用型大学治理体系和治理能力现代化的有益探索。

一、"三个课堂、三张成绩单"制度的提出与改革现状

遵循"不求最大，但求最优，但求适应社会需要"的办学理念和"立足福州、面向市场、注重质量、突出应用"的办学宗旨，学校坚持以立德树人

为根本，培根铸魂、启智润心。2016年，团中央、教育部联合印发《高校共青团改革实施方案》，在全国高校正式实行第二课堂成绩单制度。我校于2016年率先在全省开展第二课堂成绩单制度改革，成为福建省首家试点高校并探索形成了有别于团中央模式的闽院方案。2017年，为贯彻落实全国高校思想政治工作会议精神，探索和推动我校思想政治工作体系建设，学校在原有"文明修身"工程的基础上，研究出台了第三课堂成绩单制度，以课堂文明、公寓文明、网络文明建设为主要抓手，致力于学生文明行为养成教育。至此，我校"三个课堂、三张成绩单"育人模式初步形成：第一课堂即传统课内教学，包括理论教学和实验实训等内容；第二课堂即第一课堂之外的实践活动和能力培养，包括思想引领、志愿服务、创新创业等5大模块；第三课堂即学生文明行为养成教育。三个课堂分别由三个部门牵头负责，各自形成学生评价考核的成绩单。

自2017年提出"三个课堂、三张成绩单"制度以来，学校党委和行政管理部门高度重视，在多个重要场合介绍了这一育人机制的经验做法。三个课堂的改革和融合发展也取得了可喜的进展：首先，2017年学校成立创新创业学院，将第二课堂成绩单制度与创新创业学分进行有机整合，推行积分转换制度改革；第二课堂成绩单制度从只是"记录大学生成长点滴"的成绩单，升格为成长的必修课并写进人才培养方案，学校成为全国率先开展第二课堂学分制改革的少数高校之一，为深化立德树人工作体系和应用型人才培养体系改革打开了一扇窗。其次，一二三课堂采用同一信息技术平台，三个课堂打通了底层数据，为三个课堂融合发展提供了基础的技术支撑。此外，在完整运行一届学生之后，学校以第二课堂教育教学改革为突破口，启动新一轮改革，率先形成了深度融合、成果共享、互融转化的应用型高校"一二三课堂"协同育人创新机制，相关成果获得"2020年福建省高校教学成果特等奖"，入选"2021年福建省本科教改案例库"，在改革的社会影响力和成果的示范性上有较好的基础。

二、"三个课堂、三张成绩单"制度当前存在的问题与原因分析

"三个课堂、三张成绩单"制度改革工作也存在一些突出问题和明显短板：第一课堂历史欠账太多，人才培养质量不高，亟须深化教育教学改革，让学生忙起来、让教师强起来、让管理严起来、让效果实起来。学校推动第二课堂人才培养方案改革，五育并举建立育人工作体系，但是各个学院存在体系和实际工作两张皮现象，改革所带来的增量资源还未很好地带动供给侧提质增效。第三课堂学生文明行为养成教育采用"负面清单"制，本意是让学生知戒惧、严律己，但是实践过程中导致改革初期大量违规违纪学生被处分，抵触情绪和反弹较大，为缓解工作压力，又导致教育管理"宽松软"的苗头和倾向；虽然后期通过改革，引入加分机制，但是加分项基本仅限于特色活动等方面，且没有足够吸引力，同时覆盖大多数同学的可量化的日常行为表现基础数据并没有被吸收采纳，没有充分体现全员全过程全方位的育人理念，淡化了学生修身立德的正向行为导向。具体原因分析如下：

1.改革的系统性、整体性、协同性不够

注重系统性、整体性、协同性，是深化教育改革创新的内在要求，也是推进教育改革的重要方法。在系统性方面，三个课堂之间的功能、结构、要素的内在逻辑关系没有厘清，没有形成相互衔接、功能互补的一体化系统。在整体性方面，三个课堂虽然从名称上、形式上构成一个育人机制，但在技术标准、平台融通、评价体系等方面尚未融合成为一个有机整体。在协同性方面，三个课堂分属于不同部门的业务范畴，协同性较差，没有建立一个跨部门、跨项目的协同机制。

2.师生对"三个课堂、三张成绩单"育人机制的重要性和重要价值认识不足

党的十八大以来，习近平总书记关于教育的重要论述开拓了马克思主义思想的新境界，标志着中国特色社会主义教育理论的发展达到了新高度。在建设什么样的教育体系方面，习近平总书记在《致国际教育信息化大会的贺

信》中指出，构建网络化、数字化、个性化、终身化的教育体系。[①] 在全国教育大会上，习近平总书记强调，要努力构建德智体美劳全面培养的教育体系，形成更高水平的人才培养体系。[②] 这是总书记关于教育体系的两次集中阐述，两个"教育体系"的论述，分别从技术、理念、内容、价值目标和路径方法等方面，为我们如何建设现代化教育体系指明了方向，提供了根本遵循。习近平总书记在全国教育大会上还强调，"要深化教育体制改革，健全立德树人落实机制"，[③] 对教育系统落实立德树人根本任务发出了动员令。"三个课堂、三张成绩单"育人机制，按照"三全育人、五育并举"的总体部署，运用网络化、数字化的现代信息技术手段，实施基于学生职业发展能力的个性化选课制度和人才培养方案，通过十大育人体系的探索和实践促进思政工作体系更加完善更加定型，这一系列改革措施都高度契合两个"教育体系"重要论述的要求，是立德树人落实机制的重要创造，是形成更高水平人才培养体系的重大课题。

3. 对改革的研究还不够，对改革措施的执行落实不到位

"三个课堂、三张成绩单"制度提出以来，各牵头部门更多的是从某个"课堂"出发进行局部的改革优化，对融合发展方面的改革少有涉及，学校层面也没有组织开展过以三个课堂融合发展为主题的论坛、研讨会或专项调研，理论研究成果和实践成果还比较匮乏。由于学校没有建立一二三课堂融合发展的改革领导机制，对改革的宣传阐释不够，导致不少师生片面认为改革只是调整了一下人才培养方案，当作新增几门课程应付了事，甚至把改革看成

---

① 新华社:《习近平致国际教育信息化大会的贺信》，http://www.gov.cn/xinwen/2015-05/23/content_2867645.htm，2015 年 5 月 23 日。

② 央广网:《习近平在全国教育大会上强调 坚持中国特色社会主义教育发展道路 培养德智体美劳全面发展的社会主义建设者和接班人》，https://baijiahao.baidu.com/s?id=1611234575766690445&wfr=spider&for=pc，2018 年 9 月 10 日。

③ 央广网:《习近平在全国教育大会上强调 坚持中国特色社会主义教育发展道路 培养德智体美劳全面发展的社会主义建设者和接班人》，https://baijiahao.baidu.com/s?id=1611234575766690445&wfr=spider&for=pc，2018 年 9 月 10 日。

是学校申报教学成果奖的权宜之计，当作日常工作的改头换面，存在一定的部门本位主义，迟滞了改革的进程。

三、进一步深化三个课堂融合发展的思路和举措

（一）建立三个课堂融合发展的领导机制，加强改革的顶层设计

1. 建立健全融合发展的领导机构

作为学校体制机制改革的重大项目，建议成立由学校书记、校长担任组长，其他校领导任副组长，各学院、职能部门正职任成员的一二三课堂融合发展改革领导小组，统筹推进三个课堂融合发展，建立和完善我校立德树人工作体系、高水平应用型人才培养体系，围绕中共中央、国务院印发的《中国教育现代化2035》所重点部署的教育现代化战略任务和八大基本理念，领先开展应用型大学治理体系和治理能力现代化的有益探索。

2. 建立基于"五个融合"的三个课堂融合发展新模式

要全面落实立德树人根本任务，推进育人方式、办学模式、管理体制、保障机制改革，建立促进学生身心健康、全面发展的长效机制。要建立三个课堂协同育人的长效机制，必须坚持立德树人根本任务，以为党育人、为国育才为目标，以三全育人为路径，更加注重融合发展的系统性、整体性和协同性，从理念融合、目标融合、功能融合、要素融合、评价体系融合五个方面，构建三个课堂融合发展新模式。

（1）在理念融合方面，三个课堂要在教育的本质、路径、机制、供给侧改革等方面形成共同的价值理念。要共同树立"教育的本质是培养人"的理念，以生为本，真正围绕学生来开展工作，上好每一堂课，办好每一个项目，培养好每一个学生；在实施路径上要坚持"三全育人"的理念，整合全要素，全员全过程全方位育人；在机制转换上要树立"从管理到治理转变"的理念，转变职能观念，建立多元主体的教育治理体系，提高教育治理能力和治理水

平；在坚持办学理念，尤其是供给侧改革过程中，要牢固树立"不求最大，但求最优，但求适应社会需要"的理念，为学生提供最优、适应社会需要的教育资源。

（2）在目标融合方面，三个课堂在为党育人、为国育才上各有侧重，但是都要统一在"高水平应用型人才培养体系"这一学校改革发展的最大共识和最大公约数之下，作为学校高水平应用型人才培养体系的重要组成部分，构成一个辩证统一的有机整体。习近平总书记在北京大学师生座谈会上的讲话强调："人才培养一定是育人和育才相统一的过程，而育人是本。人无德不立，育人的根本在于立德。这是人才培养的辩证法。办学就要尊重这个规律，否则就办不好学。"[1] 三个课堂要围绕共同的人才培养目标，打破部门之间的藩篱，形成合力。

（3）在功能融合方面，三个课堂要围绕高水平应用型人才培养目标，实现功能互补，各守一段渠，形成协同配合的工作格局。第一课堂位于教学中心地位，除了学科专业知识能力的培养，还要特别重视思政课程和课程思政建设。思想政治理论课是落实立德树人根本任务的关键课程，要用新时代中国特色社会主义思想铸魂育人；而当前课程思政已成为第一课堂的重要内容，是培养学生专业认同感和职业使命感的重要抓手，因此，办好第一课堂是构建高水平应用型人才培养体系的关键环节。第二课堂是推动高校思想政治工作改革创新、创新中国特色社会主义教育制度的积极举措，在三个课堂工作体系中起着承上启下的重要作用：既可作为第一课堂的延伸，着重培养学生的实践能力，同时又作为第三课堂的牵引，通过思想引领、以文化人等方式塑造学生品格，激发学生内在潜能并提供丰富的实践平台。中华优秀传统文化强调"修齐治平"和"有余力则学文"，德行成长是人的全面发展的根本保障，做好个人修养是学生成才的首要任务和先决条件。第三课堂聚焦学生文

---

① 人民日报：《习近平在北京大学师生座谈会上的讲话》，https://www.ccps.gov.cn/xxsxk/zyls/201812/t20181216_125673.shtml，2018 年 5 月 2 日。

明修身行为养成，建议尽快开展积分制改革，让每个学生的自我品格修炼体现在积分变化之中，让"负面清单"制让出第三课堂主体位置，回归违纪处分管理的业务范畴；围绕学生身心健康和保持良好的学习和生活习惯的治理目标，通过学生日常行为和身心状态的及时掌握和督促、引导，激发学生全面发展、成长成才的内因和动力，更好地发挥第三课堂在高水平人才培养体系中的基础性作用，更好地保障第一课堂、第二课堂的有效开展，使三个课堂协同发力，培养德智体美劳全面发展的社会主义合格建设者和可靠接班人。

（4）在要素融合方面，紧扣"课堂"这一属性，充分借鉴第一课堂教学育人机理和工作体系，围绕"课程"这一核心要素和纽带，对三个课堂从教育教学基本元素、组织单元、实施主体、修读方式等四个维度进行要素融合标准化。

①教育教学的基本元素是课程，这是人才培养的核心要素。第一课堂的课程主要包括理论教学课程和实验实训课程，或者说由公共基础课、专业基础课、专业核心课、公共选修课和专业选修课等构成。第二课堂通过活动项目化、项目课程化、课程学分化的转换机制，其课程包括微课、第二课堂金课、模块化课程、实践班课程等形式；其中微课是最基本的（最小的）课程构成单元，包括讲座报告、小组学习、项目指导及其他实践活动项目，根据育人功能需要，可将小级别的课程单元排列组合形成更大力度的第二课堂课程形式。第三课堂定位于学生文明行为养成教育，其课程构成单元是个人修身行为，或者说个人修养课，包括但不限于制定个人规划、自习与阅读（图书借阅）、晨读晨跑、心理建设以及个人在课堂文明、公寓文明、网络文明三个方面的日常行为表现，还有一二课堂活动中的正向行为和表现等（如：主动承担任务等），体现全员全过程全方位育人要求和时时、处处修身立德的价值导向。

需要特别强调的是，三个课堂的课程是互补衔接的，第一课堂的教学课程，可以通过第二课堂的课程设置进行时空上的延伸，充分发挥课内教学主渠道、课外实践主阵地的作用，比如第一课堂的课程《算法与数据结构》可以通过第二课堂金课《ACM-ICPC 程序设计竞赛》，进一步强化学生专业核心能力的培养，同时丰富了过程化考核的内容。再比如第三课堂的前置课程，包括了第一课堂的《思想道德修养与法律基础》《大学生职业生涯规划》，以及第二课堂的《学习百讲》《校规校纪教育》《道德讲坛》等课程（纳入第二课堂《德育实践》课），要加强三个课堂之间的工作衔接设计，同向发力，通过一二课堂的课程引导和外部环境创设，达到知行合一，修身立德的效果。

②组织单元即课程的组织方式。第一课堂的组织单元大部分基于年级专业、行政班级，少有跨年级专业、跨院系的课程组织方式，规模较大且相对固定。第二课堂的组织单元大部分跨年级专业、跨院系，融合交叉、分散灵活，规模弹性大；我们留意到，第二课堂微课（最小课程构成单元）所包含的小组学习的组织方式，在电子科技大学等一流大学已成为高质量人才培养的重要学习组织方式。第三课堂的组织单元即学生个体，这是三个课堂中最基础、最精微也是最终决定育人成效的一环，一二课堂的教育教学活动，最终还是要通过学生个人的能动性产生作用；学生能否通过修身立德，自我激发内在动能，是其能否身心健康、全面发展的关键，是个人成长成才的内因。

③实施主体即课程的组织者、执行者。第一课堂由教务处牵头负责，主要由各学院负责具体实施，其课程主要由专任教师授课。第二课堂由三创学院牵头负责，主要由各学院负责具体实施，通过"十大育人"体系，组织所有教学单位、职能部门提供课程（项目）供给，梳理成 6 大门类，通过积分转换，形成《德育实践》《创新创业教育实践》等总计 7 学分的 6 门课程，列入各专业人才培养方案；第二课堂的课程，由专任教师、行政教辅人员组织授课，同时邀请行业专家等社会师资作为重要补充。第三课堂由学工部牵头负责，主要由各学院负责具体实施，其课程主要由辅导员、班主任、荣誉舍长、导师、朋辈助教，以及心理咨询师、生涯规划师等进行"一对一"精准教育，要高度重视这支思想政治工作队伍的建设。三个课堂之间互为前、后

置课程的，课程的实施主体（课程所在学院、部门、系所，以及对应的授课教师）要加强沟通协作，使课程有机衔接、一体设计，耦合叠加提高育人效果。

④修读方式即必修或选修。第一课堂培养学生专业知识技能、相应的学术能力，以必修为主、选修为辅，培养方案体现的是专业通性；第二课堂、第三课堂以选修为主，少量必修，培养方案有典型的个性化特点，主要培养学生的三观、综合素质和可迁移能力。在下一阶段的第二课堂教育教学改革中，建议对6个课程模块的必修、选修构成进行专门研究，审慎科学地确定第二课堂的必修内容，并按金课的标准来建设必修内容；对不同课程模块之间的选修课程（项目）推行积分、学分互抵，在保证实现核心必修课程修读效果的情况下，允许学生进一步发挥专长，更加个性化成长。

（5）在评价体系融合方面，从学生全面发展效果评价、教师育人成效评价、部门育人工作评价三个维度，围绕"三全五育"一体设计一二三课堂评价体系。党的十八大以来，以习近平同志为核心的党中央坚持立德树人，把促进人的全面发展、适应社会需要作为衡量教育质量的根本标准。在深化新时代教育评价改革的大背景下，要不断健全学校内部质量保障制度，构建"五育并举"的评价体系，建立"诊断—整改—提升"机制，全面提升应用型人才培养质量，促进学生身心健康、全面发展。因此，在学生评价方面，建议打破原有德育、智育、文体实践三个维度的评价模式，开展"五育并举"的综合测评改革。由于"五育"集中体现在第一课堂和第二课堂，在评价体系中简单将第三课堂归入德育（《德育实践》属于第二课堂6大门类之一）又太窄了，不利于突出第三课堂的重要地位；为强化第三课堂建设，建议在每年学生综合测评过程中设置第三课堂专项奖学金，奖励学年积分排名领先的学生；同时，把第三课堂积分作为各类奖学金、评优评先、入团入党的前置条件，突出第三课堂在学生评价体系的重要地位和价值引领作用。

3. 建立一二三课堂融合发展的落实保障机制

出台一二三课堂融合发展改革方案，定期召开工作推进会，推动各部门课程、活动等育人资源有效整合，促进项目供给和体系持续优化。开展一二三课堂融合发展试点学院、试点专业、试点课程的立项工作，评选融合发展先进集体和先进个人，将三个课堂融合发展作为年度绩效考核的专项内容，让创新活动和资源投入得到有效激励。高度重视信息技术平台的支撑保障作用，用网络化、数字化的技术手段，促进资源要素更高效更直接地作用于学生；以学生全面发展为中心，以师生的用户体验，特别是学生的用户体验作为设计和优化的导向，让更充沛的、最优的、适应社会需要的教育资源可见亦可得。作为一二三课堂融合发展的基础建设工程，在新一轮智慧校园建设过程中，优先建设三个课堂融合大数据智慧信息平台，整合三个课堂融合发展的全要素、全流程，打通企业、行业人才需求标准和工程认证等毕业生就业质量评价体系，探索加入校友跟踪服务模块，落实终身学习和终身校友理念，为高水平应用型人才培养体系建设、应用型大学治理体系和治理能力现代化领先设计、超前部署实施，树立以教育信息化推动教育现代化的典范。

（二）持续深化综合改革，通过供给侧改革实现高质量发展跨越

1. 引入优质资源成立教育综合改革协同研究中心

习近平总书记关于教育的重要论述告诉我们，深化教育综合改革，既要有笃行担当的实践指向，又要有直面问题的创新意识。要领先开展改革的实践探索，打造闽大样板和闽大模式，必须依靠不断的实践创新和理论创新作为指引，用实践检验了的理论创新成果凝心聚力形成共识，推动事业不断地螺旋式向上发展。持续深化综合改革的过程，就是不断发现问题、筛选问题、研究问题、解决问题的过程。面对改革中不断涌现的新问题，有些通过内部研究可以解决，有些可能需要通过高位对接、揭榜挂帅等方式，引智促研、

引智促建、引智促改，把学校建设成教育综合改革的研究高地和实践高地。

2. 要定好改革时间表和路线图，坚持一张蓝图绘到底

"三个课堂、三张成绩单"协同育人机制，是我校为数不多基础好、有创新、打得响的示范性工作，高度契合习近平总书记两个"教育体系"重要论述的要求，是立德树人落实机制的重要创造，是形成更高水平人才培养体系的重大课题，完全具备打造成高水平应用型人才培养体系闽大模式的条件。要倍加珍惜来之不易的改革成果，加强对各项改革关联性的研判，努力做到全局和局部相配套，治本和治标相结合，渐进和突破相促进，按照"先有、再优、后强"的顺序分阶段推进三个课堂融合发展，科学制定改革时间表和路线图。

按照"加强融合发展的系统性、整体性和协同性，促进理念融合、目标融合、功能融合、要素融合、评价体系融合"的三个课堂融合发展新要求，第一阶段用大概 1 年时间，建机构、定制度、出方案、推试点，通过调结构和补短板，对三个课堂的资源要素进行重组再造；既尊重教育规律和人才培养规律，做好三个课堂各自内部体系的优化，又按照"五个融合"的改革要求，一体设计互联互通、协同育人的体制机制，建立深度融合的一二三课堂育人体系。第二阶段用 1—2 年时间，在所有部门和全体学生实现三个课堂供给和需求全覆盖的基础上，对三个课堂各自要素持续改革优化，使一二三课堂融合发展育人模式更加完备和定型，高水平理论成果和实践成果不断涌现。第三阶段再用 2—3 年时间，把三个课堂融合发展建设成为全国领先的示范性高水平应用型人才培养模式，应用型大学治理体系和治理能力现代化建设取得长足进展。

3. 通过供给侧改革，促进育人育才工作不断提质增效

教育领域综合改革必须持续用力，久久为功。"但求最优，办好闽江学院"，习近平总书记回校调研考察的重要讲话言犹在耳。最优，就是要模式最优、资源最优、机制最优、成效最优，通过供给侧持续改革，实现高质量发展跨越。三个课堂融合发展的实质就是在校内开展教育教学的供给侧改革，用改革的方法推进结构调整，优化要素配置，更好地满足学生成长成才的需要，促进学生身心健康全面发展。按照三个课堂融合发展"先有、再优、后强"三个阶段的战略安排，如何做优做强，就是要用增量改革促存量调整，在增加投入的过程中优化教育资源结构，带动整体提质增效。要辩证地看待增量和存量的概念，增加投入是增量、存量的调整，系统内要素的互联互通、破壁融合也能释放增量。在三个课堂融合发展的实践中，第一课堂的课程、师资等核心优质教育资源的引入，可以让第二课堂原有的科技文化活动和学生社团产生质的蜕变；而第二课堂创新创业教育实践类的金课，又可以在时空上打破第一课堂有关课程的局限性；在这个过程中，专任教师为团学工作提供了智力支持和学科专业的指导，团学工作队伍的组织动员和保障能力，又弥补了专任教师组织管理方面的不足。

（三）加强党的领导和党的建设，加强思想政治工作体系建设，为三个课堂融合发展提供坚强政治保证

1. 坚持党对教育事业的全面领导，发挥党把方向、谋大局、定政策、促改革的能力和定力，总揽全局、协调各方

习近平总书记在北京大学师生座谈会上的讲话强调，加强党的领导和党的建设，加强思想政治工作体系建设，是形成高水平人才培养体系的重要内容。[1]只有坚持党对教育事业的全面领导，才能在更高水平上保证三个课堂融合发展做到思想上的统一、政治上的团结、行动上的一致。

2. 加强思想政治工作体系建设，培育和践行社会主义核心价值观，加强中华优秀传统文化教育

思想政治工作是学校各项工作的生命线，必须将其贯穿教育教学全过

---

① 人民日报：《习近平在北京大学师生座谈会上的讲话》，https://www.ccps.gov.cn/xxsxk/zyls/201812/t20181216_125673.shtml，2018年5月2日。

程，实现全员育人、全程育人、全方位育人。党的十八大以来，习近平总书记对于社会主义核心价值观及其学习、践行和教育问题的论述，是他治国理政思想的一个重要组成部分，无论对于习近平新时代中国特色社会主义思想体系建设，还是对于新时代中国特色社会主义教育体系的完善，都有重大的理论和实践意义。社会主义核心价值观就是一种德，既是个人的德，也是一种大德，是国家的德、社会的德。中华优秀传统文化是中华民族的"根"和"魂"，是中华民族的血脉，是中华民族精神的标识，是当代中国社会主义核心价值观的思想渊源，也是新形势下做好三个课堂融合发展的根本指引，是学生修身立德之所系。

3. 加强新时代党的建设，发挥支部战斗堡垒作用和党员先锋模范作用

要加强基层党组织建设，发挥教师和学生党支部战斗堡垒作用，加强党员教育管理，实施党员服务计划，通过党员标准具体化、引领目标定量化、先锋作用有形化，激发师生党员内在动力，增强党员教育的实效性；围绕三个课堂融合发展中的重点、难点、堵点，提炼服务项目，运用目标管理法强化党员队伍建设，让党员旗帜飘扬在改革的关键领域、关键节点，把党的最大组织优势转化为最大工作优势。

三个课堂融合发展，是我校深化教育教学改革的一个突破口。近期，学校成立"闽江学院第二课堂发展中心"，与三创学院实行"一套人马、两个牌子"，分管校领导兼任院长、主任，协同推进我校立德树人工作体系和应用型人才培养体系建设。按照"集聚资源、综合改革"的总体思路，在三创学院设立综合改革实验区，体现了学校用增量改革带动存量改革所寄予的厚望，彰显了学校打造闽大范式、探索闽大方案的坚定决心。当前，全校上下要持续深入学习、深刻领会习近平总书记来校考察重要讲话精神，抓住最大机遇、珍惜最大支持、发挥最大优势、转化最大动力、达成最大成效，加快一二三课堂融合发展，打造高水平应用型人才培养的闽大模式，为实现应用型大学治理体系和治理能力现代化提供闽大方案。

校地合作　共创未来

李佐勇

（闽江学院　科研处）

一流城市成就一流高校，一流高校成就一流城市，地方高校与地方经济彼此之间存在的是相辅相成、相互促进的辩证关系。城市兴，则高校兴；高校兴，则城市兴。只有密切城市与高校之间的交流，才能够创造双赢的局面。这就要求地方高校加快与地方各方面的合作，紧跟社会经济发展潮流，积极开展校地合作，促进高校与地方的深度融合。

校地合作，简单的理解就是指高等院校与其所在的地方政府和所在的地方企业、事业单位等进行包括产研等多方面的多方合作。校地合作涉及的范围较大，一般包括对于人才的培养、科研项目成果的支持、产业发展的共商共建、技术以及知识成果的转化等，除此之外还包括更大范围的高等院校自身的整体建设以及学科建设发展、所在的地方政府和所在的地方企业、事业单位的产业结构调整升级、城市规划布局设计与发展等其他相关的方方面面。校地合作是产教能够深度融合的重要体现，在已有的校方与企方简单合作的基础上，拓展了合作的范围和方面，加深了双方的合作程度。校地合作不仅能够很好地突出高等院所自身的特色和优势，同时又能够与所在地方的经济、文化以及社会方面的内容相契合，保持一种紧密的联系，更是一种综合性的合作平台。

校地合作对高校和地方的发展有着统一向好的作用。高校与社会的关系变得越来越紧密，高校在社会中承担着越来越重要的作用，也更多地参与到社会经济发展的各个方面。

1. 校地合作能够促进高校办学转型

建设应用型高校，实质是人才培育、科研、社会服务等领域由理论更多地向应用转化的过程，也就是要改变传统的办学模式，更加突出地域性，明确自身办学定位。在应用型高校建设方面，闽江学院出台了《加快推进高水平有特色应用型大学建设实施方案（2021—2025 年）的通知》，通过实施六大专项行动，积极提升人才培养质量和创新与社会服务能力，力争产出一批有较高显示度的标志性成果，未来对闽东北区域乃至福建发展的关键领域起到重要支撑和引领作用。同时，为全力服务福州高质量发展，学校正式发布《闽江学院服务福州高质量发展超越行动计划》。

2. 校地合作能够促进高校学科发展

高校发展的根本要求是能够服务地方、融入地方。校地合作是产业结构升级调整的需要，现今时代的产业结构升级调整，企业渴望的是更加优秀的人才资源输入。深化校地合作，是人才输入的重要保证，也是提高产业转型、发展、创新能力的重要保障。这也要求高校在培育人才上更加关注其创新创业能力的培养，从而更大程度地为将来适应社会做准备，成为推动产业结构升级调整、社会发展进步的储备人才。

为推动学科建设，闽江学院依托优势学科专业与兄弟高校、科研院所、企事业单位等联合申报产学项目、合作技术研发、专利授权、成果报奖、共建研究平台及产业学院。比如学校与知名企业等联合成立凤凰数字媒体、百度大数据、国际漆艺、昕影电影、人工智能、电子商务等产业学院。国际漆艺学院对接文化和新材料领域，旨在建成"育人为本、产业为要、产教融合、创新发展"的漆文化产业链的示范性现代产业学院。人工智能产业学院对接电子信息与数字、人工智能等领域，为福建省中小型企业智能化转型和升级提供人才和技术支撑。通过加强校企合作，为地方企业提供了优质的服务，在促进地方产业发展的同时，促进了高校自身相应学科的快速发展。

3. 校地合作能够促进校地深度融合

地方高校要紧紧围绕校地互动，通过不断加强与地方政府、企事业单位、科研机构的合作，加快融入社会发展，结合地方优势，充分利用地方资源才能够凸显高校特色，增强高校影响辐射力，更好地为地方服务，促进地方发展。为全力服务福州高质量发展，闽江学院正式发布《闽江学院服务福州高质量发展超越行动计划》，贯彻落实《产学研合作实施方案》和《服务乡村振兴战略行动方案》，深度融入福州现代化国际城市建设，助力福州乡村振兴和城乡统筹发展，积极助力福州文化振兴，积极参与福州科创走廊建设，加快校地合作步伐，促进高校与地方的深度融合。

不论对于高校自身的建设发展，还是对于地方社会整体发展，校地合作都能为二者的发展注入活力。高校服务好地方，既是使命所在，也是自身发展的源泉，这就要求高校积极开展校地合作，更好地为地方服务。

1. 构建校地合作框架，完善相关制度建设

地方高校的传统定位大多是以教学为主，科研方面的能力不强，社会服务有待进一步提升。为此，高校需要进一步紧密联系地方社会经济实际，融入地方发展，充分利用地方资源，有规划地制定好战略目标和短期、长期目标，同时统筹好工作，转化办学型高校为应用型高校，凸显地方特色，推进应用型高校建设。

在校地联席会制度的基础上，主动加强相互间的沟通和衔接，完善相关制度建设，组建工作班子，进行宣传、教育、人社一系列工作，明确相关部门责任，部门之间联动协作，明晰领域人才需求清单，深挖各地人才资源清单，需求资源相挂钩形成项目清单，落实到具体的个体，进行接洽交流；同时强化相关人才引进保障措施，引进适宜的优秀人才落户高校，并可参与相关的高校职称晋升，政府配合保障好人才的住房需求、子女教育、配偶就业、奖金补助等激励措施，建立相关的人才引进服务窗口，为引进人才提供一站式咨询，提供专人服务，为各类人才引进提供贴心的服务。完善晋升考核激励制度，充分调动高校教师开展校地合作的积极性，纵向横向两手抓，不可重论文，而轻应用；同时完善监督机制，优化高校服务地方管理应用体系，工作量考核和职称评定向校地合作工作倾斜，支持教师开展校地合作平台建设、中心建设和项目建设工作，让教师的论文更好地在大地上开花结果。

2. 基于共同目标，校地协同创新发展

开展校地合作是一项长期、系统、具体的工作，但是校地双方的需求、信息、资源往往不对称，除了校地双方要开展定期的和针对专项的例行互动之外，还要构建长效的合作框架和规范，组建校地合作领导小组，鼓动推进校地合作工作事项；发挥智库作用，聚焦地方特色领域，建立地方专门的专家人才智库系统、国家（省）重点实验室、产业技术创新研究院、研发中心和大数据平台等，共同申报国家级、省级重大项目，获得立项后，多方给予配套资金投入支持；支持高校构建区域性的专业建设，对处于前沿先进类的专业地方政府、相关企业要积极给予支持补贴，实现共赢；共同开展相关科研活动，各方联合开展相关高难技术攻关，充分发挥各方的资源优势，共同解决卡脖子问题；支持完善技术服务开发、技术咨询等其他知识产权类成果认定登记，支持企业购买相关技术、知识产权，地方政府给予一定的补助支持，共同推进成果转化落地。

3. 校地各方开展全方位合作，发挥主体作用

鼓励高校院所在社会经济发展、生态环境治理、城市发展规划、美丽乡村振兴等方面多为地方献计献策，整合利用区域内高校、科研院所、企业的科研资源，成立相关的社会建设发展研究院，共同推动社会治理共商共建共治格局；加强人才在区域内的流动培育，鼓励各方主体人才相互挂职、兼职锻炼实践能力，提高人才的综合素质能力，争取培育更多高精尖的适应社会

发展需要的高层次人才；校友是高校发展的重要组成部分，"校友招商""校友经济"也是招商引资的重要渠道，充分发挥区域内高校与区域外的留学人才、交换生、留学生、杰出优秀校友等人才资源，不断拓宽人才接触面，重视校友工作，在各地建立校友会，利用好人才网，助力区域人才"双招双引"；在区域内高校自身教学进度正常推进，不影响高校环境内的秩序，在可允许的情况下，增强对外的开放度，适当开放有条件的各类科研中心、实验室、图书馆、藏书馆、体育场地、博物馆等校内资源；充分认识校地各方在校地合作中的资源优势，找准合作切入点以及接触面，校地各方要推动各类合作事项的开展对接，只要能够有益于高校自身以及教师生的合作方式都是值得推进和探索的；校地合作的整个过程中应该有制度、政策加以引导、保障，对高校、企业、政府自身等主体一方提出的合作、事项要做到项目化、清单化、责任化、高效化落实，建立好各方主体的对话机制，开展定期交流，不断扩大合作面和合作成果。

坚定不移地走开放办学之路

郑　坚

（闽江学院　国际合作与交流处）

《中国教育现代化 2035》提出，要开创教育对外开放的新格局。《教育部等八部门关于加快和扩大新时代教育对外开放的意见》指出，教育对外开放是教育现代化的鲜明特征和重要推动力，要坚持教育对外开放不动摇。闽江学院作为一所学科门类较为齐全、具有一定特色和影响的应用型本科高校，围绕建设高水平有特色的应用型大学的总体目标，以转变观念为先导，以师生国际交流项目为纽带，以培养国际化高素质人才为核心，积极探索以公办民助、校地合作、校企合作、校校合作、闽台合作、国际合作为特色的全方位开放办学机制，稳步拓展对外合作交流新局面。

一、中外合作办学特色鲜明

学校 1999 年开始举办中外合作办学教育，成功引入澳大利亚、美国、欧洲高等教育资源和质量保障体系，其人才培养质量得到了社会和市场的认可。2017 年 1 月，闽江学院爱恩国际学院获教育部批复，成为具有独立法人资格的中外合作办学机构，并更名为福州墨尔本理工职业学院，成为福建省唯一独立设置的中外合作办学机构。学校举办中美本科国际课程项目，引入美国天普大学等优质教育资源，实行"2＋2""4＋0"模式，输送 1100 多名毕业生，中外衔接的应用型人才培养成果得到了社会的认可。

为推进与"一带一路"沿线国家的合作，引进国外优质教育资源，2020年，学校与塞浦路斯欧洲大学合作申办本科层次不具有法人资格的中外合作办学机构——闽江学院国际数字经济学院，该学院于 2021 年 5 月获教育部批准成立，开设计算机科学与技术、电子信息工程、电子商务和视觉传达设计四个专业。2021 年 9 月首批 190 名学生顺利入学，学院管理架构初步构建，教学顺利开展，运行较为顺畅，中外合作办学特色初显。这是福建省实际运行的第三个、全国首个数字经济领域的本科层次中外合作办学机构。

在认真办好国际数字经济学院的同时，闽江学院积极推动与塞浦路斯欧洲大学开展全面合作。闽江学院与塞浦路斯欧洲大学合作共建"智慧海渔与智能生产新一代信息技术联合研发中心"（"一带一路"联合共建实验室）；两校在教师交流方面也取得实质性进展，学校已有两名教师在攻读塞浦路斯欧洲大学的博士学位，两校学生交流项目也在逐步推进中。2022 年 3 月，闽江学院和塞浦路斯欧洲大学联合主办了主题为"数字转型—高等教育合作实践"的中塞数字经济线上高峰论坛。

二、国外交流与合作不断拓展

学校秉持开放办学、合作发展的办学思路，不断创新工作机制和方法，积极开展多形式、多层次的对外合作，不断开拓新的交流渠道。目前已与日本、美国、澳大利亚、加拿大、塞浦路斯、马来西亚等国外 20 多所高校建立友好合作关系，为学科建设、师资队伍建设和人才培养提供了合作交流平台，提升了学校的国际知名度。

积极鼓励和支持师生通过各类渠道赴国外交流、访学、留学深造。近五年来，教师通过国家留学基金委、省委组织部、省教育厅等海外访学研修项目、校际交流及自费渠道，赴国外访学进修、开展学术交流、参加学术会议等达 200 多人次。学生参与的国际交流项目数、学生参与人数及参与二级学院数逐步提高，共发布交流项目 40 余项，其中学分项目达半数以上，近 200 名学生前往美国、英国、意大利、澳大利亚、日本、菲律宾、泰国、南非等国家的高校参加相关学分互认、课程研修、专题交流以及友好城市交流等活动。通过线上线下相结合、开设英语创新班、举办国际交流分享会、设立学生交流奖励资助金等方式积极鼓励学生参与交流项目，逐渐培养了一批精通外语、有国际视野、熟悉国际交流规则的应用型人才。

国际科研合作逐步展开。与"一带一路"沿线国家（比如俄罗斯、白俄罗斯等）合作"生物医药领域多边国际交流合作平台"；与马来西亚理科大学合作"中国—马来西亚数字医疗健康联合实验室"；获批 2019 年度国家自然科学基金委员会与俄罗斯基础研究基金会合作研究项目"多元环状适配体靶向 FZD 和 EpCAM 以遏制体内三阴乳腺癌循环肿瘤细胞"；获批科技部 2021 年度"一带一路"创新人才交流外国专家项目；与教育部中外人文交流中心合作设立"一带一路中外人文交流漆艺产业研究院"等。

学校承办 21 世纪海上合作委员会海洋生态保护系列研讨会、福州国际友城市长研修班等高层次研修活动；连续举办联合国发展中国家服装制作、食品安全检测等技术培训班，学员达 200 多人次，遍及亚非拉 20 多个国家和地区。

三、闽台教育交流合作稳中求进

学校与逢甲大学、辅仁大学、中国文化大学、实践大学等十多所台湾高校建立了友好合作关系，在闽台高等教育交流合作方面先行先试，率先与台湾合作高校搭起两岸本科高等教育的桥梁，引进台湾应用型高等教育优质资源，在福建高校中最早实施闽台高校"分段对接"联合培养人才项目。与台湾逢甲大学、中国文化大学、实践大学联合举办闽台高校联合培养本科人才项目（"3+1"或"4+0"模式），目前开设金融学、国际经济与贸易、工商管理、会计学、电子商务、环境设计、服装与服饰设计、广告学、机械电子工程、软件工程等 10 个本科专业。2020 年，学校 5 个闽台合作专业获得省教育厅质量评估"优秀"，其中电子商务专业获评福建省首批"闽台高校联合培养人才示范项目"。2021 年，环境设计专业获评福建省"闽台高校联合培养人才示范项目"。

学校还致力于推进与台湾高校多层次多领域的交流与合作。通过课程学分互认、交流（换）生项目及联合开展文化交流活动等多种形式开展闽台教育交流与合作，在师资培养、师生交流、信息资源共享、科研合作与学术交流等方面持续加强合作，促进闽台双方师生交流常态化。截至目前，闽台项目为社会输送毕业生八届 3700 多人，赴台学习交流学生人数达 4800 多人，两岸教师通过授课、讲座、访学、进修等多种形式互访交流近 1100 人次，成为两岸高校师生交流最频繁的福建高校。学校对台教育交流合作工作得到中共中央政治局常委、全国政协主席汪洋同志的高度评价。

稳步推进闽台教育交流合作的同时，积极用好福建省对台招教引师政策，大力引进台湾教师。近几年来，学校自主招聘台湾教师达四十多名，充实了教师队伍，优化了师资结构。2020 年 7 月，经教育部同意，学校获批成为招收台港澳学生资格备案单位。2021 年 9 月，来自台湾和香港的学生入读新华都商学院，对台港澳招生实现零的突破。

新形势下，学校积极探索两岸高等教育融合发展新思路。2021 年 9 月福建省台港澳办与闽江学院签署合作备忘录，共同举办"海峡两岸乡建乡创发展研究院"。2021 年 10 月国台办复函批准学校设立"海峡两岸产业融合发展研究院"，揭牌及运行工作正有序开展。

四、来华留学教育保量提质

学校积极响应国家"一带一路"的倡议和福州建设现代化国际城市的要求，国际学生招收及培养始终坚持稳步推进、优化结构、趋同管理、保证质量的原则，确保学校来华留学教育事业稳步健康发展。几年来，国际学生从无到有、从有到优，共计招收国际学生（含本科生和硕士生）111名。截至2021年底，我校共有在籍国际学生67名，均为学历生，来自全球21个国家，其中约91%来自"一带一路"沿线国家。在稳步扩大规模的同时，积极规范国际学生的教育和管理，坚持质量优先、实施趋同管理，成立学校国际学生工作领导小组，完善国际学生各项管理制度，不断加强对国际学生的法律法规、校纪校规及安全教育，多次组织和开展以"一带一路"沿线国家特色风情的"国际文化节"及中国传统文化为主线的第二课堂活动，切实加强中外文化交流，提升国际学生对中国文化的认知和热爱。

当前，学校进入新的发展阶段，外部环境和学校跨越发展给开放办学工作带来新的机遇和挑战。闽江学院将更坚定地走好开放办学之路，抢抓机遇、应对挑战，坚持开门办学、互学互鉴，汇聚境内外优质教育资源，提升开放办学水平，努力开拓兼容并蓄的对外交流合作新局面。

集聚资源　综合改革

——为高水平有特色的应用型大学发展战略全局助力

洪晓林

（闽江学院　创新创业创造学院）

2017 年成立以来，创新创业创造学院始终不忘学校对三创设立综合改革实验区，用增量改革带动存量改革所寄予的厚望，遵循"集聚资源、综合改革"的总体思路，以及"为'高水平有特色的应用型大学'发展战略全局助力"的定位，构建涵括教育、实践、孵化、研究的三创教育核心体系，以第二课堂教育教学改革为突破口，着力打造创新创业创造教育升级版。

一、学院建设成效

创新创业创造学院成立于 2017 年 4 月 7 日，成立时设置综合实践科、通识教育中心、产学合作中心 3 个科和创新创业研究中心；2021 年 12 月，学校成立第二课堂发展中心，挂靠创新创业创造学院，实行"一套人马、两块牌子"。根据新的功能定位，学院目前设置学生实践创业科、三创教育与竞赛管理科、第二课堂管理中心 3 个科和创新创业研究中心，下设大学生职涯规划与就业指导教研室、创新创业教育教研室 2 个教研室。学院现有一支高水平的硕博士组成的专兼职通识课程教师队伍，其中，专职教师 5 名（博士 3 名、在读博士 1 名），兼职教师 27 名，副教授 6 名，讲师 26 名。学院还聘请了一批校内外专兼职指导教师，其中企业家 51 人，KAB、SIYB 项目师资 41 人，GCDF、TTT 生涯规划、就业指导师资 62 人。学校成立创新创业创造教育改革领导小组，以创新创业创造学院作为统筹机构，建设应用型人才培养综合改革试验区。近年来，学校获评福建省首批深化创新创业教育改革示范高校、省级产创融合教育实践示范基地、福州新区双范基地示范点。

学院按照国家级创新创业改革示范高校标准，以"坚持走应用型办学之路，努力培养更多高素质的技术技能人才"为目标，积极打造创新创业教育升级版，深入推进创新创业创造教育与专业教育相结合，努力构建"思创、专创、科创、技创、产创"五大融合发展，"服务产业、融入专业、贯穿学业、引领创业、带动就业"五业协同的创新创业创造教育体系。

学院坚持以福建省首家"第二课堂成绩单"改革试点高校建设为契机，量化大学生创新创业能力的考核标准，探索"学历证书+若干职业技能等级证书"制度试点工作；建设"通识课程—创新创业教育课程群—创新创业特色班课程系列"的分层递进的创新创业课程体系；建设"苗圃—孵化器—加速器"一体化的创新创业创造教育孵化链，推动"产学研用"协同创新，大力开展创新创业创造教育实践实训，形成师生共创、产创融合的生动画面。

学院成立以来，创新创业创造教育成果丰硕，先后成立致道国际漆艺学院、凤凰数字媒体学院、百度大数据创新学院、昕影电影学院 4 个产业学院，联合中国人民财产保险股份有限公司福建省分公司设立"普惠金融学校"，开设创新创业精英班、"三创"种子班、跨境电商课程培训班等创新实验班。近三年，新增教育部产学合作协同育人项目 30 项，省级创新创业试点专业和专业特色课程 5 项，省级创新创业教育教改项目 6 项；新增大学生创新创业训练计划项目国家级 72 项，省级项目 137 项，校级项目 390 项；新增省级以上大学生学科竞赛获奖项目 1300 余项。其中，"互联网+"大赛获国家级 1 金 2 银 5 铜、省级 8 金 9 银 19 铜；在"挑战杯"大赛中，获国家级二等奖 1 项、三等奖 2 项，省级特等奖 1 项、一等奖 5 项、二等奖 4 项、三等奖 11 项；在"创青春"大赛中，获国家级 1 金 2 银 5 铜、省级 3 金 6 银 15 铜。大学生创新创业大赛成绩位居省内同类高校前列。

二、下一步发展规划

（一）优化三创教育顶层设计，融入高水平应用型人才培养体系

1. 在组织机构上，健全人才培养领导机制，深化三创教育教学改革

完善学校创新创业创造工作领导小组工作职能，统筹三创教育、实践实训、基地建设、政策扶持和指导帮扶。闽江学院第二课堂发展中心与三创学院实行"一套人马、两个牌子"，加快推进第二课堂教育教学改革，协同促进我校应用型人才培养体系建设，遵循"集聚资源、综合改革"的总体思路，努力构建"思创、专创、科创、技创、产创"五创融合发展，"服务产业、融入专业、贯穿学业、引领创业、带动就业"五业协同推进的三创教育体系。

2. 在三创教育理念上，拓展"适应社会发展需要"的三创新意涵

学懂弄通笃行习近平总书记来校重要讲话精神，在坚持培养学生创新精神、创业意识、创业能力、促进高质量就业的改革初心基础上，鼓励学生"深入社会、服务农工、敢闯新路、敢创新业"，倡导学生服务社会需要，深刻实践"从社会最需要解决的问题入手"的三创新意义。将这一新理念贯穿三创教学体系、教材体系和实践孵化体系。

3. 在应用型人才培养的体制机制上，全员全方位全过程推进"一二课堂"协同育人

将第二课堂打造成学校立德树人落实机制和应用型人才培养的"新基建"，对创新创业活动内容、项目供给、评价机制和质量反馈等进行整体设计，有效实施一揽子创新性制度安排，形成覆盖全体学生、贯通培养全过程

的"1+5+X"创新创业教育教学培养体系,率先形成深度融合、成果共享、互融转化的应用型高校"一二课堂"协同育人创新机制。

(二)深化第二课堂教育改革,引领"三个课堂、三张成绩单"立德树人工作体系融合发展

1. 聚焦"第二课堂优化升级",凸显"一二课堂"协同育人成效

颁布实施《闽江学院深化第二课堂教育教学改革实施办法(试行)》,成立深化第二课堂教育教学改革领导小组,设立深化第二课堂教育教学改革办公室,着力推动一二课堂"顶层设计一体化、工作推进一体化、信息连接一体化",以第二课堂作为第一课堂时空上的延伸,实现一二课堂互补衔接,充分发挥课堂教育主渠道、课外实践主阵地作用,让学生忙起来、管理严起来、效果实起来。

2. 聚焦"人才培养方案落地",助力培养高素质技术技能型人才

修订论证2021级本科生人才培养方案,在全国高校首创"第二课堂教育教学"模块,明确将第二课堂活动(项目)进行分层、分类梳理,厘清其在人才培养方案的内在逻辑关系,一体构建6大门类7个学分的第二课堂课程体系。率先在全省高校对第二课堂教育教学工作进行量化核算,首次实现高校"一二课堂"工作量按比例折算互抵。

3. 聚焦"学生教育评价改革",建立"三全五育"综合评价体系

坚持以学生综合素质评价改革为突破口,提前探索深化综合评价改革,制定实施"德育铸魂""智育固本""体育强健""美育浸润""劳育淬炼"五大计划,将第二课堂教育教学目标设计与学生真实收获体验定量比较,初步形成了应用型高校大学生"三全五育"的综合素质评价体系。

（三）强基固本，力促三创教育教学提质增效

1.加强三创教育课程体系建设

提高创新创业（含第二课堂）必修学分至 11 学分，统筹全校《大学生职业生涯规划》《就业指导》《创新思维》和《创业实践》等课程的教育教学安排。通过微课、百门金课、创新创业能力模块化课程、特色实践班，构建三创课程体系，丰富课程供给数量，提高实践指导的质量，服务学生拓展生涯发展能力。

2.抓好三创教育教师队伍建设

学院现有专任教师 5 人，其中具有博士学位的 3 人，外出学习访学教师 2 人，双师型 4 人，占比 80%。要继续加大引才力度，积极提升教师队伍的整体水平和教学能力，选派一批校内兼职教师参加 TTT 高校职业规划教学认证培训；举办创新创业师资培训班，选送骨干教师参加各类能力提升培训，提高教师创新创业项目指导能力和管理人员的创新创业体系构建能力。

3.深化三创教育教学研究和成果转化应用工作

加强教师创新创业教研能力，组织社会实践一流本科课程申报，择优推荐申报国家级社会实践一流本科课程；组织申报三创教育专项教改课题，评选省级、校级三创教育教改课题；全力做好第二课堂相关教育教学成果申报国家级教学成果奖。

（四）搭建实践平台，推动三创教育与实践育人相融合

1.完善"国家、省、校、院"四级创新创业训练体系

每年新增大学生创新创业训练计划项目国家级 24 项，省级 47 项，新增"校长基金"创业类项目立项，逐步扩大立项规模；加大各级大学生创新创业训练项目的服务管理力度，探索项目的过程化管理机制，提高结题验收比例和时效性。

2. 统筹做好学科竞赛和创新创业类实践赛事组织服务工作

通过建立 2022—2025 年度学科竞赛规划目录，统筹资源提供综合保障，推动全校各专业学科竞赛有序开展，开展"一专业一竞赛"学生专业基础能力提升计划，服务专业人才实践能力培养。全年新增省级以上学科竞赛奖项稳步增长并持续保持在较高水平，新增学生获得省级以上学科竞赛奖项比例考核指标，提高学生创新创业实践获得感和覆盖面。全力组织发动全校师生积极参加中国国际"互联网＋"大学生创新创业大赛，形成一批创新创业示范项目。

3. 建设实践基地，提高创新创业项目和人才孵化能力

积极推动三创大楼投入使用，提高三创大楼服务学院、师生创新创业实践的能力，加快新媒体实践基地建设，开办新媒体创新创业实践班；完善闽江学院大学生创新创业创造孵化基地（众创空间）的日常管理工作，启动省级、国家级众创空间申报工作；建设国家级创新创业学院、国家级双创实践教育中心；力争以优异成绩通过省教育厅对我校省产创融合教育实践示范基地建设的考核验收。

（五）整合优质资源，搭建合作互助帮扶机制，服务地方经济和社会发展

1. 持续关注和服务校友创业项目，以创新创业推动学生高质量就业和建功立业

习近平总书记回校期间，亲切接见了我校 2019 届创业校友叶周敏，勉励其带领乡亲们发展大黄鱼产业，振兴美丽乡村。学校积极整合资源支持乡村振兴，对创业校友扶上马、送一程，校党委副书记陈曦带领相关部门赴福州市海洋与渔业局、宁德市海洋与渔业局、霞浦县等地进行调研了解大学生返乡创业情况以及政策支持，对创业校友的项目进行帮扶。王宗华校长带领农业专家赴南平市顺昌县指导我校 2018 级学生吴晨颖同学的福建赤晨农业科技有限公司，到田间地头开展种植指导及了解公司发展规划，并促成了我校与

顺昌县的深入合作。学院将联合校友会，继续推动"大手牵小手"工程，加大初创校友的服务力度。

2.推动校企产学合作，开展校外团体访问交流

推动福州软件园管委会签订《产学研合作》协议落地，加强与企业的合作，将企业的先进技术与专业学科建设相结合，真正实现产教融合、协同育人；继续与福建人保财险开展普惠金融学校建设，定期开展普惠金融讲座，普及在校学生金融知识。探索与合作帮扶高校的三创项目合作新模式，力促三创教育特色做法取得成效、校地创业交流帮扶机制落地见效。

科教与产教双融合下闽江学院应用型办学实践

——以信息技术类为例

邵振华

（闽江学院　计算机与控制工程学院）

根据《国务院办公厅关于深化产教融合的若干意见》（国办发〔2017〕95号）的重点任务，福建省人民政府 2020 年出台文件《福建省人民政府办公厅关于深化产教融合推动职业教育高质量发展若干措施的通知》，明确规定了职业教育与区域发展深度融合、产教融合型城市建设试点行动计划、产教融合型行业试点行动计划、校企融合发展项目建设等内容。教育部高教司吴岩司长在 2018 年 11 月 23 日的"瞄准服务域，建好建强地方应用型大学"的讲话中指出，以产业和技术发展的最新需求推动高校人才的培养改革。文件与讲话从多个维度阐释了产教融合和科教融合在产学研政体系中的抓手作用。科教融合是高等教育立德树人、创新育人的发展方向，是应用型创新人才培养的有效途径。深化科教融合不是简单的科研成果与教学内容相叠加，更重要的是科研成果能否引领地方经济和社会发展，转化为核心技术指导产业成果落地。科研成果能否在产学研政的协同育人过程中发挥纽带作用，打通政府政策落地和产业需求对接的桥梁，科研成果能否融合到创新实践育人的培养模式中，在培养应用型人才"最后一公里"过程中起到画龙点睛的作用。

随着数字福建理念的落地，特别是 2020 年福州市政府工作报告指出"以'数字福州'培育产业发展新动能，力争数字经济规模突破 4300 亿元，修订区块链、物联网、大数据、5G 商用、人工智能产业的发展政策，强化政策引领"。利用数字化技术驱动社会经济发展，着力推动技术创新突破、产业融合应用、数字治理完善和数字技能提升。在全球经济复苏乏力与全球服务流动增速放缓的情形下，增速迅猛的数字经济被认为是新兴经济的主杠杆，并有望成为福建经济发展的新动能。福州市信息行业供给侧产生深刻变革的过程，给闽江学院信息类专业改革带来了严峻的挑战，也带来了发展的机遇。为了积极迎接供给侧结构性改革带来的挑战，作为应用型大学的闽江学院担负着高校人才培养模式创新、复合型产业人才落地、满足地方区域劳动力市场人才需求的重任。以科教融合为引领，以产教融合为路径，通过产教、科教双融合助力福建省信息类企业转型升级，实现快速高质量发展。

一、立足数字福州，瞄准数字转型中小企业，以项目驱动带动科教融合，以成果转化带动产教共生

根据闽东北区域社会发展的需求变化，主动转变应用型地方高校的教育理念。为了进一步推动科教融合工作，探索实施科教融合工作，闽江学院积极探索科技创新与协同育人的融合模式。在基于"数字福建"转型的背景下，闽江学院积极探索科研的教育性、教学的学术性。在实践探索过程中，紧扣习总书记"不求最大，但求最优，但求适应社会需要"的办学理念，逐步总结出产教融合和科教融合双驱动的办学实践理念。

《国务院办公厅关于深化产教融合的若干意见》（国办发〔2017〕95 号）、"职教 20 条"均要求产教融合要服务中小微企业的技术研发和产品升级，带动中小微企业参与职业教育集团化办学，建立职业学校与行业骨干企业、中小微创业型企业紧密协同的创新生态系统，现阶段建设培育产教融合型企业，服务好中小微企业发展就成为题中应有之义。要瞄准行业需求，特别是中小型企业，紧密围绕学科建设，多学科多专业融合，依托多个省级科研平台，向特色研究方向、产业技术难题倾斜，加快科技成果转化，着力为福州地区中小型企业提供强有力的支撑，解决中小型企业在数字转型过程中急需的人才和技术需要，更好地服务于福建省数字经济建设。

科教融合和产教融合双驱动实现的是专业链与产业链、课程内容与职业标准、教学过程与生产过程的深度对接。"双融合"强调职业本科教育是学历教育与资质培养的有机结合，体现了职业能力要求与普通本科的明显差异。为了避免"双融合"制度被"窄化"或"矮化"，需要强调三个问题：一是深入理解"双融合"的用意。"双融合"制度旨在通过结果导向，倒逼重订培养要求，重构课程体系，实现人才培养要求与资质认定标准相融通，学习评价方式与技能鉴定方法相融通，学历教育管理与职业资格管理相融通。二是合理认清产教融合与科教融合的关系。双融合中的"科教融合"是学生科学探究能力和综合素质培养能力的证明，"产教融合"是学生依据培养要求和地方行业产业特色对"科技融合"的强化，"科教融合"与"产教融合"是相辅相成的关系，不能本末倒置，不能过分强调"产教融合"，导致本科教育高职泛化。三是引导学生稳定发展方向。本科层次职业教育要引导学生正确认清自己，稳定发展路径，培养专注精神，劳动技能泛化无法培养某方面的专家，只能成为"样样略通，无一精通"的杂家。

二、坚持交叉融合、多元协同，以平台为依托、以项目为引领、以人才为支撑，推进产学研用深度融合

为加快融入区域经济社会发展以及在服务区域创新体系建设和高质量发展超越中显著提升创新力、贡献力和辐射力，闽江学院积极与数字福建中的关键创新要素资源实现对接。闽江学院一直以来积极融入新福建、新福州的发展建设，通过实施校地、校企、校校、校所等联动，开展与合作单位跨学科、跨系统、跨地域的深度合作，切实发挥好高校思想库和智囊团的作用。

闽江学院将以此次校地合作为契机，主动面向五区八县国民经济和社会发展的主战场，充分发挥高校人才优势，积极整合科技、智力、信息等资源，探索"政产学研用"有机结合的新模式，创新校地共享合作的新机制，统筹推进福州市五区八县的相关产业链对接，并由多个校领导牵头，实现一县一产业、一区一品特色工程。闽江学院将充分利用市属本科高校在学术、技术、信息和人才等方面的优势，积极为五区八县提供各种适用科技信息及可转化为现实生产力的科技成果，帮助培训、培养人才，改造传统产业，发展战略性新兴产业，促进五区八县经济结构调整和发展方式转变，助力五区八县深入实施创新驱动、人才强区、产业联动发展和大开放、产学研合作战略，推进数字福州快速建设。

三、构建交叉融合、跨界协同、开放共享的育人平台

共建地方数字化人才教育合作网络，优化信息化转型教育新生态，打造高水平应用型人才培养体系，二级学院成为产教融合和科教融合落地工作的主战场。校企联动，企业参与人才培养方案设计、企业工程师参与学生实践指导，学生实践体系校企深度融合。2021年1月，教育部把《本科层次职业教育专业设置管理办法》作为1号文，体现了专业设置对类型区分的关键作用，强调了三个要求：一是职业发展的导向性，二是产业发展的跟踪性，三是特色优势的示范性。本科层次职业教育的专业设置要求对接现代农业、先进制造业、现代服务业、战略性新兴产业和新业态、新模式、新职业，特别是满足中高端产业、新一代信息技术与产业融合发展且五年更新一次，强调了专业设置与前沿技术的密切跟踪和及时调整。信息类行业在数字福建转型过程中，供给侧改革的压力巨大、行业的需求也多种多样（以计控学院为例）。计算机与控制工程学院立足计算机与智能控制重点学科，通过多学科多专业的融合，依托福建省信息处理与智能控制重点实验室、数字福建智能生产物联网应用重点实验室等多个省级平台，以一批专精特新企业的需求为导

向，以产业卡脖子技术为攻关目标，倾斜研发投入，凝集专业科研力量，加快科技成果转化力度和进程。这主要体现在以下五点：

（1）引入专精特新型企业与校友资源，成立多主体人工智能产业学院，校企协同育人贯穿人才培养的始终，聚焦应用型人才培育目标，探索贯穿人才培养全过程的校企协同育人模式，让企业参与人才培养方案制定、实践教学、实习就业全过程，并结合就业情况及时优化调整方案。构建产业协同育人平台，成立人工智能产业学院，聚集一批省内知名度高的嵌入式与人工智能方向的 IT 企业，建立产教研一体化相互促进的深度融合机制，打造专业融合、资源共享、优势互补、精准服务的应用型协同育人培养体系。全面落实校内、校外双导师培养模式，将"产教融合、校企合作"作为人才培养的突破口，依托省级协同创新中心和产学研合作示范基地，共同推动应用型人才培养、项目合作和技术成果转化。

根据全校产教融合布局和教学评估的需求，计控学院登记在案的福州市校企实习实训基地有 38 家，保证每个专业至少 2 家龙头企业牵头，10 家以上行业联系紧密的地方企业备案。2019 年至 2021 年三年间，全院学生通过生产实习、认知实习、金工实习、毕业实习和毕业设计等环节，深入企业一线 3000 多人次，学生受益面 95% 以上。以汇川物联网、福大自动化、奥通迈胜、四创科技等企业为产教融合实验田，以项目为依托、以校企实践为抓手、以产业协作训练为纽带，实现应用型本科学生提质增效、对接产业技术的新案例。

（2）以培养中小企业需求人才为目标，实施信息类专业"2+2"产业协作项目训练计划，第一、第二课堂联动共同提高学生的实践能力。以企业与高校协同实践与创新为主要目标，实施"2+2"产业协作项目训练培养计划，在一、二年级设立产业协作基础训练课程，作为产业学院与各专业教师、学生建立联系的基础课程，由校内教师指导学生参与基础项目训练，达到软硬件过关，以对接后续产业学院实训课程要求；在三、四年级开设产业协作综合训练课程，由校内导师和企业导师共同指导学生参与企业项目实践锻炼，实现技能型人才培养与企业"零距离"对接，解决了应用型人才培养的"最后一公里"问题。产业协作项目训练借助"第二课堂"实施全过程、全覆盖培养，凸显"一二课堂"协同育人成效。结合实际，在内容设计、平台建设、具体实施等方面探索创新，共同提高学生的实践能力。

（3）学生科创中心与教师团队双向互动，实现实践、创新能力培养全覆盖。计算机科学与技术系从 2002 年开始成立科协，2020 年整合资源成立学院科创中心，下设竞赛管理部等 4 个部门，软件与程序设计、硬件与系统集成、网络与信息安全、自动化控制 4 个兴趣小组，开展学科竞赛的课程化培训、人员选拔和集训，结合教师科研项目及企业委托开发课题，打造"基础实验—综合实训—工程实训"以及"校长基金—双创项目—学科竞赛"的课内课外"双主线"实践能力培养体系，参与学生比率大于 70%，专业技术类项目比率大于 70%。课外科技活动小组除了在开放实验室进行科技活动外，有很大一部分学生进入我院重点实验室参与教师科研活动，包括教师纵向课题和一些企业横向项目，这对促进产教融合发展、学生更紧密了解行业实际技术动向有着极大的帮助。

（4）学生科技成果硕果累累，实践技能大幅提升。近五年来，学生在各项专业竞赛上屡获佳绩，在省级及以上各类专业竞赛中累计获得奖项 213 项，其中国家级奖项 39 项、省级奖项 174 项，包括"挑战杯"国赛二等奖、第四届、第六届"互联网 +"省赛银奖、"华为杯"中国大学生智能设计竞赛国赛一等奖等。指导教师 81 人次，参与学生 592 人次。学生获批国家级大学生创新创业训练项目 18 项，省级 25 项，获 125 项校长基金立项。通过竞赛、项目训练，有力提升了学生的科创能力，学生获得实用新型专利与软件著作权共 18 项、第一作者身份发表学术论文 18 篇。

（5）毕业生活跃在中小科技企业，成为科技人才骨干，助力企业成长，得到用人单位及社会的广泛赞誉。通过多年的探索与实践，学生培养质量明显提升，相关专业本科毕业生平均就业率为 97.55%，毕业生服务中小科技企业数量逐年上升，在福州地区乃至福建省有较强影响力。从就业地域看，近五年毕业生在福建省内就业的占就业人数的 80.92%，服务地方经济发展。在福建省内就业的本科毕业生中有 59.35% 选择福州市。其中，服务中小型企业人数占就业人数的 60% 以上。根据第三方调研数据表明，用人单位对毕业生的工作表现满意度为 94.03%。特别是汇川科技、四创科技、靠谱云科技、医联康护等行业内代表性企业持续接收我们的毕业生，对我们的毕业生评价颇高，普遍认为我们的学生"技能高、有较强探索精神、吃苦耐劳、可独当一面"。2021 年，《福建日报》《光明日报》《焦点访谈》《人民日报》等权威媒体陆续进校对我们的应用型人才培养方法和模式进行访谈和报道。

四、紧紧围绕"平台福州""数字福州""海上福州"的地方发展策略，整合资源谋求发展

通过十三五规划等具体流程，闽江学院通过职能部门对产教融合、科教融合双驱动的改革分别下达了任务清单、时间表和落地路线图。以计算机控制工程学院为例，该学院始终坚持面向应用、面向地方经济建设，以应用促进发展，紧密结合福州市在物联网应用技术、智能信息处理技术和智能设备控制技术等为研究方向，服务于智能生产、智慧海洋和图像、语音应答处理等特色领域。经过多年在其领域深耕细作，在工程实践的过程中明确了校企合作形式、产教融合服务区域，紧密贴合了福州市信息类行业的发展需求。师资队伍及师生科研团队服务社会的质量显著提升。师资队伍获得省主管部门嘉奖，实践过程中逐步建成了一支结构合理、实践能力强的双师型队伍，比例达到 60% 以上，教学水平稳步提升。承担了教育部产学合作协同育人项目 4 项，省部级教改项目 5 项；建成省级一流线上线下课程 4 门，省级虚拟仿真实验教学项目 1 项，发表教改论文 30 篇，出版教材专著 5 部；入选校级教学团队 3 支。为此，教学团队先后荣获福建省科教文卫体及福建省总工会授予的"五一先锋号"。相关研究成果获省科技进步奖一等奖 1 项、三等奖 2 项，为进一步提升人才培养质量提供更为有利的条件。教师通过建立本科生团队，进行软硬件研发，研学相长，模式获得企业认可。

五、在服务产业转型升级落地化、先进技术转移定制化等方面苦练内功

双融合实现的是专业链与产业链、课程内容与职业标准、教学过程与生产过程的深度对接，从而抢抓新产业、新业态和新技术的发展机遇。在抢抓新产业、新业态和新技术的发展机遇中主要有三个关键点。

（1）教师要做科研，不但要有科研能力，还要主动融入地方经济，融合本地创新要素资源，争取当地政府、行业企业的大力支持。首先，教师除了具备基本的教学素质与能力外，还必须结合自己的科研工作内容及工程问题，以案例方式展现给学生，这样才能活跃课堂氛围、吸引学生的兴趣与注意力，在授课过程中培养学生的工程思维并激发研究开发的意识。其次，科研也是教师的本职要求，是构成大学功能的核心内容，也是社会发展的必然要求。目前计控学院双师型比例为 52%，其中大部分的科技骨干都是福建省相关行业学会的理事和专委会委员。通过频繁的行业学会对接和企业调研，掌握企业的新动态，搜集企业数字转型的技术新需求，落地产业融合的制高点。师生团队科技服务社会，师生协同通过产业协同训练项目的开展，项目团队与企业距离拉近，共同开展企业项目的研发工作。近五年来，学院接受企业委托开发项目 49 余项，合同金额 1044.95 万元，专利转化 21 项。

（2）扎根研发平台，利用研发工具，拓展研发环境。要在学校五区八县一区一品的基础上，拓展行业企业合作的发展平台。我们不但要做企业技术的引领者，更要做政府职能部门的好参谋。我们一直强调教师要融入研发团队，充分利用研发平台，在平台中围绕数字福建的某个方向来分工合作，这样科研基础才会牢固，也能承接更大的课题，这些平台在落地、工具的使用、

环境的充实过程中也开放给学生。只有这样构建的知识教育体系、技术技能训练体系和实验实训环境才能紧密贴合现实生产、服务的真实技术和流程。

（3）重视学生在双融合过程中的主体作用，专业链、课程体系、教学过程的落脚点都在学生这一主体上。学生的培养质量必然涉及课程体系重构和实践能力落地两方面的问题。

①课程体系企业化、超市化。课程体系作为教育质量的基础保障，是教学与学习的前置性要素，教育类型的不同决定了课程体系的差异。21世纪迄今"通识教育课程＋学科大类课程＋专业教育课程"的"新三层楼＋个性选修"等课程体系模式，但均属于"添枝加叶"的改良，从未触及课程体系的实质内涵。本科层次职业教育作为新的本科类型，重构课程体系是强化类型特征的关键一环。研究型本科以培养"厚基础、宽口径"的学术型人才为主，其课程体系基于学科导向，目前学界针对"三层楼"体系的弊端，必然关注紧密对接产业链、创新链的专业体系，改造传统授课体系，在通识教育课、学科大类课、主修专业课、大四顶峰课中融入企业元素，依托数字经济的技术背景，建立企业导师全程参与的课程超市，普及校企共建教材和产教融合协作育人项目。

②能力培养案例化、导向化、职业化。以产教融合为基础，以科教融合为外延开展培养。应用型本科以培养"重能力，强实践"的工程型人才为主，其课程体系基于专业导向，理论基础要求相对降低，但专业课程和实践教学占比显著增加，课程体系加入职业导向，其人才培养不仅注重较多的实践占比，而且强调校企合作协同育人。产教融合可以让广大同学们参与到各种类别各种形式的科研中来，在研发过程中积攒能力。在这个过程中，让学生参与其中，熟悉项目内容、研发工具、测试仪器，先从简单的实验、测试、编程开始，逐渐深入研发内核，从不会用、到能做一些、再到参与其中发挥作用，这也就让学生具备了某种能力。

六、以省级重点实验室为纽带，以省市重点研发项目为抓手，让闽江学院的科研平台成为行业、企业合作发展的孵化池

研发平台不但要面向校内师生，更要广泛开展面向一线技术技能人才的继续教育与技能培训。发展促进先进技术应用、形式多样、贴近实际需求的继续教育和企业服务。计控学院已经形成了物联网应用技术、智能信息处理和智能设备与控制三个研究方向，在智能生产、智慧海洋和图文处理等领域形成自己的特色和优势。依托福建省"面向智能生产的新一代信息技术协同创新中心""福建省信息处理与智能控制重点实验室"和"数字福建智能化生产物联网实验室"等一批省级科研平台，与福建省汇川科技有限公司、奥通迈胜电力科技有限公司、网龙科技有限公司、靠谱云、四创科技、福大自动化等企业通过项目合作与创办联合研究院等多种方式在物联网和人工智能等领域开展深度合作。

自 2015 年以来与福建汇川物联网技术科技股份有限公司开展深度合作，在机器视觉、智能控制、传感器技术等多个方面开展了深度的合作研发，特别是合作研发的 AI 测量摄像机在建设工程质量安全监管中得到了广泛的应用。合作成果荣获 2019 年度福建省科学技术进步一等奖，合作项目实施以来实现销售收入达 6.49 亿余元。联合申报的"基于机器视觉的 AI 测量技术研发"获批 2020 年福建省科技重大专项立项，立项金额为 500 万元。

邵振华博士团队与福建奥通迈胜电力科技有限公司合作"基于城镇配电网的短路故障边缘计算与定位工作"，协助企业在远程故障定位、低功耗数据传输处理、产品数字化结构升级上夯实基础，相关成果荣获 2018 年度福建省科学技术进步三等奖，合作成果取得 4 亿余元的销售收入，实现利润 9000 万元，直接带动 300 人就业。

罗海波博士团队围绕物联网无线传输组网和智能硬件技术，为福建省的物联网行业企业提供技术研发和服务。"基于 4G 的商业厨房燃油安全监管设备及系统"填补了燃油监控的市场空白;"低功耗约束下的水域环境高效能无线通信技术"为水利物联网监测提升了质量和可靠性。上述项目形成核心知识产权,服务地方产业并产生良好经济效益。

陈新伟博士团队依托"天通一号"系统建立覆盖福建省海洋海域的数据业务传输网络,为海上用户提供短信、话音、警报/信息发布、数据回传、用户位置管理和跟踪等业务,并在海洋海域完成应急救援、船舶实时动态管理、数据采集、海上互联网业务等应用示范。

徐戈博士团队与福建省福州精神病防治院、福建省精神卫生中心、科大讯飞和福州靠谱云等合作共建福建省心理健康人机交互技术研究中心,并在研究成果的基础上构建一个可服务、可推广、可支撑的心理健康服务平台。该项目并入选 2020 年度福建省数字经济百项应用场景,具有较强的社会与经济效益。

学院还通过对当地企业提供大数据与深度学习计算服务、科技特派员制度、联合申报政府研发项目等方式服务行业。学院秉承聚焦真实应用场景和技术问题,解决企业关键技术研发难题,为区域发展做出应有的贡献,从而符合习总书记提出的"立足福州、面向市场、注重质量、突出应用"的办学宗旨。

经过多年的探索实践,以服务广大中小科技企业为目标,以科技项目为载体,进行应用型创新性人才培养,作为计控学院推广多年的一种人才培养形式,在实际的教学中取得了优异成效,且已形成一系列可复制可推广的制度方法和措施方案,对于破解中小企业人才输送的"最后一公里"对接难题,最终实现应用型高校学生高质量就业,并满足广大中小型企业人才需求有较大的价值。针对企业在职人员的学历再提升和技术转型的需求,开展了相关继续教育课程和相关培训,从而打通了产教融合的实施路径。

二级学院花大精力深化学院内涵建设,健全党建业务融合发展体系。突出立德树人根本任务和应用型人才培养目标,坚持以党建为引领、质量为核心、人才为关键、特色为方向、学科（专业）为抓手，聚焦难点重点，全面深化改革，努力把学院建设成特色鲜明、省内知名的工科学院。坚持以服务地方发展为基石，全力打造党员教师教学科研示范团队，着力解决社会治理、民生服务、网信安全等领域重点难点痛点问题，为新福建、新福州高质量发展贡献力量。以专业链引领产业链、以课程体系对标职业标准、以教学新业态对接企业行业生产全过程。在信息行业人员培养过程中，通过产教融合和科教融合的双驱，实现了应用型人才的落地培养，具有较好的实践参考意义。

新商科背景下经管学院应用型人才培养模式研究

乐上泓　尹利军　林俊韬　赖丽萍　刘祖军　翁曼莉

（闽江学院　经济与管理学院）

　　随着科学技术的迅速发展，商科在科技、社会、经济所带来的挑战下，形成新的经济形态，带动新商科的创新，人们的思维方式也不断地在社会环境的影响下改革创新出更多的新的生产生活工艺。新商科在经济、产业的不断促进下，提高了对应用型人才的需求条件。因此，经管学院专业人才应在新商科应用型人才培养为导向的基础上，围绕相关的专业知识以及社会需求，逐步明确人才培养的目标，促进应用型人才形成创新思想，培养出优秀且适应社会需要的新商科人才。

一、新商科背景下应用型人才培养的新要求

（一）人才培养目标新

　　新时代应用型商科人才应具备以下特征：一是优秀的思想品格，应用型商科人才必须具备良好的品德修养；二是清晰的知识结构，应用型商科人才对于知识的要求也更为综合与复杂；三是卓越的创新精神，创新创业精神已深入到国民的血液中，应用型商科人才在这一时代浪潮前责无旁贷；四是坚

定的团队精神，应用型商科人才不是个人英雄的追求者，而是团结互助精神的倡导者。

经管学院应用型人才应基于大众创业、万众创新的"互联网+"要求，结合新商科各行各业发展现状和人才需求，以及结合应用型本科院校所在区域的产业特征、高校自身的资源优势与专业特长，创新新商科应用型人才培养的理念和价值导向，从"职业导向"转变为"产业导向"，培养符合地方经济和社会发展需要，进行跨行业、跨媒介的资源整合，胜任综合性工作，应对诸多复杂挑战，具有"创新、创意、创业能力"的高素质应用型人才。

（二）人才培养思维新

新商科应用型人才培养以"新商科"为引领目标，同时以培养应用型人才为核心，将新商业思维、新金融、新物流、新会展、新管理、智慧化服务等手段应用于专业教育。因此，经管学院应用型人才培养应适应与科技的联系，缓解互联网新技术带来的影响，对于传统的专业知识应进行适当转型，瞄准目前社会发展的人才发展需要，嵌入商业情景和新时代商业行业标准，扩展和延伸专业在新的商业场景下的内涵和外延，融合新的知识与技能。

商科教育的调整改革必须具备时代性、适应性、颠覆性的创新思想。众所周知，创新是时代发展的第一生产力，商业作为经济发展的助推器，在"互联网+"的背景下，优秀的新商科应用型人才必须具备创新能力和勇气，超越旧传统，提出新思想，即善于创新新商业题材。同时，应用型人才的培养还应该在符合差异性和继承性原则的基础上分层次进行革新。

（三）人才培养模式新

新商科时代应该采用"线上线下相结合、内外贸融合发展"的人才培养模式，培育新商科技术技能型人才。通过扎实推进新商科建设理念在专业人才培养全过程的融入，面向产业需求，精准、动态调整人才培养方案，科学重构、优化人才培养过程，构筑顺应新商科建设理念、适应新时代发展的人才培养机制，以此构建理论教学、实习实训、应用场景于一体的新教学体系，推动课程体系、课程内容、教学手段等创新，让学生在实际教学场景中，学习专业技能，深化校企合作协同育人机制，推进专业向新商科复合型应用型人才培养目标发展。

应用型商科人才培养创新模式坚持以社会需求为导向，通过"以赛促训，以训促学"，将教育教学转向以学生为主体，以特色主题活动为切入点，吸引学生学习兴趣、引导学生主动参与从而培养学生的思维能力和实践能力。例如采用情景模拟教学模式，让学生在互动教学环境中感受到企业竞争复杂多变的经营环境，并通过模拟企业的整体运营过程，提高学生对于企业环境的分析能力及对于企业战略、生产布控、营销推广、财务决策等方方面面的决策运用能力。这对于学生的实际动手能力的培养、解决分析生产实际问题有着不可替代的教学意义。

应用型商科人才培养创新模式在教学理念、课程应用、教学方式等多方面能够全方位的实现高校实训教学改革的目标。探索"教赛融合，教学相长"的强化教师教学实践能力的崭新路径，通过多种直观的企业经营模拟运行状况和真实竞赛参与，推动教师深入实训实践等众多环节中，不断深化教师的专业认识和理论水平，使教学从单一纵向转变为多元全方位，从授课为主转变为模拟实践操作为主，实现教学活动从被动的"教"到主动的"学"的本质改变，真正将课堂主体还给学生，既让学生主动学、主动问，也让教师的教学过程更加一体化。

二、新商科背景下应用型人才培养面临的问题

（一）课程设置缺乏系统性

商科教育所涉及的专业较多、较杂，每个专业都有自己不同的课程设置。专业设置的口径不一，使得课程设置上产生诸多的差异，很多课程的设置往往是为了各专业的学分凑数，缺乏系统性，这样直接影响到学生专业知识架构的合理衔接。其次，学生使用的课本的架构也与真正教学需求不同，极易影响到学生专业知识的接受。随着新技术层出不穷、人们消费习惯的变化、中国商业的升级与创新，学校课程内容与体系也需要做出适当的调整，适应新技术新商业对创新型、复合型人才的需求。

当前，高校经管类课程设置主要存在以下几个问题。

一是经管类选修开课率低。完全学分制以选课制为核心，除必修的通识教育课程、专业基础课、专业核心课程，经管类专业的选修课模块设置较为单一，专业选修课程的可选择程度不高，实际开课情况无法体现自主性与自由性，课程能成功开出的门数不多，课程可供选择的比例较低。当专业学生人数较少、学生选课过于分散时，还面临达不到开课人数难以开设的情况，选修课的设置形同虚设。

二是跨专业教学管理难度大。完全学分制下，人才培养淡化了专业和传统班级的概念，对以往的学生管理工作提出了新的挑战。学生必修课程的学习和各项集体活动按行政班级组织，选修课按教学班级组织，学生行政班级和教学班级相分离，行政班和教学班之间的协调管理问题增多。可以考虑实现跨专业、跨校学分互认的选修课，但专业教师在资源共享的同时，也增加了师资队伍管理上的难度。

三是教学组织形式单一。传统商科教学组织形式比较单一，教学方法不够新颖，在教学过程中不能很好地激发学生的学习兴趣，教师与学生之间的

互动性不够，甚至缺乏互动，学生也缺乏实践锻炼的机会，这势必会出现培养的商科毕业生与社会需求衔接不上的问题。

（二）人才培养模式与具体实践平台脱节

由于受资金和软硬件条件的限制，缺乏真正的实践教学平台，使实践教学流于形式，导致出现重知识轻应用、重理论轻实践的现象。虽然现已投入一部分资源鼓励发展实践教学，但是由于缺乏良好的实践平台和相关课程，这一状况依然没有得到有效改善，部分课程虽然应用性较高，但是在实际开设过程中授课方式仍然是传统模式，没有结合行业需求进行创新与实践教学。

（三）人才培养所需资源与硬件缺乏

目前，大多数应用型本科高校的专业人才培养模式采用"理论教学＋课堂模拟"相结合的授课形式，理论教学学时占比70%以上，实践教学只能依靠课堂模拟等，以课堂为媒介进行实践，实践教学模式较为单一。没有长期、持续性的经费支持，所以一些应用型本科高校的实验室建设不完备、硬件设备保养及维修不及时、软件更新滞后，甚至还存在由于多专业共用一间实验室而导致不同专业使用实验室时间安排不当，这些都使得专业实践教学流于形式、效果大打折扣。

（四）校企合作方式流于形式

学生仅仅掌握书本知识和通过简单的课堂模拟是远远不能满足新时代社会商科行业需求的，学生在团队协作、人际交往沟通、业务实操等方面的实践经验十分欠缺，这就需要他们多深入实际单位实习、实训。校企合作的确可以解决高等院校在教育方面"重理论，轻实践"的现状，提高学生的实践能力，但是实际中校企合作效果不乐观，主要体现在以下几点。

首先，企业参与的积极性不高。虽然很多高等院校积极联系企业进行合作，但部分企业参与的热情却不高，敷衍了事。其次，企业提供的实习岗位与人才培养需求不一致。一些企业提供的岗位与学生的专业不符，导致学生的专业技能很难得到提升。再次，校企合作层次不够深入。学校大多是站在教学过程中的一个实践环节去安排合作，企业仅仅把合作局限于为学校提供一个实习的岗位，而没有把合作作为人才培养的长远计划，校企合作教学深度不够。最后，疫情大背景下部分行业受到性质限制。部分单位由于性质影响，提供的实习和实训的时间存在明显的阶段性和临时性。与此同时，大多数应用型本科高校并没有真正实行弹性学分制，这就导致高校的教学计划与实习实训的时间冲突，无法做到实训内容和实践方式的灵活多变。因为无法实现双赢，所以企业与高校之间的合作仅流于形式。

（五）高校与企业联系渠道尚未全面打通

目前，高校对于新商科专业下的应用型人才的培养主要经历了以下三个基本历程。第一，主要学习公共基础课的基础知识，为学生对相关知识的学习奠定良好的理论知识基础。第二，主要学习专业技能知识，使学生能够获取专业应用的基本能力，比如专业自我拓展能力、岗位的实践能力等。第三，提供高校学生对专业实践应用的机会，使经管类应用人才可以深入企业内部，从事相关专业的基层岗位工作，为以后可以配合参与企业的管理打下较强的执行能力基础。按照此人才培养历程，高校应在对应用型人才培养时，着重在第三历程的具体实施过程中，加大与企业融合的力度。但在高校的实际管理中，主要还是以校内的专业课程传授为主，企业专家的客座技能培训和讲座为辅，校企合作模式单一，提供的实习实训机会也大多面对毕业季学生。因此，这种情况大大缩短了经管专业学生的实际培训学习时间，导致学生对于真正的专业核心技术掌握不够牢固，或者对于专业实践认知仍处于纸上谈兵的尴尬局面，高校与企业之间缺乏真正的互通性，急需构建高校与企业全面链接的桥梁。

（六）人才选拔机制建立存在缺口

人才的选拔是高校进一步培养新商科专业人才的基础，高校的人才培养方案会在专业初始的理论学习阶段（大一）设立较多的学生公共专业基础课程，其目的是培养学生的基础专业能力。因此在对经管类人才选拔时，高校拟定的选拔标准往往以高校学生的公共基础课以及相关专业课程的考试成绩、课堂表现、课下的实践成绩等方面综合对学生进行人才的选拔和能力的评定。

高校在人才选拔过程中对于综合成绩的过分重视，致使公共课成绩突出但专业课基本能力欠缺的学生被盲目地调选为优秀应用型人才进行培养，而部分公共课成绩较差但专业课和实践能力突出的学生得不到进一步培养和提升个人应用能力的机会。从而导致真正的人才被迫流失，形成"错误培养人才—人才需求无法满足—重新错误培养人才"的恶性循环。

三、新商科背景下应用型人才培养模式的探究路径

（一）完善高校课程思政体系建设

高校思想政治教育的总体目标是培养合格的建设者和可靠的接班人，以实现道德、智力、体格和劳动的全面发展。高校的思想政治目标与国家的未来和命运有关。为了实现这一目标，学生需要建立正确的生活观、世界观和价值观。在新商科教育课程中融入思政元素，是提升立德树人教育成效的重要举措，是对专业课内容的重新挖掘、梳理和认识。从课程思政角度出发，结合专业特点，来培养经济和管理领域的合格的建设者和接班人。

习近平总书记提出的"八个统一"为思政课教学改革创新指明了方向。坚持"八个统一"，是对很多年来弱化思政课教学做法的矫正，是对思政课教学目标和任务的明确定位，是对思政课教学质量提升的路径和方法的深入剖析。在建设思政资源库的过程中，依托广域性、大数据快速传播和多样化渠

道的特点和优势，及时收集与新商科相关的高质量思政教育资源，整合思政课程教师的思政材料、教学方法和教学经验，实现专业课程教师对思政资源的有效获取、学习和使用，并快速提高专业课程的"思政"水平。

经济学专业课程与思政元素之间存在诸多的契合点，尤其适合开展"课程思政"建设，但在实践中还存在一系列问题。未来应该通过课程思政的"三维向度"，完善经济学专业课程思政。

首先，要做好"课程思政"的"教"与"启"。专业课教师深度挖掘思政元素与专业知识的有趣结合，从学生角度出发，不断完善教学设计。同时，教师需要了解当下大学生群体特征，在授课过程中尽量"摆事实"而非"讲道理"，与时俱进地不断推进专业课教材建设以体现其价值导向，通过理论创新、教学模式革新以及授课载体扩展，注重因"材"施教。

其次，要做到专业教师思想之"破"与"立"。专业课教师应该正确认识专业课程与思想政治教育之间的关系，自觉提高思想政治素养和思想政治教育能力，深度挖掘经济学专业课与思政元素之间的契合点，实现有趣而有益的结合。

最后，要做好课程思政教育评价之"度"与"法"。鉴于思想政治教育的复合性，我们应该科学地建立评价"维度"和"方法"，以形成多样化的评价体系，构建"学理维度＋实践维度"的评价观测点，再细分为政治认同、家国情怀、文化素养、法治意识、道德修养等方面的认知指标，以及学业理想、职业道德、专业操守等方面的行为指标，采取过程评价、动态评价、建立思想档案以及评价表等方法。侧重于对学生在专业学科学习中所表现出来的情感、态度、价值观的变化，对学科专业的忠诚度、学科专业价值的认知、学科专业方面的操守（伦理）、与学科专业相关社会现象的分析能力等进行评价，实现科学系统的评价机制。

（二）形成校企全方位合作模式

在新商科背景下，经管学院的商科人才培养必须匹配省、市实体经济发展的需求，走产教融合之路，既注重理论引导，又注重实践应用。坚持政校行企驱动，助推产业转型，教、学、研、产多方合作，打造校企合作新模式。利用产学研平台及校外实训基地的合作关系，组建由行业专家、管理人员和骨干教师参与的学科建设指导委员会，委员会积极主动地参与学科发展规划制定、人才培养方案的论证、教学计划的制定、实践课程体系的设计、横向课题开发等工作，逐步形成"校企共同开发教学体系，引进真实项目演练"的校企全方位合作模式。通过将核心专业课程及教学标准与企业深度合作共同开发，由学校教师与具有丰富行业企业经验的人员共同开展实践教学，直接把企业的真实项目引进课堂让学生进行实践演练，大大提高学生的实践应用能力，使人才培养更加适应社会发展，实现教学与企业岗位需求的紧密结合。

（三）加强师资队伍建设

师资队伍是人才培养中的主力军和决定性因素。新商科所涉及的各专业涉及面广、专业性强、理论实践结合要求高，这就决定了新商科专业建设是知识体系融合重构、教学方式创新多样、应用实践并重的人才培养过程，同时要求培养师资具备课程与思政融合、多学科融合、理论实践融合、传统基础与前沿技术融合、创新创业精神融合的多层次、动态性、系统化知识体系和能力结构。

培养高素质的师资队伍可以采取引进来、走出去的措施。

一方面，要加强对现有师资的国际化培养。学校应积极争取政府部门的各类资助项目并出台相关政策，加大对师资培养的投入和补助，鼓励引导教师分期分批出国进修培训，有计划地选送专业骨干教师赴国外留学、访学，加强国际学术交流，特别是与"一带一路"沿线国家师资队伍的交流与合作。同时，应增设教师的外语培训，既便于教师出国进修、参加国外交流，也为顺利开展双语教学打下良好的基础。

另一方面，随着高校竞争的加剧和培养高质量人才的需要，经管学院必须要拓展自己的人才引进渠道，人才引进工作要充分利用现代信息技术的优势，面向全世界发布人才招聘信息，大力引进国内外高层次的人才到校任教，特别是有海外留学经历、熟悉国际规则、具有较高学术声望的学者，为现有师资注入新鲜血液，以优化师资结构，推进学科建设，提升教学科研水平。同时，在引进人才工作时，要有针对性，制定一个科学具体的人才引进方案，要确定人才引进的数量和结构。不能盲目追求高水平人才而忽视了学校需求，不能本末倒置。只有这样才能保证有效地引进专业人才，才不会造成人才的浪费。

此外，为提高教师的实践教学能力，应鼓励教师定期轮岗，到企业挂职锻炼，培养教师成为既有较高的专业素养、又有较强的实践能力的双师型教师。

（四）塑造以"三创"为导向的应用型人才

新商科应用型人才培养应遵循"厚基础、宽口径、重实践、强能力"的指导思想，坚持"理论与实践相结合，重在应用"的专业建设理念，以行业需求为导向，着力培养具有"创新、创业、创造能力"的高素质应用型商业人才。

在人才培养模式中，积极探索多层次、多样化的创新教育实施途径。针对一年级学生，开设新生入学教育课程、公共基础类教育课程、通识类引导课程，旨在培养学生的创新意识。针对二年级学生，进一步整合、扩充、完善创新公共选修课程体系，深化合作性学习课程教学改革，丰富、完善素质拓展项目的"课程化"建设，在课程教学过程中全程性地培养全体学生的创新能力和素质。针对三年级学生，增加创新素质教育的课程，增加专业选修课程和实践课程的比例，增加专业平台课和任意选修课程中实践学时和学分比例，将"互联网+"、全国大学生电子商务"创新、创意和创业大赛"等赛事列入人才培养方案中，实行学分化管理，提高学生创新能力。此外，实施以就业为导向分类培养人才模式，鼓励不同专业与行业需求对接分设两大专业方向，并配置模块课程和实践实训平台，形成各具特色的专业人才培养方案。

（五）深化各学科教学改革

1. 构建"ILTTM2+4"的应用型人才培养机制

随着"5G+人工智能+物联网"等技术的集成和成熟，企业对于智能技术研发人才、大数据产品开发、智能设备实操、维护等人才需求增加。因此，在"智能+"的时代背景下，高校应进行应用型人才培养在知识、能力、素质结构体系方面的目标调整。围绕"三位一体"，重点突出对"课程体系"和"教学工作"两方面的改革，依托跨学科科教协同平台、科研训练、学科竞赛与"三创"平台、"1+X"证书制度试点平台、产教融合平台等四个平台建设，构建"ILTTM2+4"（ILTTM：Intelligence Logistics Talents Training Mode）培养机制。

以应用型物流人才培养为例，在"智能+"的时代背景下，应用型物流划分为"智慧物流工程"及"智慧物流管理"两个课程体系方向。

"智慧物流工程"方向更注重培养具备智能信息技术、智能制造和管理科学深度交叉融合的知识体系，以智慧物流系统的分析、设计、优化和运营维护为目标，掌握智慧物流系统的关键技术，包括无人机运输系统、快递智能柜、智能化无人仓储系统、基于大数据和人工智能的运输路线规划系统、无人驾驶配送系统、基于大数据和人工智能的智慧供应链管理系统等智慧物流系统。

"智慧物流管理"方向在"智能+"及"一带一路"背景下，更注重培养具备管理学、经济学及智能信息技术交叉融合的知识体系，注重在物联网、大数据、区块链及人工智能等新兴信息技术背景下物流行业的管理创新与执行能力，能够准确把握互联网及物流产业技术经济特征，具备分析和解决行业运行与发展中各类管理实践问题的能力。

围绕"智慧物流"对人才在"素质、能力、知识"上提出的新要求，我们可以通过跨学科科教协同平台承担智慧物流相关方向的课程教学研讨、教师科研团队搭建，起到科教协同的关键作用。借助科研训练、学科竞赛与"三创"平台，整合教师课题资源、各教育主管部门、行业协会举办的各类学科竞赛资源，构建物流创业孵化器平台与"三创"课程培训体系，实施"科研小组＋导师制""学科竞赛小组＋导师制""孵化元＋创业导师制"的培养模式，实现"三创理论＋实践"的融会贯通。

同时，建立健全"1+X"快递运营管理、物流管理、大数据分析与应用等职业技能等级证书制度试点专项工作机制，积极参与职业教育国家"学分银行"建设，为应用型人才的个性化培养、学生的终身学习需求及人才培养行业认可提供办法和途径。依托产教融合平台，邀请行业企业管理层来学校开展讲座，同时鼓励学校专业教师到企业锻炼挂职，实现师资的"引进来走出去"，打造一支创新的智慧物流"双师型"教学团队。

2. 基于 PBL 教学法的"课程思政"

PBL 教学法是对特定知识模块的教学，从设计有意义的情境问题为出发点，以问题学习为导向，启发学生自主思考，探索隐含在问题背后的知识点，并通过学生团队间沟通合作来达到分析和解决问题的目的。在 PBL 教学法下，学生是教学活动的主体，学生的学习由"被动"变为"主动"，教师穿针引线，起指挥棒作用，从而达到教与学的升华。

以《审计学》"课程思政"为例，运用 PBL 教学法，以真实的审计情境问题为纽带，将思想政治教育融入审计专业知识学习中。比如，审计的基本理论、职业道德和法律责任、审计业务流程和审计基本技能等内容都是枯燥和晦涩难懂的，教师在教学时通过"创设情境，提出问题""查找资料，探索问题""小组讨论，分析问题""汇报点评，解决问题""有效评价，总结问题"等五个环节，导入蕴含思政元素的小案例，创造有趣的审计情境，设计有意义的问题，既激发学生的好奇心和对知识的渴求欲望，寓教于乐，又同时将思政教育贯穿于整个教学过程，双重教学目标相互交融在一起，共同互促互进。

3. 建设应用型商科专业课程体系

应用型商科专业课程的设置，要以《普通高等学校本科专业类教学质量国家标准（2018）》为指引，明确专业定位，根据人才培养目标与培养规格要求，结合专业特点及市场对人才质量需求特征，遵循通识与专业结合、理论与应用并重、相关专业交叉与融合原则，构建相关课程结构、课程内容与课程保障体系。

以财务管理专业课程为例。一是要构建阶层化的课程结构体系。考虑到财务管理专业的自身属性及其与会计、金融、企业管理专业的交叉、融合特点，专业基础课中应包含西方经济学、管理学、基础会计、金融学、统计学等。专业核心课是专业型财务人才培养的关键，要根据岗位需求、就业去向、环境变化开设课程，适用于传统会计就业岗位及适用于金融行业就业岗位的相关课程都要纳入专业核心课。考虑到专业学分限制，应用型本科院校可根据学生兴趣、历史就业数据及未来就业趋势，开设不同专业方向，选择性纳入课程。此外，"大智移云"时代，极有必要开设大数据财务分析、智能财税、共享财务等课程，以拓展学生视野，提高学生专业知识的应用能力，提升就业竞争力。

二是设计模块化的课程内容体系。专业课程内容体系可按照"专业与拓展""理论与实践""必修与选修"三大模块设计。在"专业与拓展"课程模块，根据学校与专业定位，结合培养目标与规格，按照筹资、投资、资金运营与利润分配等活动过程进行"专才"教育设计课程；按照"通才"教育思路，以学生获取知识、应用知识、思想道德与职业素质为指引，合理设计课程，达到"综合拓展"的目的。在"理论与实践"课程模块，要以"理论先导、实操为主、案例支撑、学用融合"为主线，增加实践教学课程比例，开设财务管理专业认知、财务管理综合实训、企业风险管理综合实训、证券与期货综合实训等课程，而且实践教学尽量借助于实训实验基地及校外的行业导师。在"必修与选修"课程模块，对于应用型本科院校而言，考虑到选修课是对专业理论与技能的强化，也便于根据社会实际环境变化与工作岗位需求进行调整，应在符合教育教学相关规定的前提下，尽量缩减必修课程与学分，增加选修课程与学分，比如在偏向会计岗位就业的专业方向上，可开设审计学、会计法规与职业道德等课程，而在金融就业方向上，可选择个人理财、资本运作、外汇理论与实务等课程。

三是形成规范化的课程质量监控体系。教学质量是一个多层次、纵横交叉的完整教学系统。构建教学质量监控体系应全面考察教学质量保障活动的每一项因素，让教学活动各个环节紧密相连，形成有机整体。教学质量监控要建立专业教学监督系统与教学评估系统，从事前、事中、事后对教学质量进行全过程监控。其中教学监督系统包括建立日常的教学检查制度、教学督导制度、听课制度、学生评教制度与学生教学信息员制度；教学评估系统包括教师教学业绩评估、学生学业质量评估、教学建设评估、新教师发展评估、实践成果评估与毕业论文质量评估等。

四、结语

在新商科背景下，行业对应用型人才的需求提出新的需求和期待。在应用型本科院校培养商业人才时，需要以能力培训为原则，以跨学科为基础，打破学科和课程之间的障碍，充分形成符合社会商业人才需求的信息技术培训系统。在课程体系方面，我们可以实现学习和实习就业的有效整合，并在课程学习方法方面利用互联网技术实现线上和线下混合学习的有效整合。提升应用型人才培养质量，有效服务地方和区域经济建设的发展。

应用型本科高校产业学院的"三链"融合改革

戴 程 何 敏 何 白

（闽江学院 新闻传播学院）

《教育部 2018 年工作要点》指出"建设一批行业企业共建共管的现代产业学院和未来技术学院。广泛实施产学合作协同育人项目，逐步扩大参与企业范围和领域。"[①] 2019 年，教育部等十几个部门联合启动"六卓越一拔尖"2.0 计划，全面推进新文科建设。[②] 其核心是将新技术融入哲学、文学、语言等课程，提升高校毕业生的培养质量，提高学生适应新时代市场经济对能力与素质等方面要求的能力。

应用型本科高校作为服务地方经济的主力军，亦应承担产业学院建设、探索产教融合人才培养模式、培养新时代应用型人才的重大任务。然而，传统体制下的应用型本科高校，培养模式、师资水平、教学方法等缺乏产业资源和实践项目导入，在产业学院建设过程中难免捉襟见肘。

教育部等部门联合印发《储能技术专业学科发展行动计划（2020—2024年）》中也强调：贯彻新工科发展理念，从机制、平台、师资、产出等领域促

---

① 中华人民共和国教育部：《教育部关于印发〈教育部 2018 年工作要点〉的通知》，http://www.moe.gov.cn/srcsite/A02/s7049/201802/t20180206_326950.html，2018 年 2 月 1 日。

② 中华人民共和国教育部：《"六卓越一拔尖"计划 2.0 启动大会召开》，http://www.moe.gov.cn/jyb_xwfb/gzdt_gzdt/moe_1485/201904/t20190429_380009.html，2019 年 4 月 29 日。

进要素交叉渗透，促进教育链、人才链和产业链的有机衔接和深度融合，着力打通基础研究、应用开发和成果转化等环节。[①] 该文件明确指出了产业学院人才培养改革的方向和要求，即在做到教育链、创新链、产业链"三链"融合发展过程中达到技术创新、教学方法创新、教学内容创新的有机统一。

首先，现代产业学院的重要特点是以"四个共同"为校企合作基础的人才培养模式，即：共同制定培养方案，共同开发课程，共同实施教学过程，共同评价培养质量。其次，还应共同致力于课程体系的重构、新型课程尤其是跨学科课程的研发、教学内容与行业发展同步、教学与考核方式的创新等，力争按照产业与创新双链的新需求方向培养应用型人才。最后，校企双方在合作过程中应尽量做到管理、师资、实践基地、资源、成果的共建共享。产业学院的改革涉及组织机构、运行机制、课程建设、人才培养模式、队伍建设、实践基地建设等诸多方面，本文并未试图全面剖析，仅从产教融合的部分融入点出发，探寻新文科背景下现代产业学院发展的思路与方法。

一、顶层设计与三创教育的有机融合

（一）以"三链互通"建构三创教育体制的顶层设计和内在逻辑

所谓三链是指教育链、创新链、产业链。教育链指的是高校教育端，这是三创教育的核心场所和教学改革的主要阵地，通过将产业链的产业资源导入，达到教育链的颠覆式改革，从而完成创新创业在教育端的链接。创新链是指通过教育链和产业链的完美融合，带来教育与产业的双向创新，通过高校理论教育反哺产业实践，利用产业实践资源引导理论教育，达到两者的共融发展。产业链是指通过将企业资源、项目、导师、模式导入高校理论教育

---

① 中华人民共和国教育部、国家发展改革委、国家能源局:《教育部 国家发展改革委 国家能源局关于印发〈储能技术专业学科发展行动计划（2020—2024年）〉的通知》，http://www.moe.gov.cn/srcsite/A08/s7056/202002/t20200210_419693.html，2020年1月19日。

阵地，达到产业参与教育并精准培养人才的目的。

产业学院的一大优势就是拥有深度产业资源，因此，作为三创教育的改革先锋阵地，应尤其重视"三链互通"对于建构三创教育体制的重要性，只有厘清产业学院教育改革中上层建筑的最佳搭建方式才有可能取得创新性教改成果。产业学院在发展道路中所遇到的各种问题与困惑，其中最核心的问题莫过于产教融合过程中顶层设计所存在的逻辑性问题，换言之，产教融合的机制一定程度上决定了教学改革的成功与否。

例如，质量保证体系建设的自主性、理论与实践监管监控的平衡、反馈机制体制的完善与运行等均存在系统性风险。[①] 陈星、陈学敏（2017）认为应用型本科院校在产教融合中面临产教融合目标定位模糊、经费短缺、学科专业调整风险大、校企合作无法深入、"双师双能型"教师队伍建设困难等诸多限制和依附。[②] 胡文龙（2018）认为产业学院应注重组织制度创新，应在坚持教育性定位的前提下，兼具技术研发、成果转化、社会服务和企业孵化等综合功能，[③] 从而解决产业学院在制度方面的顶层设计，从组织结构方面获取三链的融合创新。甚至有学者提出，应站在校外创新主体的引导视角，从学校组织架构层面，将校内资源布局到特有的学科领域和专业方向，建设交叉化综合化的跨学科跨专业平台，[④] 结合科技成果转化体系建立校级三创教育组织体系，试图从校院所两级组织架构上解决打通三链与三创融合的任督二脉。

---

① 袁丹丹、张鹏、王金珍：《产教融合视角下应用型本科院校教学质量保障体系构建研究》，《职业技术教育》，2020年，第8期，第59-62页。

② 陈星、陈学敏：《依附中超越：应用型高校深化产教融合改革探索》，《清华大学教育研究》，2017年，第1期，第46-56页。

③ 胡文龙：《论产业学院组织制度创新的逻辑：三链融合的视角》，《高等工程教育研究》，2018年，第3期，第13-17页。

④ 李忠红、胡文龙：《基于三链融合的理工科高校组织变革研究》，《高等工程教育研究》，2018年，第6期，第71-77页。

（二）以"四化融合"打造三创教育核心要素

学生三创能力培养应落实到本科教学的全过程，从教材建设、实习实训、项目教学、创新班等方面抓住应用型教学改革的关键要素，通过产教融合强化实践教学的多样化与实战化，从而锻造学生的三创能力。

第一，教材实践化。传统文科教育教材通用化较强，因此，理论内容占据主体位置。新文科教育的实质是在跨学科背景下培养适应产业需要的应用型人才。因此，有必要提升教材与教法中实践内容的占比，并通过数字化手段实时更新案例库和实践项目等方式，丰富教材的实践内容，提升学生创新能力。

第二，通识实训一体化。按照教育部提出的底层共享、中层分立、高层互选的学科群建设要求，应尽量在学院或学校层面上将不同专业的部分实践课程尤其是低年级实践课程打通，转化为跨专业通识实践课，从课内实践、项目实践或集中实践等三方面进行多专业的底层实践打通，实现项目、实践导师、评价方法等的资源共享，提高实践教学效率，打造学生的创造能力。

第三，教学内容产业化。通过对接企业项目资源和实践导师实战指导导入行业评价体系，将课堂教学从传统理论教学延展到企业的实战项目、结案案例、导师工作思路、企业管理实践等内容中，用产业实践内容锻炼和检验学生创新创造能力，用产业评价法进行学生综合能力评价，同时起到检验模拟创业等能力的效果。

第四，教学方法创新化。通过将项目同步进课堂、企业视频会议同步课堂讨论、学生项目提案进企业等方式，培养学生解决企业实际问题的创新创业能力。通过引入沙盘推演、项目产品试用、产品盲测等教学方式，推动教具创新。通过理论与实践教师双轨同步教学，推动教学主体的融合化，以此实现教学方法的全面创新。

（三）通过三链互通与四化融合，形成立体三翼的包裹式教学氛围

改革只有教师和学生的两端式教学主体模式，实现专任教师、行业实践教师、学生的三翼互动，完善以学生为教学中心的理念体系。通过理论教学、企业项目实践、企业与课堂三方融合形成学生在项目中包裹、在行业导师中包裹、在理论与实践中包裹、在企业会议中包裹等产业学院的实践学习氛围，让学生在校企融合氛围中激发自身潜能，切实体验企业中的创造和创业精髓，进行三创能力的培养与熏陶。

新文科建设的核心是将新技术融入哲学、文学、语言等课程，为学生提供综合性的跨学科学习资源和学习内容。新时代人才培养模式要求，新技术必须高度融入学习过程，然而在传统教学模式中，师资水平、教学教具、教学方法、培养模式等均缺乏新技术的融入，也缺乏产业资源、实践项目的导入。

因此，为适应新文科背景下学生创新创业能力训练的要求，有必要从统合学界与业界师资力量、改革教学内容、整合教学资源、融入产业项目与评价方式等内容出发，打通教育供给侧中的高校与产业界限。从教育需求端改革来看，一方面通过将技术、项目、产业师资、立足行业的评价模式等内容引入课堂，让学生改变学习方式，接受来自业界的知识和考核；另一方面摒弃坐等产业人才上门的方式，让企业员工融入高校教学，产业项目带进教室，让学生在产学研用包裹式教学氛围中得到专业知识的提升和综合素质的养成。

二、治理模式与组织结构的有机融合

（一）打破治理边界，实行多方协同的组织结构模式

传统产业学院沿袭校院两级管理机制，往往依附某一专业或现有二级学院而成立，组织结构模式仍然是二级学院建制，学科专业及相应资源配置均依附产生，原有学科或教研单位之间边界明显。这无疑增加了产学合作障碍

和协调成本，显得刚性有余而灵活性不足。① 治理模式主要沿用校院两级体制管理，以二级学院内部的产学联合委员会或校企合作理事会治理为主。

近年来，"校政企协"合作办学模式成为不少高校发展产业学院的一般选择模式，试图集合四方资源，打通人才培养的各个环节，满足产业学院的深度融合需求，力图从组织结构创新上寻求产业学院治理模式的新突破，比如东莞理工学院长安学院，整合长安镇政府、行业协会和企业资源，建立了共同体模式的产业学院（图1）。

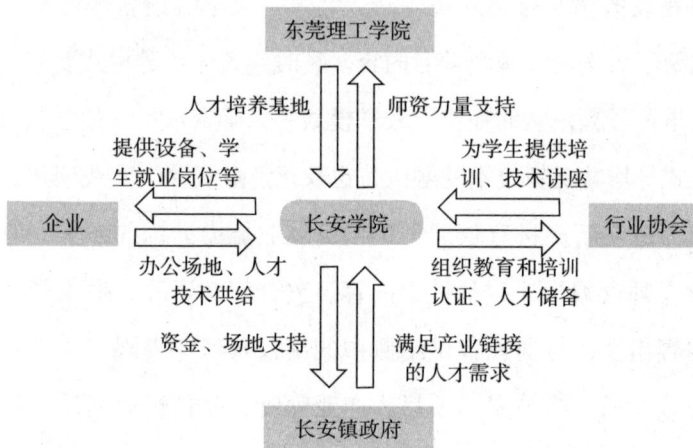

图1　校政企协共同体模式②

此类产业学院发展模式以协同型组织结构能够有效集合多元办学主体力量，形成以产业学院为平台的资源管理型治理模式，将"政产学研用"汇聚于产业学院中，构建"共建、共管、共享"的人才培养组织形式。③

从组织结构来看，此类协同型产业学院能摆脱单纯二级学院独立办学的

① 刘国买、何谐、李宁等：《基于"三元融合"培养应用型人才：新型产业学院的建设路径》，《高等工程教育研究》，2019年，第1期，第62-65页。

② 李海波、周春彦：《区域创新测度的新探索：三螺旋理论视角》，《科学与管理》，2011年，第6期，第45-50页。

③ 雷明镜、张华、武卫东等：《"政产学研用"多元协同育人机制探索——以上海理工大学制冷空调产业学院（含山）为例》，《高等工程教育研究》，2020年，第6期，第81-85页。

弊端，通过多元主体之间的协同育人，践行以学生中心，以应用型人才培养为目标，以科研推动教学为互惠的人才质量培养理念。从治理过程来看，需明确参与主体的责任和权利，做好边界认定，在找到各自利益点和协同点的基础上，通过联合体委员会的方式提升实践教学质量，相对应的人才培养数量和质量也得到双提升。

根据萨巴托三角模型（Sabato's Triangle），政府通过整合校企资源与关系引导科技发展，在产教融合过程中发挥协同作用。钟德仁，张晓秀，高芳凝，等[1]（2020）、李海波，周春彦[2]（2011）也认为政府作为三条主螺旋线的重要一极，是协同创新的发动者、组织者与管理者，三方协同合作才能推动产教深度融合。

（二）探索联盟式组织结构和多方协管治理模式

按照共生理论模型，产业学院组织结构的各个主体单位应在发挥各自功能的基础上优化组织模式、创新行为模式和完善共生环境等，[3]以此建立产教融合发展的最佳组织结构和治理模式。然而，传统产业学院由于多采用二级学院建制，组织结构没有创新性，容易存在人才培养目标单一、产学研协作育人功能薄弱、管理体制僵化等问题。

为此，产业学院最优组织结构应在保持校政企协共同体模式基础上，对企业端进行升级，由校方牵头成立企业联盟，将与产业链、创新链相关的企业汇聚起来，为教学、实践、科研、创业、就业服务。这里的企业联盟不同于行业协会，行业协会专注于某一行业，而企业联盟则是有相关需求的企业

① 黄大乾、饶丽娟：《应用型本科院校共生型产业学院建设与广东实践》，《国家教育行政学院学报》，2021年，第6期，第45-51页。

② 钟德仁、张晓秀、高芳凝等：《产业学院协同创新三螺旋理论分析》，《洛阳师范学院学报》，2020年，第10期，第51-55页。

③ 毛才盛、田原：《地方应用型本科院校产教融合发展路径：共生理论视角》，《教育发展研究》，2019年，第7期，第7-12页。

在对应高校相关专业人才后自愿加入的松散型企业联合体，这些企业进入联盟所负的责任和义务不尽相同，应本着分别贡献、各取所需的原则吸纳企业进入联盟，形成企业联盟横跨多个不同行业，但又相互协作的局面。

同时，在治理模式上，由于新型产业学院能够打破专业、学院的壁垒和边界，由学校、政府、企业联盟等共同成立，所以，应以学校名义成立产业学院，比如由学校规划处牵头，将可能涉及的专业整合在一个新产业学院中，各专业以创新班形式形成独立建制，制定对应的独有的培养方案，学院由校领导牵头主抓，校方常务副院长和企业方的执行院长具体负责产业学院日常事务。所涉及的专业不与原二级学院专业冲突，创新班的教学管理完全独立，在形式上与其他二级学院的专业平行，产业学院的院级级别高于二级学院级别，介于学校与二级学院之间的一直建制模式。

只有在建构上相比二级学院级别更高，才有可能随时调用全校资源，在打破专业界限的同时，能将校内资源重新整合，实现以校级办学为主、多方协管的治理模式。通过建立大产业学院组织结构和多方协同治理模式，实现专业设置与产业需求、课程内容与职业标准、教学与生产过程、理论与实践教学的无缝对接。

（三）创新产业学院管理体制服务本土经济社会发展

习近平总书记在全国教育大会发表重要讲话指出"培养什么人，是教育的首要问题""要提升教育服务经济社会发展能力""推进产学研协同创新，积极投身实施创新驱动发展战略，着重培养创新型、复合型、应用型人才"。[1]

从办学历史来看，不少应用型本科院校是由本土大专院校合并或转型而来，其办学宗旨大都是服务地方经济社会发展。因此，应用型本科院校应紧

---

[1]　新华社：《习近平出席全国教育大会并发表重要讲话》，http://www.gov.cn/xinwen/2018-09/10/content_5320835.htm，2018 年 9 月 10 日。

盯本土市场，坚定办学定位，整合本地政府和企业资源，创新教学管理体制，以产业学院为依托为本土经济发展输送应用型人才。

体制创新应尤其注重产业学院办学牵头主体是谁，是否能够调用全校资源，与其他二级学院之间的组织关系如何处理。同时，应在治理模式上，摆脱一个企业或一个行业对应一个产业学院的模式，探索企业联盟融入教学治理方式，立足产业链、创新链与教育链的深度融合，吸纳多种类型的企业参与人才培养过程和学院管理。

三、情绪化管理与教学质量的有机融合

（一）厘清情绪化管理的逻辑思路，创造良好的教学氛围

哈格里夫斯（2005）认为，"教育变革中最被忽视的一个方面是情感层面"。[①] 他呼吁研究人员和教育工作者应接受变革过程中的情绪因素，认为忽视情绪管理可能会被证明是有害的，因为教学和变革是高度情绪化的活动。也就是说，教育培养质量的优劣与师生情绪化管理有高度相关性。

由于产业学院在教学过程中大量引入行业导师、实战项目、实践教学等，难免会出现与传统理论教学不同路径引发的师生情绪的不稳定。尤其是当校内理论教师与行业导师在教学方法和教学内容上出现冲突的时候，很容易引发理论教师的心理变化。如果理论教师在产教融合过程中没有产生积极的情绪，或没有抱着积极的态度改变教学方式和教学内容，则教学质量有可能出现下降的趋势。因此，在情绪化管理中，既要考虑教师的情绪化情景的营造与掌控，也要有效使用行业信息或配套产业资源，达到理论与实践导师的稳定双融合。同理，学生在接受理论和行业导师教学中，也会对双方的教学方式产生分歧式情绪碰撞，从而产生非左即右、孰优孰劣的标准判断，冲突思

---

① Hargreaves, Andy : *Extending educational change, The emotions of teaching and educational change,* 2005（14）: pp.278-295.

维最终会影响学习效果。由此，应厘清理论教师、行业教师与学生的情绪碰撞点，采取合适的手段进行管理，才能保证最佳教学效果。

按照 Slavin（1995）的 QAIT 模型（图 2），教学质量与四个相关维度有关：教学质量（quality of instruction）、适当性（appropriateness）、激励（incentives）和时间（time）。[①] 该模型显示除时间因素外，其他三大因素基本都涉及情绪化管理。

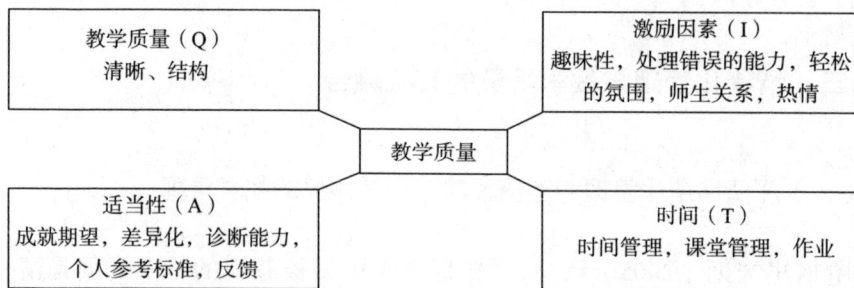

教学质量（Q）清晰、结构		激励因素（I）趣味性，处理错误的能力，轻松的氛围，师生关系，热情
	教学质量	
适当性（A）成就期望，差异化，诊断能力，个人参考标准，反馈		时间（T）时间管理，课堂管理，作业

图 2　教学质量 QAIT 模型

以此模型，产业学院应注重教学过程中理论与实践教学的结构设计，让学生充分理解理论与实践导师在教学内容和教学方法的差异原因，从结果向上引导学生认可双方不同的教学过程。通过行业信息、实践能力锻炼等行业元素的导入，配合趣味、轻松、热情等激励因素的强化作用，打造良好的学习氛围。产业学院的一大变革就是将课堂延展到企业和行业，为避免产生师生双方的情绪冲突或分歧，有必要厘清产教双方的责任和义务，并用适当的方式营造轻松的学习氛围，让学生在积极的学习环境中接受新知识，达到高质量教学效果。

（二）打通情绪化管理与产教融合进程，加强职业化教育

产业学院运行过程中，人们关注的焦点往往是如何让教师"接受"新思想，而没有过多考虑这样做在情感上究竟意味着什么，或者在抵制那些可能

---

① Slavin R E：*A model of effective instruction*，*The educational forum*，1995（59）：pp.166-176.

不符合教师或学生最佳利益的变化时涉及什么情感。在理想情况下，教师在教学改革中的实践经历能够激发他们的灵感、兴奋和正能量，但显然实际情况并非总是如此。教育改革会给教师的职业生活带来一系列的情绪，包括恐惧、焦虑和沮丧。[①] 这种消极情绪的产生有可能是因为自我感觉与行业脱节严重，或者认为理论无法满足应用型教学需求，抑或是行业导师进驻课堂后产生的压迫感所致。一旦消极情绪被带入课堂并传导给学生，就会降低教学质量。但实际上，这种消极情绪的产生有可能是一种假象，或者说教师对于行业导师的介入过于敏感。

Beijaard D，Meijer P C 和 Verloop N（2004）就认为有关教师因产教融合产生的消极被动局面的理由缺乏足够证据。因为这种情绪的诞生假定过去的经验和行为之间存在因果关系和线性关系，忽略了其他可能影响教学的专业知识和专门知识的来源。教师的职业身份和教学效果受到许多因素的影响，包括他们对主题的知识、社会和政治背景、家庭影响，特别是他们随着时间的推移而形成的关于如何教授特定主题的知识。[②]

因此，产业学院应制定相应措施干预理论教师产生的负面情绪。应加强对教师的思想教育，让教师了解产教融合过程中产生的理论与实践的冲突是正面的，这个过程仅仅是一个技术、社会和认知的过程而已，[③] 并不涉及个人教学方法和教学效果的优劣定位。教师对产教融合改革的理解与接纳不仅受到自身信念和经验的影响，还受到与教师同事互动过程中产生的集体意义的

---

① Amanda D：*Time for change? The emotions of teacher collaboration and reform, Journal of professional capital and community*, 2018, 3（3）：pp.157-172.

② Beijaard D, Meijer P C, Verloop N：*Reconsidering research on teachers' professional identity, Teaching and teacher education*, 2004（20）：pp.107-128.

③ Coburn C E：*Collective sense-making about reading：how teachers mediate reading policy in their professional communities, Educational evaluation and policy analysis*, 2001, 23（2）：pp.145-170.

影响，^①所以产业学院改革还应加强校企教师之间的互动，让理论与实践教师均认同相应的职业化路径，各自认同自己以及对方的职业化教学模式，在不同职业化教学方法的并行过程中寻找最佳契合点。

（三）校企师资情绪引导与学生情绪引导和配合是提高教学质量的关键

为此，产业学院中相互密切合作的校企教师可以相互分享情感理解和经验，进行情绪传导，从教师端打通混合师资之间的共赢通道。作为教学改革的关键能力建设者，产业学院应采取产学数据共享、课程研究共研和课程体系共建等举措，^②让情绪化管理糅合在培养方案、课程体系、实践案例、基地建设、教学管理、评价体系中。

Slavin（1995）认为，教学质量取决于认知激活、情感激励、课堂管理等三个基本维度。^③因此，应加强学生对不同教师角色的认知，引导学生认同行业与理论教师的长处。在专业教学中全面融入职业生涯规划教育，并采用导入产业资源、沙盘推演、模拟提案等手段进行职业化情感激励，最大程度地提高知识的接受度。结合校企双方在质量评估方面的不同特点，形成新型的教学质量评价体系，反向推动课堂管理水平和教学效果的提升。

---

① Sezen A A, Stapleton M K, Marbach G D: *Science teachers' sense-making of the use of epistemic tools to scaffold students' knowledge (re)construction in classrooms*, *Journal of research in science teaching*, 2020（2）: pp.1058-1092.

② Vangrieken K, Dochy F, Raes E, et al.: *Teacher collaboration: a systematic review*, *Educational Research Review*, 2015（15）: pp.17-40.

③ Slavin R E: *A model of effective instruction*, *The educational forum*, 1995（59）: pp.166-176.

第二部分　课程思政

科学构建思政课教学质量保障体系探析

杨艳春

（闽江学院　马克思主义学院）

高校思政课（以下简称思政课）是促进大学生思想政治教育发展的主渠道、主战场、主阵地，历来受到党和政府的高度重视，"98方案"和"05方案"都是经过中央政治局常委会讨论通过的，对于一门课程给予如此高度的重视，这在世界教育发展史上前所未有。可见，高等学校思政课教学改革工作是一项政治性、政策性和科学性很强的工作，实施这项工作任重道远，需要我们更新观念、明确目标、完善制度、创新体制、增强可操作性、提高质量和效益。

马克思主义学院作为高校思政课教育教学的具体组织实施单位，对提升大学生思想政治素质起关键作用，党和政府十分重视思政课和马克思主义学院建设。最近，中共中央办公厅又印发了《关于加强新时代马克思主义学院建设的意见》。作为一个从事马克思主义理论研究和思政课教育教学近三十年的思政课教师，特别是主持马克思主义学院党政工作十五年的思政工作者，结合我主持完成的教育部思政课专项项目、江西省、福建省教学改革重大项目和部分高校落实思政课"05方案"以来的一些做法，从宏观上对提高思政课教育教学质量作初步探索，希望能够对我校落实习近平总书记来校重要讲话精神、提升我校思政课建设和高质量应用型人才培养质量提供参考。

教学质量是高等教育的生命线，提高思政课教育教学质量是一个系统工程，需要建立一系列的保障机制和有效措施才能实现，这里从明确教学改革的目标、落实组织领导、加强教学研究、完善教研室制度建设、强化师资队伍建设、深化教学内容改革、规范教学质量评价体系等七个方面进行初步探索。

一、明确"三服务"发展目标

为深入贯彻《中共中央关于加强新时代马克思主义学院建设的意见》《中共中央国务院关于进一步加强和改进大学生思想政治教育的意见》《中共中央宣传部教育部关于进一步加强和改进高等学校思政课的意见》和省委宣传部、省教育厅相关文件精神，我们要发挥好思政课在落实立德树人教育使命中的关键作用，本着为教育教学服务、为学生学习服务、为造就高素质专业化的教师队伍服务的"三服务"发展目标，以马列主义、毛泽东思想、中国特色社会主义理论体系特别是习近平新时代中国特色社会主义思想为指导，牢固树立以人为本的科学发展观、深入落实新发展理念和立德树人教育根本任务，坚决贯彻党的教育方针，在尊重教育教学规律，充分考虑本科教学的特点和内容要求，充分考虑新课程设置方案与师资队伍、原有课程衔接的基础上，从当前实际出发，着眼于教学秩序的稳定，按照整体推进、统筹全局、重点突破，先试点、后推广，逐步过渡的原则，积极稳妥地做好思政课的教学改革工作，科学构建"四位一体"的思政课教育教学平台，加强对大学生的马克思主义理论武装和思想价值引领。

二、围绕"三落实"，加强组织领导

自 2005 年国家出台了对高校"思政课"设置的新方案（简称"05 方案"）以来，在课程的开设、课时的安排、课程体系和内容等方面与"98 方案"都有了很大的区别，而且"05方案"在全国高校全面推行十五年中也在不断发展、规范和完善，思政课"05方案"实施以来先后颁发的通知和文件有一百多份，我们要与时俱进地深入学习和落实文件精神，特别是落实思政课的课时保证、落实思政课建设的经费保证和落实思政课的师资保证的"三落实"。提高思政课教育教学实效，首先就要加强组织领导，为促进教学改革工作的顺利开展提供政治组织保证，这是由本课程的性质和特点决定的。

为此，学校要成立思政课新课程教学改革领导小组，负责教学改革的领导和组织工作。领导小组由学校党委书记校长任组长，主管副书记和主管副校长任组长，成员包括宣传部、教务处、人事处、学生处、研究生处、团委、马克思主义学院等单位主要负责人。按照中央文件要求，学校党委每学期至少要开一次思政课专题会议研究思政课建设中存在的问题，校级领导要亲自上思政课。马克思主义学院一方面要成立思政课课程教学改革实施工作小组，工作小组以院长任组长，由教研室主任和若干教学名师、教学骨干组成的课程建设小组为课程责任人制，负责组织实施教学改革的具体工作；另一方面，为充分发挥党组织在思政课建设中的地位和作用，为思政课建设提供组织保障，马克思主义学院及时加强支部建设，把支部建立在教研室上，使政治学习和业务学习相互促进、相得益彰，很好地发挥党支部和党员教师在教学科研中的先锋模范作用，为切实提高思政课教育教学实效提供政治、思想和组织保证。

三、围绕"三加强"，深化教学研究

由于学科的发展和进步，思政课的教学也要与时俱进、不断更新，重视教学研究是搞好思政课教育教学的内在要求。思政课教师进行的教学研究重点围绕"三加强"进行：加强对各门课程的教学目的、主要内容以及理论体系和教学体系的研究；加强各门课程之间以及与中学相关课程之间相互关系的研究和加强对教学对象本身特点和发展变化规律的研究。学校为此要设立

思政课教学改革课题，我们积极鼓励思政课教师申报和参与相关课题的研究，并在此基础上组织教师申报省级教改课题。鼓励教师进行思政课教育教学研究，不仅要认真读书和深刻思考，而且还应该勤奋动笔、撰写文章，要求思政课教师三年内每人至少完成一篇教学研究论文。这不仅有利于增强教学中的理论说服力，而且对于思政课教育教学的理论交流和扩展理论研究都会起到很好地促进作用。

四、围绕"三完善"，加强教研室制度建设

教研室是按学科、专业或课程所属原则而设置的教学管理组织，是学校的最基层教学单位，肩负着教学、科研、师资培养、学科建设、课程建设等任务。从思政课的实际情况出发，围绕完善教研室集体备课、听课、评课制度，完善教研室工作计划和总结汇报制度，完善教研室会议制度的建设，适应课程改革和素质教育的要求，制定教研室管理条例，创新管理模式，改革管理手段，抓好常规教学管理，严格过程管理，加强质量监控，切实加强教研室教学管理制度建设，推进思政课教研室工作的规范化、科学化和制度化，充分发挥教研室在教学管理和科研管理中的作用，进一步提升教学管理层次和实效。

五、围绕"三强化"，加强师资队伍建设

思政课教育教学的目的是帮助大学生树立正确的世界观、人生观、价值观，提高理论认识和科学思维的能力，加强对大学生的马克思主义理论武装和思想价值引领。思政课教育教学的有效性，在很大程度上是通过教师的课堂教学活动，特别是通过教师的理论讲授活动实现的。因此，认真练好教学基本功，努力提高讲课的艺术，是思政课教师应有的基本素质，也是思政课教师履行好自己职责的必然要求。

我们始终坚持围绕强化教师教学能力建设、强化教师教育科研意识和强

化教师进修培训培养制度，加强思政课师资队伍的建设。其中，提高教师队伍整体素质和教学能力是关键，因此我们的主要抓手是通过"粹其识、治其德、精其业、转其劲"四招，即组织教师学习教育理论和知识、引导教师加强师德修养、教育教师学会科学育人，鼓励教师在完成教学任务的同时还必须把精力放到科研工作上，使教师的认知水平、师德师风、教学水平和科研水平有较大提高。

为此，建议学校实施两大工程。一是实施"1234"工程。围绕着把学校建设成为国内有影响、省内有优势的应用型院校的这一目标，力争 5 年内培养 1 名国家级名师，2 名省级学科带头人或者教学名师，3 名省级骨干教师，4 名校级骨干教师。各类人才各有侧重：教学名师，突出的是品牌效应；学科带头人，注重教学科研业绩的综合带头作用；骨干教师，侧重教学、科研双肩挑。二是实施"青蓝"工程。针对教师队伍松散的实际情况加强团队建设、促进互帮互学，推行教师之间"青蓝结对"，采用"老帮青"的方法，让经验丰富的老教师与羽翼未丰的新教师结成对子，加强对青年教师的"传帮带"，同时鼓励青年教师互帮互学，尽快缩短与老教师的差距。我们要对青年教师提出"一年入门、三年合格、五年骨干、八年优秀"的培养目标，不断强化青年教师培养工作。

同时，我们还要依托重点课程和重大科研项目，通过加强教师的教育培训，构建终身教育体系，挖掘开发现有人才的潜力，重点培养造就一批具有一定前沿水平的优秀后备学科带头人，并不断探索培养学科带头人的新途径。根据形势的发展，还积极申报省级一流学科和精品课程，争取让更多的教师担当起学科建设和教学科研的"领头雁"。

六、围绕"三贴近"，深化教学内容改革

下大力气进行教学内容的改革是抓到了教学改革的"牛鼻子"，它是人才培养模式、人才培养质量和水平的一个结合点，是提高教学质量和效果的根

本。为此，我们要求思政课教师要始终围绕贴近实际、贴近生活、贴近学生的"三贴近"目标，不断深化教学内容的改革。

一是积极推进习近平新时代中国特色社会主义思想和党的二十大精神的"三进""三出"工作，加强对大学生的马克思主义理论武装和思想价值引领。一方面，要进一步把《习近平新时代中国特色社会主义思想概论》课作为思政课建设的重中之重，全面推进该课程"进教材""进课堂""进头脑"。党的二十大报告是中国化时代化的马克思主义的光辉篇章，是习近平新时代中国特色社会主义思想的重要内容，谋划了中国特色社会主义现代化强国建设的宏伟蓝图，深入学习、贯彻和落实二十大精神是当前和今后相当长时间思政课教育教学的重点内容和首要任务。另一方面，要发挥好思政课立德树人的关键课程作用，加强对大学生的马克思主义理论武装和思想价值引领。二十大报告指出，马克思主义是我们立党立国、兴党兴国的根本指导思想。实践告诉我们，中国共产党为什么能，中国特色社会主义为什么好，归根到底是马克思主义行，是中国化时代化的马克思主义行。思政课教师只有把马克思主义基本原理同中国具体实际相结合、同中华优秀传统文化相结合，坚持运用辩证唯物主义和历史唯物主义，才能引导广大青年学生正确认识中国共产党是如何根据时代和实践提出的重大问题，始终保持马克思主义的蓬勃生机和旺盛活力，不断推进马克思主义中国化、时代化和新发展；引导大学生把握好新时代中国特色社会主义思想的世界观和方法论，坚持好、运用好贯穿其中的立场观点方法，按照二十大谋划的现代化强国建设目标，用党的科学理论武装青年，用党的初心使命感召青年，引导广大青年要坚定不移听党话、跟党走，怀抱梦想又脚踏实地，敢想敢为又善作善成，立志做有理想、敢担当、能吃苦、肯奋斗的新时代好青年，让青春在全面建设社会主义现代化国家的火热实践中绽放绚丽之花。

为此，我们要把政治学习和业务学习有机结合起来，积极组织各门课程的教师，认真学习党的每一次会议精神，深入研究马列主义、毛泽东思想和中国特色社会主义理论体系特别是习近平新时代中国特色社会主义思想，紧密联系各门课程的有关内容进行备课，将马克思主义中国化产生的重大理论成果与其他各门课程的内容相贯通和有机结合，结合"四史"学习系统讲解好思政课各门课程的基本框架和理论内容。通过这种一门主讲、多门渗透的方法，基本建立以毛泽东思想、邓小平理论、"三个代表"重要思想、科学发展观和习近平新时代中国特色社会主义思想为核心内容的课程体系和教学内容体系，进一步提高对大学生的马克思主义理论武装和思想价值引领。

二是深化实践教学改革。社会实践是高校思政课的一项重要内容，实践教学是思政课教学的重要组成部分，对培养学生理论联系实际的优良学风、加深对理论知识的理解具有重要意义。因此，我们坚持把加强实践教学作为提高思政课实效的重要环节，在课程教学计划的安排上，把总课时分解为课堂教学和实践教学两部分。在实践教学中，注意引导学生验证、运用知识，创造性地解决实际问题。实践教学所采取的主要形式有：社会调查、参观革命纪念地、节假日及大型活动期间集体性公益活动、专题讲座和学术报告、学生社团、经典原著学习和原始史料查阅等。通过形式多样的实践活动，使广大学生崇尚科学理论，关心国内外大事，能够运用所学知识对现实问题进行辩证分析，具有较强的政治鉴别力、政治敏锐性，切实提高他们运用马克思主义基本原理、原则、方法来分析和解决问题的能力。

三是积极探索教学新方法、新途径、新手段。高质量实施高校思政课，必须大力开展教学模式、教学方法、教学手段的研究，优化教师的教学方式和学生的学习方式，努力提高课堂教学效率。首先，实行了"五个统一"，即在教育教学工作中对教学内容基本做到了统一的学时、统一的教材、统一的大纲、统一的考试、统一的考评标准。通过这"五个统一"来规范思政课的教学过程，共同完成同一门课程的教学任务。其次，建立新型师生关系，发扬课堂民主，尊重学生人格，关注个体差异，培养学生掌握和运用知识的态度和能力。积极开展探究式、研究性学习，培养学生的创新精神。最后，推广先进的教学方法和教学模式，积极组织思政课教师研究制作"精彩一门课"全程教学示范片，从而起到发展教师、发展课堂、发展学生的效果，提高思政课教育教学的针对性、实效性和感染力。

七、围绕"三规范"，建立教学质量的评价体系

课堂教学质量评价工作既可以全面评价教师的思想作风、工作能力、工作态度和工作业绩，客观反映教师的教学水平，为合理聘任教师和教师年度考核提供依据；又可以使教师获取全面的教学反馈信息，帮助教师总结教学工作经验和教训，及时改进教学工作，明确努力方向，增强责任心和事业心，最终切实达到提高教学质量的目的。为此，要围绕规范教学质量评价的目的和意义、规范教学质量的评价组织和评价方式及规范教学质量评价指标体系三方面，建立完善的教学质量评价体系，准确、科学地对每个教师的工作质量进行价值判断，为改进教学工作、加强和改进师资队伍建设提供可靠的信息和资料，从而调动教师教学的积极性，提高教师的整体素质，最终达到提高教育教学质量的目的。

结语：科学构建思政课教学质量保障体系是一个系统工程，本文只从上述七个宏观方面做了简要探讨，而对如何加强马克思主义学院建设、如何树立"大思政"观、如何加强学科和教研平台建设等具体问题没有探讨。作为一名长期从事马克思人的本质的自由全面发展与思想政治工作创新的思政课名师，我一直强调要把关于马克思人的本质研究的理论成果与思政课教育教学有机结合起来，充分发挥思政课教学、心理咨询、校园文化建设等在大学生思想政治教育和素质教育中的主渠道作用，并形成一套行之有效的实践操作机制，为改进学校的思政课教学和大学生思想政治教育，加强心理健康教育、素质教育和大学生社会实践活动提供理论指导、决策参考和操作服务，发挥思政课教育教学在促进高校德育人本化中的理论武装和思想价值引领作用。

从"浅表化"到"深层化"：课程思政改革的实践与探索

——以公共关系学概论为例

王燕星

（闽江学院　新闻传播学院）

一、引言

一直以来，党中央就非常重视大学生的思想政治教育工作。1978 年 4 月 22 日，邓小平同志在全国教育工作会议重要讲话中就强调：学校要造就具有社会主义觉悟的一代新人。[①]2005 年 1 月 17 日，胡锦涛同志在全国加强和改进大学生思想政治教育工作会议上发表讲话指出，办好高校，首先要解决好培养什么人、如何培养人这个根本问题。全国高校要充分发挥大学生思想政治教育主阵地、主课堂、主渠道的作用，全方位推进大学生思想政治教育，多方面促进大学生全面发展。[②]在党中央的正确领导下，高等学校在思想政治教育工作上取得了长足的进步，积累了成功的经验，但还有较大的提升空间。

---

① 邓小平：《邓小平文选（第 2 卷）》，北京：人民出版社，1994 年，第 103-110 页。
② 中国文明网：《胡锦涛在全国加强和改进大学生思想政治教育工作会议上发表讲话》，http://www.wenming.cn/ziliao/zhongyaolunshu/hujintao/201203/t20120312_550903.shtml，2012 年 3 月 12 日。

高校思想政治教育单纯依靠思政课育人，育人效力有限，开放性、共享性、互动性和协作性育人制度尚未形成，专业课教学在思政育人方面的潜力没有得到重视和开发。

在此背景下，2016 年 12 月，习近平总书记在全国高校思想政治工作会议上强调：要用好课堂教学这个主渠道，思想政治理论课要坚持在改进中加强，提升思想政治教育亲和力和针对性，满足学生成长发展需求和期待，其他各门课都要守好一段渠、种好责任田，使各类课程与思想政治理论课同向同行，形成协同效应。[①]2019 年 3 月，习近平总书记在学校思想政治理论课教师座谈会上强调：要坚持显性教育和隐性教育相统一，挖掘其他课程和教学方式中蕴含的思想政治教育资源，实现全员全程全方位育人。[②] 2020 年 6 月，教育部颁布了《高等学校课程思政建设指导纲要》，明确提出课程思政建设工作要在全国所有高校、所有学科专业全面推进，促使课程思政的理念达成广泛共识。课程思政已成为新时代高校思想政治教育工作改革的重点，课程思政的实践与探索也成为当下教改领域研究的热点。本文将针对公共关系学概论课程思政存在的问题，从教学理念、教学内容、教学环节三个维度进行研究，探索课程思政整体性行动的三位一体的有效实施路径。

二、课程思政：协同育人功能实现的有效路径

课程思政是指在"大思政"格局下，紧扣专业课程如何引导和塑造大学生的人生观、价值观、世界观的主题，通过课程形式和课堂渠道，挖掘专业课程的教学内容和教学方式中蕴含的思想政治教育资源，充分发挥其在思想政治教育上的协同效应，实现知识传授与价值引领的同频共振，坚持立德树

---

① 新华社:《习近平: 把思想政治工作贯穿教育教学全过程》, http://www.xinhuanet.com/politics/2016-12/08/c_1120082577.htm, 2016 年 12 月 8 日。

② 新华社:《习近平主持召开学校思想政治理论课教师座谈会》, http://www.gov.cn/xinwen/2019-03/18/content_5374831.htm, 2019 年 3 月 18 日。

人为根本的具有前瞻性的教育理念。

课程思政不是"课程"与"思政"简单的物理相加，而是一种化学反应。课程思政与思政课程在历史演进、政策变迁与实践探索中有其内在的逻辑遵循。[①] 课程思政是一种全新的教育理念，它将专业课程的育人目标统一到思想政治教育的价值导向中，专业课教师主动挖掘课程内容及教学形式中的思政元素，以恰当的方式融入讲授的专业知识中，使其与专业知识融为一体，实现思想政治教育目标与各学科培养目标的一致性、连贯性，即"课程承载思政""思政寓于课程"。

这一理念注重在价值传播中凝聚知识底蕴，在知识传播中强调价值引领。[②] 这种融合性与显性思政有较大的区别。它改变了高校思想政治教育单纯依靠思政课育人的定势思维，充分发挥了专业课程底蕴深厚、学术性强、实用价值高等优势，将专业知识背后蕴含的文化思想、科学精神、家国情怀、传统美德、价值观念、法治意识等自然地传递给学生，在培育学生知识本位和能力本位的同时探索人格本位，发挥价值引领作用。课程思政是新时代高校思想政治教育理念的突破性革新，是对高校功利性教育思想的有力矫正。[③]

相对于通识课来说，大学生更加重视专业课程的学习，学习的积极性和参与度都会更高。因此赋予专业课更多的人文内涵，将价值引导、品德塑造、人格养成、行为修正等隐含于专业知识讲授中，更加容易引发学生共鸣，提升学生的学习兴趣，达到春风化雨润物无声的教学效果。隐性思政的方式是培育高素质人才的新时代价值要求，是知识育人和立德树人和谐互促的有效途径，是推进课程德育智育有机统一的重要举措，是落实立德树人根本任务

① 陈斌：《高校课程思政的生成逻辑与推进策略》，《中国高等教育》，2020年，第2期，第13页。

② 邱伟光：《课程思政的价值意蕴与生成路径》，《思想政治教育》，2017年，第7期，第10-14页。

③ 李波、于水：《从"碎片化"到"整体性"：课程思政建设的有效路径》，《黑龙江高教研究》，2021年，第8期，第141页。

的实践要求，是培养德智体美劳全面发展的、德才兼备的社会主义建设者和接班人的必然选择，是马克思主义中国化的现实需要，具有战略性意义。

三、浅表化：公共关系学概论课程思政建设的问题呈现

（一）目标分化，加而未融

课程思政的目标在于要求专业课程聚焦育人的价值本源，在确保专业知识体系完整性的基础上，充分挖掘课程中蕴含的理想信念、人文素养、科学精神、道德情操等思政元素，以更具有亲和力、感染力和针对性的方式，实现能力培养与价值引导的协同效应。然而在公共关系学概论教学实践中，思想政治教育与专业课教学在育人方面存在着各自为阵的现象，价值引领机制的不完善制约了课程思政教学的实际效果。

首先，没有将课程思政目标与专业课教学目标以及学生实际需求进行协同分析，导致目标分化，融而未入。其次，对于如何有效达成课程思政目标的认知还是比较模糊的，存在表面化、被动认同的现象。把课程思政看成是一个硬性任务而被动认同，缺乏积极性、主动性和创造性。没有认真挖掘思政元素，而是生搬硬套地将思政内容机械地植入教学章节，造成专业课程内容与思政内容严重脱节，破坏了育人目标的整体性，导致教育目标异化。最后，虽然认同课程思政，也对开展课程思政的方法和路径有所认知，但并未真正落实到具体的教学实践中，空谈现象大量存在，育人效果被消解。正如美国教育家杜威所言，"教育的主要作用，即获得意义丰富的人生，正被弃诸一旁"。①

---

① 玛莎·努斯鲍姆：《告别功利：人文教育忧思录》，肖聿译，北京：新华出版社，2010年，第2-3页。

（二）内容唐突，形式生硬

课程思政的实效最终要通过课堂教学这个载体要素来完成，专业课内容就是"食物"，思政内容就是"盐"，因此在课堂教学中"下盐"的机会和数量的把握直接影响到"食物"的口味，也就影响到学生对营养成分的吸收。

然而在公共关系学概论教学实践中，并未对照"逻辑层面保持一致、知识层面配合补充、理论层面衔接递进、价值引领效力凸显"的深度融入要求，只做简单的加法，认为只要有思政内容就是课程思政了。缺乏课程思政整体规划思路，未对融入的"火候"进行研究，不能做到因势利导、顺势而为，容易给学生造成内容唐突、方式生硬的感觉，降低了课程思政的亲和力和吸引力。课程思政的教学模式单一化也是突出的问题，案例分析之外的课程思政教学方式设计缺位，实践联动探索还处在静默中，无法真正实现课程思政与专业教育的同频共振。

（三）动力不足，能力欠缺

教师是教学活动的主导者，教师的能力素质直接影响教学效果。提升课程思政实效的关键在于教师要树立科学的课程思政理念并具备课程思政的教学能力，既要有"应教"的理念、"愿教"的动力，也要有"会教"的能力、"善教"的水平。[1]然而在公共关系学概论教学实践中，没有将课程思政理念内化于心，不明确课程思政建设的内涵要求，缺乏课程思政的责任意识，开展课程思政的动力不足，甚至对课程思政改革产生懈怠情绪和排斥心理，导致堵点频现。同时也缺乏挖掘课程思政元素的能力，缺乏对课程思政教学方式多样化的探索，思政教学手段牵强附会，没有达成课程思政价值的集体共识，导致课程思政建设缺乏坚实的价值支撑。

---

[1] 戴少娟：《高校课程思政的核心要素解构与系统集成创新》，《中国大学教学》，2021年，第6期，第60页。

四、深层化：公共关系学概论课程思政改革的思维路向

公共关系学概论是为新闻传播学院广告学专业学生开设的专业课程，具有交叉性和实践性强的特点。公共关系学概论课程的教学目标与思政教育有着天然的共性，良好形象的塑造需要有积极向上的价值追求，这与帮助学生树立正确的人生观的思政目标不谋而合。同时，公共关系学概论的课程内容蕴含着丰富的思政元素，通过充分挖掘和精心设计，在隐性思政教育方面有着较好的资源优势。

（一）更新教学理念，强化课程思政意识

传统教学过程中，教学的重点在于专业知识和技能的传授，价值目标和德育渗透的重要性未被认识到，这是课程思政改革要拆除的第一道藩篱。因此要转变观念，即从"专业成才"到"德行成人"。人才培养需以德为先、修身为本，只有在良好的德行引导下，个人才能实现真正意义上的发展，才能补足精神上的"钙"。[①] 教师不仅要拥有传授博大精深的专业基础知识的能力，更应掌握塑造大学生的时代灵魂的本领。[②] 要摒弃"思政教育只是附加任务"的错误观念，将课程思政价值理念内化于心外化于行，增进对课程思政的行为认同。要树立无缝融入、协同发力的教学理念，在协同育人中做到"德智并举""德业融合"，担当起为党育人、为国育才的责任和使命。

在教学实践中，要把思政教育效果与专业能力培养放在同等重要的位置，肩负思想政治教育使命，牢牢立足课程阐释思政价值，主动融入正确的思政元素价值观，有意识地把专业知识和思政内容深度结合。对校情学情进行科学分析，化解课程思政建设难题，构建课程思政嵌入式总体性框架。在

---

① 陈斌：《高校课程思政的生成逻辑与推进策略》，《中国高等教育》，2020 年，第 2 期，第 13 页。

② 王飞：《"课程思政"的内在蕴意与协同育人功能实践路径》，《红河学院学报》，2021 年，第 19 卷，第 4 期，第 119 页。

教学实践中，还要认识到教师自身的人格力量对学生的引导作用，通过良好的言行举止传递积极向上的人生观和价值观，起到示范和引领的作用。

（二）丰富教学内容，充分挖掘课程思政元素

课程思政的关键在于教学内容在专业性和政治性上找到平衡点，因此对于原有教学内容的丰富和拓展就是重中之重了。遵循"目标导向、方式适宜"的原则，通过对公共关系学概论课程内容的整体性梳理，重点审视公共关系专业知识与家国情怀、中国文化、人文关怀、国家战略之间的融合关系，精准分析和挖掘各章节专业知识中蕴含的思政元素，从思政案例库中选择出匹配度高的案例嵌入，提升专业知识的多维性、综合性和思想性。并使用丰富多样的课程思政形式带动课堂节奏，达到主题突出隐性渗透的效果，确保思政内容入耳、入脑、入心。

面对作为网络"原住民"为特征的新时代大学生，还要运用新媒体新技术增强课程思政内容的时代感、生动性和吸引力。了解大学生感兴趣的时政焦点和社会热点，在学生的感动点、醒悟点、分歧点、困惑点、矛盾点等节点上展开灵魂的重塑，从而促成学生的道德生成，实现学科知识与道德智慧的共同内生。[①] 通过有针对性的思想政治教育元素的融入，引导大学生形成正确的价值观念，并外化为投身社会实践的行动力。（具体举措如表 1 所示）

---

① 柯晶莹:《〈国际商务礼仪训练〉与思政元素的有机融合》，《延边教育学院学报》，2021 年，第 35 卷，第 3 期，第 68 页。

表1 公共关系学课程思政元素挖掘和形式创新

部分章节名称	课程思政融合点挖掘	课程思政重点	课程思政形式
绪论	公共关系的基本特征（公共关系与庸俗关系的区别）	社会主义核心价值观教育，尤其是增强同学们对诚信、友善、敬业的理解	案例教学
	公共关系的基本原则（客观真实性原则、创新原则）	进行诚信教育，帮助同学们养成积极向上的生活态度、增强勇于创新的职业素养、树立强国有我的坚定信念	案例教学 小组研讨
公共关系运作主体——社会组织	组织形象塑造	中国国家形象的塑造和传播，增强学生的民族自豪感以及对中国特色社会主义的政治认同、思想认同、理论认同和情感认同	案例教学 课堂分享 小组研讨
	公关从业人员的素质和能力	敬业精神培育、人格修为养成	业界专家进课堂
公共关系客体——公众	内部公众关系处理	团队协作意识的培养	角色扮演
	外部公众关系处理（政府公众、媒体公众、消费者公众、社区公众、同行公众）	创新、协调、绿色、开放、共享的新发展理念教育	案例教学 现场模拟
公共关系传播	传播的含义、过程与要素	传播的价值属性教育、科技强国带来的民族自豪感、媒介素养教育等	案例教学 课堂研讨
公共关系专题活动	公共关系四步工作法——调研、策划、实施和评估	结合大学生公共关系策划大赛、大学生创新创业教育等提升学生创新意识和创造性思维	指导学生参赛
	公关活动的策划	介绍具有中国特色的公关活动，讲好中国故事，侧重文化自信教育	案例教学 策划实践 参观调研 现场情境教学
危机公关	危机公关的原则 危机公关策略分析	我国抗击新冠疫情取得的成就就是应对公共卫生事件的一个非常具有说服力、高匹配度的案例，通过对该案例的分析，激发学生对祖国的热爱和认同	案例教学 情景模拟演练
公共关系礼仪	公关礼仪的内涵	开展中华优秀传统文化礼仪教育、帮助同学们形成懂礼、讲礼的良好生活习惯	案例教学 课堂研讨
	公关礼仪的类型和具体要求	通过抗疫英雄表彰大会、"七一"奖章颁授仪式等案例，激发学生的爱国情怀和民族自豪感	案例教学 现场模拟 角色扮演

（三）巧妙设计教学环节，确保思政元素融入教学全过程

教学环节一般包括教学准备、教学实施、课后作业、课程评价、课程效果评估五个方面，课程思政要素要全方位覆盖到各个教学环节中，通过思政内容嵌入、思政实践活动、思政研讨总结、思政效果评价等多元形态，无缝衔接形成闭环，循序渐进引导学生认同社会主义核心价值观。

在教学准备环节，要进行公共关系学概论专业课程内容与思政内容匹配度分析，确定嵌入内容和形式，继而明确公共关系学概论专业课各章节课程思政教育重点。同时还要建设公共关系学概论课程思政案例库，为课堂教学提供课程思政资源保障。

在教学实施环节，以线下课堂（雨课堂辅助教学）、线上慕课、建立微信群进行线上资源推送等形式优化课程思政手段，以活动策划、热点讨论、现场模拟、参观调研、现场情境教学、业界专家进课堂等形式丰富课程思政形式，打造具有感染力、高共鸣度的情感场域，提高课程思政教学的新鲜性、趣味性和生动性，帮助学生形成立体的价值思维。还要让学生成为课堂主角，强调实质性参与。

在课后作业环节，要将课后作业更多地与思政元素相结合，例如将党史学习教育元素融入公共关系案例分析或者公关活动策划中等。同时在学生准备课堂分享内容时，可以推荐带有思政元素的案例。设计具备思政元素的项目让学生开展实践活动，既能提高学生的公共关系专业能力，也能增强学生的责任心和协作意识，帮助学生从浅层学习转入深层学习。

在课后评价环节，在掌握公共关系理论知识和提升公共关系专业技能的两维指标基础上，加入提高思想政治素养这一新的指标，形成三维评价标准。期末考试试卷或者策划作业中也要体现思政内容，过程性评价要将学生在思想政治素养方面的表现作为重要的评价内容，从而评测课程思政效果，保证课程思政的达成度和接受度。

在课程效果评估环节，要搭建有效的反馈渠道，赋予学生话语表达权，利用问卷调查、深度访谈等形式及时了解学生对教学效果的评价并依此进行调整和完善，创设开放平等的教学氛围，提高价值内化效果。

新媒体艺术设计课程思政建设有效路径研究

——基于植根华夏 筑梦家国的作品思政视角

丁　耀

（闽江学院　新闻传播学院）

2019 年 3 月，习近平总书记在学校思想政治理论课教师座谈会上强调，"要坚持显性教育和隐性教育相统一，挖掘其他课程和教学方式中蕴含的思想政治教育资源，实现全员全程全方位育人"。[①] 2020 年 5 月，教育部印发了《高等学校课程思政建设指导纲要》，明确了课程思政建设的目标要求和内容重点，课程思政建设成为新时代高校思想政治工作的重要内容之一。本文以新媒体艺术设计教学实践为例，探索设计艺术学科实践教学与"课程思政"的结合形式，分析和总结基于课程特征的"思政"元素融入情况，并对"课程思政"元素在课程教学实践过程中的实践成果和实施方案进行分析和探讨。

---

① 新华社:《习近平主持召开学校思想政治理论课教师座谈会》，http://www.gov.cn/xinwen/2019-03/18/content_5374831.htm，2019 年 3 月 18 日。

一、新媒体艺术设计课程融入思政元素的优势

"新媒体艺术设计"课程是普通高等院校网络与新媒体专业开设的一门专业选修课程。它是建立在影视后期特效、数字多媒体作品创作、网页设计与制作、UI 设计、H5 场景设计等课程之上的信息设计课程群中新媒体作品创作课程。课程的目标是培养从事网络与新媒体广告策划创意和设计制作、传播运营管理等工作，具有较强实践能力和创新能力的高级应用型人才；成果形式是专业竞赛，以及通过产学研合作进行科研成果转化；课程的内容设置是对先修课程的综合应用与实践，通过设计思维和设计方法论的探讨激发学生创意思维能力，通过项目教学和参与专业竞赛等实践方式，提高学生专业知识的综合应用能力，培养学生解决实际问题的能力，为职业发展和终生学习奠定基础。通过本课程的学习，学生能够全面提升媒介素养，理解并遵守职业道德和规范，履行社会责任，创造社会价值。

课程主要内容为结合案例分析讲授设计方法、实践技巧；平面设计实践、PC 端交互媒体作品设计实践，主要类型为网页设计、Banner 设计；以及与PC 端作品设计相关的移动端广告推广，主要类型为 H5 移动端广告设计。因此，"课程思政"主题跨媒体平台综合系列设计实践，是设计理论与多种媒体类型的综合性实践。

"课程思政"倡导的是课程及相关教学活动都应承担思想政治教育任务，所有教师都承担育人责任，对学生进行全方位影响，而不是局限某一方面的思想政治教育。在实际课程教学设计中"课程思政"元素如何全方位地融入课程的各个教学环节，需要探索与实践。新媒体艺术设计教学与思想政治教育之间具备紧密的内在关联与沟通机制，开展课程思政建设可以充分发挥学科特色。同时，新媒体艺术设计的课程内容蕴含着丰富的融媒体课程思政资源，在隐性思政教育方面有着较好的资源优势。

二、思政元素融入课程教学路径

（一）明确树立"作品思政"育人模式

新媒体艺术设计更强调应用性和产业性，培养过程更注重学生的实践能力、技术应用能力和创新能力，学习成果更注重以图像、动漫、视频创作为特征的作品产出。因此在"作品思政"教学模式设计中，要尝试运用新媒体、新技术推动思想政治教育、文化艺术和信息技术的高度融合，并通过丰富艺术设计创作的多元实践来增强时代感和吸引力。

在"三全育人"的基础上，艺术类学科"作品思政"教育方式更加注重全效育人和全息育人。全效育人，即思政育人是要有结果、有体现的，学生受到熏陶，看不到成果不是有效的课程思政。全息育人是指学生课程思政的学习过程是浸润式的，是潜移默化的。基于此，"作品思政"育人模式更加注重对中国传统文化、新时代核心价值理念的挖掘和整合，更加追求对艺术形式、艺术实践的探索和完善，更加侧重对作品形式、作品价值的传播和运用，因此在实践教学过程中融入课程思政的基本范畴和基本理念，让学生潜移默化地受到思政教育，才能把课程思政做实，做到人的心里去。

（二）丰富"作品思政"教学元素

立足艺术类专业特色，以立德树人为根本，从家国情怀、理想信念、文化传承、讲好中国故事四个方面丰富课程思政内涵。

家国情怀是中国优秀传统文化的基本内涵之一，在增强民族凝聚力、建设幸福家庭、提高公民意识等方面都有重要的时代价值，这是立德树人的根本，是课程思政的核心内容。理想信念即引导青年学生树立远大、正确的理想信念，是所有课程应该融入的内容。文化传承是指文化本身更能够润物细无声地融进思政育人中去，对文化的坚守以及对文化的理解是课程思政所固有的，应该在思政教学中充分体现。讲好中国故事是指怎样做好国际传播，怎样讲好中国故事，在当下应该如何进行有效引导和瓶颈上的改变，这是课程思政所应该具有的内涵。

通过将以上课程思政元素作为课题研究对象，以 PC 端网络媒体作品设计、移动端网络媒体作品设计等形式为载体传播社会主义核心价值观，才能发挥艺术类专业特色，有效实施课程思政。

（三）思政元素分层融入课程教学

新媒体艺术设计更加强调应用性和产业性，培养过程更注重学生的实践能力、技术应用能力和创新能力，学习成果更注重以图像、动漫、视频创作为特征的作品产出，因此在"作品思政"教学模式设计中，要尝试运用新媒体新技术推动思想政治教育、文化艺术和信息技术的高度融合，并通过丰富艺术设计创作的多元实践来增强时代感和吸引力；要强调将作业提升为作品，继而将作品转化为产品产出，在此基础上，打造项目的社会影响力，并在社会服务中实现思政育人理念的提升。

"作品思政"教学理念落实可分为四个层次，即创意理念、教学模式、作品传播、成果凝固。创意想法即在符合国家战略、区域社会经济发展前提下，全面考虑文化属性、创作目的、技术迭代、社会需求等对教学内容和教学方法的要求，有效融入思政育人理念，形成创意理念。在这一层次，也可直接对授课对象进行"思政"教育，通过讲授"新媒体艺术设计"相关知识和"思政"主题作品分析，润物细无声地使学生接受"思政"教育。在教学模式构建上，要在创意理念的指导下，把专业教育和实践探索紧密结合，开展浸润式思政育人教学实践，产出实践成果。例如将"思政"元素融入作品编创实践，用项目教学内容提升学生专业能力的同时引导学生未来职业发展的价值观和社会责任意识。在作品传播层面，选择优秀作品成果进行产学研尝试，综合考虑媒体影响力、思政育人理念提升、社会资源有效共享等因素，提升作品内涵。在成果凝固层面，既包括学生成果的固化，也包括教师微课的打造。当所有项目完成以后，就构建出了一个实践育人的体系。

三、思政元素在课程教学的实践

（一）"思政"元素贯穿课程教学各个环节

第一部分，课内基础性内容教学。通过"思政"主题的作品案例讲授新媒体艺术设计理论，讲授案例设计流程、设计技术，为学生实践环节提供案例参考。"思政"元素的融入点是培养学生正确的价值观。例如盘点网上热议的辱华广告，引导学生正确识别潜在、隐性辱华因素，激发学生的爱国情、强国志。

第二部分，课外项目方案讨论式教学。教学流程为教师通过"任务驱动"的方式给学生布置"思政"主题探究性的学习任务，学生团队通过网络资源查阅资料，对内容及知识体系进行整理，再选出代表讲解执行方案，最后由教师提出引导性的解决方案，学生讨论问题，最终达到共同学习的目的。

第三部分，工作室实践设计教学。实践任务以小组或以个人为单位组织进行：在各年段专业学生中采取自愿报名的方式，选择优秀者进行组队，教师、企业与媒体参与项目设计，从人才培养、企业需求与市场前景角度对学生进行设计指导。要求学生综合应用所学知识进行高品质新媒体作品创新设计，要求作品类型多样，内容设定为"思政"主题。要将"思政"元素转化为设计作品，继而将作品转化为产品产出，在此基础上，打造项目的社会影响力，并在社会服务中实现思政育人理念的提升。

（二）课内外实践中的"思政"元素融入

新媒体艺术设计实践是进阶式的设计实践，分为两项：实践一，基础设计实践。主要内容是以竞赛要求为规范的 PC 端交互媒体作品设计实践，包括动态图形设计、文创产品设计、信息可视化设计等。实践二，移动端交互媒体作品设计实践。主要内容是"思政"主题内容的网页设计编创，包括 H5 设计、移动端网站设计、影视后期特效的设计和制作等，并融入实践一的内容，实现系列作品的多种媒体类型的展示。

以实践一为例，将"思政"元素融入项目教学。2020—2021 学年指导学生参与专业竞赛、作品征集活动共 5 项，包括：第十二届全国大学生广告艺术大赛（大广赛）、教育部高等学校动画和数字媒体专业教学指导委员会组织的关于抗击疫情公益作品征集活动、福建省委宣传部主办的福建文创奖红色文创大赛等。

以实践二为例，尝试与媒体合作，促进课程思政实现创新，使课程思政真正能够服务社会，从而最终实现全效、全息育人。

表 1　将"思政"元素融入教学

序号	实践教学目标	实践教学主题	思政育人成果
1	将社会主义核心价值观融入教学，制作融媒体系列作品	"缅怀先烈青年说"微党课	用青年人的语态、青年人的朝气，以可视可听可触的视听语言回顾红色革命光辉历程，激发学生爱国情怀
		"我的入党故事"微视频	学习身边的先进人物和先进故事，激发学生爱党爱国精神
2	将优秀传统文化融入教学，学习、制作融媒体系列作品	中国传统器物造型的衍生品设计	透视中国美学中传统设计现象，感受中国传统哲学与艺术思想影响下的东方设计韵味，思考传统造型观念与中国文化思想的联系
		非遗衍生品设计与推广	提升非遗"新活态化"的经济价值，将非遗创新性转化与扶贫项目有效对接
3	结合时政热点开展课程教学	"一图读懂"时政案例主题 H5 创作	学习贯彻党中央重大决策的动态及成果，开展时政可视化设计推广

本次实践成果实现了"思政"元素转化为网络媒体作品，并通过参加专业赛事和社会服务评价评判作品质量。在实践过程中，教学环节的第一部分"基础内容教学"和第二部分"课外项目方案讨论式教学"中，设置的"思政"元素有效地实现了第三部分作品的成果转化。在学生实施项目的过程中，分析问题、解决问题的能力得到提升，独立探索及合作精神得到发展。这样的实践内容还培养学生树立社会主义核心价值观，学生通过具体的"思政"主题内容进行作品创作，使专业技能得到磨炼，通过不断学习、努力提升，创造设计价值，做与国有用的人。同时，产学研合作的设计项目对作品原创性要求高，还能培养学生的学习习惯、自主学习能力、原创能力、职业素养和社会责任。

四、对新媒体创作课程课程思政建设的路径建议

"课程思政"内容依托"新媒体艺术设计"课程进行教学实践路径探索，是将社会主义核心价值观的传播作为研究对象，以授课对象本身的教育为起点，结合培养对象未来的职业发展方向，以课程实践项目为载体，开展社会主义核心价值观的课题研究，进行课程教学改革实践与探索。

第一，以社会主义核心价值观的传播为研究对象。将中国传统文化和爱国主义等内容作为课题让学生进行研究，融入课堂教学中，使专业内容与"思政"内容紧密结合，可以达到润物细无声的传播效果。

第二，将科研、教学与"课程思政"紧密结合。课程设置是结合授课者本人的课程教学设计和教学改革研究课题进行设计的，授课者本人主持的"'知情意行'视域下《广告设计》课程思政教学改革探索"项目（2020年）和"扎根中国大地的作品思政——新媒体艺术设计课程思政建设有效路径研究"项目（2021年）的研究成果都是课程体系中的关联环节，是将科研成果直接反哺课堂教学的突出体现。

第三，将课堂教学、职业发展和社会服务结合。在课程设计中以培养对

象的未来职业发展作为支点，让学生思考在设计中如何提高中国传统文化和爱国主义的传播效果，最后所给出的设计策略可以直接作用于未来职业发展需要，有可以服务于党和国家宣传需要的双赢成果。

第四，培养学生职业素养和社会责任。本课程设置除了培养学生职业技能外，还进行道德规范、职业规范的培养，意在树立学生良好的道德观和社会责任感，使学生能够更好地实现社会价值，做于国有用的人。

"三位一体"育人理念下服装营销方向课程思政的探索与实践

——以《服装展示设计》课程为例

于小利

（闽江学院　服装与艺术工程学院）

一、引言

　　2016 年 12 月在北京举行的全国高校思想政治工作会议上，习近平总书记强调，做好高校思想政治工作，要因事而化、因时而进、因势而新。要遵循思想政治工作规律，遵循教书育人规律，遵循学生成长规律，不断提高工作能力和水平。要用好课堂教学这个主渠道，思想政治理论课要坚持在改进中加强，提升思想政治教育亲和力和针对性，满足学生成长发展需求和期待，其他各门课都要守好一段渠、种好责任田，使各类课程与思想政治理论课同向同行，形成协同效应。[①] 课程思政正是学校落实立德树人的基础性抓手。2020 年 5 月教育部印发了《高等学校课程思政建设指导纲要》，对课程思政的育人效果、建设目标、建设内容、建设方法、评价标准、关键问题和实施保

[①]　新华社:《习近平:把思想政治工作贯穿教育教学全过程》，http://www.xinhuanet.com/politics/2016-12/08/c_1120082577.htm，2016 年 12 月 8 日。

障等内容进行了具体指导。①

服装高等教育在传统双基教学和工具理想主义的影响下，比较重视专业知识和专业技能的传授，但是对学生的创新精神、职业思想与道德、社会责任感等思想和品德方面的培养缺乏关注，这就导致了知识技能教育和价值教育的分裂，也很难适应新时代国家和社会发展的需要。现在很多服装专业学生言必称欧美，对我们五千年积淀下来的璀璨文化宝库和民族精神缺乏自信，审美观和价值观失衡。②课程思政教育通过课堂教学这一主渠道可以有效地解决这些问题，尤其是专业课的课程思政，在专业知识和技能的传授过程中，可以潜移默化地对学生进行正确的价值观引导、文化自信教育和审美意识培养，从而实现价值塑造、知识传授和能力培养的三位一体。③

不同的学科专业有不同的特点，不同的专业课程在知识体系和教学方法等方面也会有很大的不同，因此在落实课程思政时不能照搬其他已经成熟的课程思政方法，必须根据自身情况具体问题具体分析，找到更有针对性的解决方案。

服装专业建设课程思政才刚刚开始，虽然已经出现了不同视角的研究成果，但相对而言还是不够成熟，而且覆盖面有限。经检索可以发现，目前关于服装营销方向课程思政教学的文献和教学案例还很少，因此本文以服装展示设计课程为例，探索专业课程教学中融入思想政治教育的实施策略，以期为服装营销类专业课程思政的建设提供借鉴和启发。

---

① 中华人民共和国教育部：《教育部关于印发〈高等学校课程思政建设指导纲要〉的通知》，http：//www.gov.cn/zhengce/zhengceku/2020-06/06/content_5517606.htm，2020 年 5 月 28 日。

② 陈莉芳：《高校服装设计专业"课程思政"的探索与实践——以《成衣立体剪裁》为例》，《轻纺工业与技术》，2020 年，第 49 卷，第 7 期，第 152-153 页。

③ 刘淑环：《知识传授与价值引领——"概率论与数理统计"课程思政的教学探索》，《中国大学教学》，2021 年，第 3 期，第 60-65 页。

二、课程思政的重要意义

当今世界正处于转型过渡期，世界多极化加速推进，国际安全挑战错综复杂，各种思想文化相互激荡，各种不稳定因素相互交织、相互作用。

现代大学生是在社会思潮多元化和"互联网"的陪伴下长大的，相对而言，思想意识比较独立，崇尚自我为中心，对社会、他人和政治关注度不高，群体意识淡化。在各种价值观念和良莠不齐的网络信息的影响下，在不同程度上存在着缺乏自信、自我矮化、道德推脱和消极遁世等问题。大学阶段是系统形成正确世界观、人生观和价值观的关键时期，立德树人的使命就是要校准大学生思想观念、理想信念和价值取向的坐标，提升价值判断和道德判断能力，防止错误的西方文化价值观的渗透，使他们能够全面客观地认识世界，在批判鉴别中明辨是非。[1]

上课学习是大学阶段最重要的任务，课堂教学作为直面学生的第一线，对他们的思想言行和成长的影响是巨大的。在专业课的教学中，可以突出专业教师和专业课程育人的主体作用，将价值引导与学生成长需求相结合，将正确的精神指引融入知识和技能教育中。[2]

服装专业一直站在时尚的最前线，由于历史的原因，话语权被西方牢牢地把握，不少学生出现了盲目崇尚西方审美观的问题，"西必洋气，中必土气"的观念根深蒂固，完全忽视中国千年文化财富，严重缺乏文化自信。[3]改革开放以来，我国的经济飞速发展，特别是在服装制造业领域，已经成为公认的制造大国。虽然我们付出了更多的人力和物力，但是我们的相对收益却更低，究其原因主要是在科技创新、智能制造和品牌打造等方面仍然没有占

---

[1] 王军哲：《全球治理人才培养视域下外语类院校课程思政建设探索与实践》，《外语电化教学》，2020年，第6期，第52-56页。

[2] 杨昆、罗小兵、冯晓东等：《能源动力专业基础课程教学中开展"课程思政"的探索》，《高等工程教育研究》，2019年，第1期，第116-118页。

[3] 高雪美：《"服装流行趋势调研"课程思政教学改革》，《纺织服装教育》，2021年，第36卷，第2期，第117-121页。

据优势。[①]

这些专业特征和行业现象可以为课程思政教育提供丰富的资源，尤其是在文化自信、民族精神、国际视野、科学理论和自强合作等方面具有显著的思想政治教育优势。通过润物细无声的教学让我们的学生看到国家在各个方面所做出的努力和取得的成绩，增强对中国特色社会主义道路和中华优秀文化的信心，养成良好的人格，树立正确的历史观、民族观、国家观和文化观。

三、课程思政的资源挖掘和实施策略

落实课程思政的首要任务是深入挖掘专业课程中蕴含的思政元素，关键环节是设计合适的切入点，将课程思政元素无缝融入专业教学中，真正内化到学生的思想中去。[②]

教育部印发的《高等学校课程思政建设指导纲要》中明确指出了课程思政实施的六大重点内容（习近平新时代中国特色社会主义思想、社会主义核心价值观、中华优秀传统文化、宪法法治教育、职业理想和职业道德教育），因此落实课程思政的基本思路应该是：梳理课堂教学知识内容，参照六大思政实施重点，选择既能表征专业知识又能承载思政元素的案例资源，设计合适的切入点和教学方法，落实思政育人目标。

灌输式的学习是被动的，激发学习的内驱力才能更好地提升教学效果。思想政治教育更需要得到学生的充分认可，才能真正实现将正确的价值观"内化于心，外化于行"的教学目的。[③] 20 世纪 80 年代美国学者凯勒（J. M Keller）教授提出了通过教学设计来调动学生学习动机的 ARCS 模型，根据这

---

① 张春明、刘云筠:《服装设计与工程专业课程思政教学探索与实践——以服装营销与贸易课程为例》,《纺织服装教育》,2020 年，第 35 卷，第 6 期，第 504-507 页。

② 毛静、李瑞琴:《"三全育人"背景下课程思政教学理念与实践方式探索——以〈国际贸易学〉课程为例》,《国家教育行政学院学报》,2020 年，第 7 期，第 78-84 页。

③ 董翠香、樊三明、李梦欣等:《体育专业课程思政建设应解决的问题及实施路径》,《体育学刊》,2021 年，第 28 卷，第 2 期，第 65-71 页。

个模型，我们可以形成以下三个挖掘课程思政资源的基本原则。

第一，尽可能贴近学生的生活背景和学习背景，找到与他们切身相关的案例素材，更加易于理解。比如近几年引领运动服国潮的李宁品牌，我们可以从李宁作为运动员为国争光开始，到李宁公司在发展过程中的起起伏伏，特别是逐步在国际市场站稳脚跟的故事，从而激发学生的家国情怀，塑造勇于创新创业的精神，提升民族产业的责任感。

第二，结合当下热点事件、现象或问题，引起学生的兴趣，也有利于维持学生的注意力。比如 D&G 创始人的辱华事件，Versace、COACH 的不尊重中国主权事件，GAP 的中国地图事件，从这些事件中，我们可以让学生看到国外一些反华势力的居心叵测，同时从代言明星的官方声明和及时发声，引导学生们认识到祖国之强大，坚定信心，激发其作为一个中国人的自豪感，提升明辨是非的能力。

第三，保证案例资源与对应的专业知识点是紧密相关的、自然融合的，以免引起反感，以实现在不知不觉中实现价值塑造的目的。① 比如在讲到服装品牌的塑造和网络营销等知识点时，可以以中国品牌"SHEIN"为例，它依靠中国强大的供应链优势，已成为全球跨境电商巨头，在欧美不仅深受青少年追捧，在高收入年轻女性心目中甚至超过了亚马逊。提升学生们的国际视野、职业荣誉感和品牌意识等。

ARCS 是 四 个 英 文 单 词（Attention、Relevance、Confidence 和 Satisfaction）的首字母缩写，可见该模型不仅关注学习动机的激发，更关注维持学习动机的条件和途径，具有较好的适应性。根据 John M Keller 教授的研究成果，我们提出了以下 6 个课程思政实施策略，帮助学生形成主动关注思政元素、实现自我提升的习惯，从而发挥出课程思政的持续效果。

第一，引起学习兴趣。

---

① 郑燕林、任增强：《落实课程思政的策略与举措——以〈教育传播学〉课程为例》，《中国电化教育》，2021 年，第 3 期，第 46–51 页。

根据学生们的求知需求，选择大家都关心的热点话题，吸引学生的注意和兴趣，从专业和思政的角度提出问题，激发学生的思考和探究，使他们感受到挑战，从而愿意参与其中。比如让学生们为民族品牌"鸿星尔克"如何提升店铺形象的时尚感，打造受年轻人青睐的产品出谋划策。

第二，激发学习动机。

正式开始知识讲授前向学生清晰介绍当前学习内容所蕴含的三位一体目标，明确教学目标与所学知识的关联性，通过明确的目标导向，使学生意识到所学内容对自身发展的现实价值和未来意义，从而对学习目标和学习内容本身产生兴趣，产生责任感和义务感，激发学习动机。

第三，改善学习体验。

课堂教学中注意不断变换教学方式和教学手段，比如设计一些主题辩论、角色扮演或者课堂讨论等多样化的形式，让学生之间产生更多的观点碰撞，增加学生的参与感，变被动学习为主动学习。也可以利用雨课堂、学堂在线、超星学习通等现代化技术手段适应学生的学习习惯，或者设计抢答题、抽答题、小组 PK 等形式提升学习体验。

第四，体验学习的快乐。

服装是消费产品，顾客愿意为之买单才是真正的认可，因此在教学过程中可以安排学生深入销售终端，与消费者产生近距离的接触，或者邀请优秀的企业专家或者行业专家进课堂，将实实在在的销售数据或者用户反馈的信息呈现在学生面前，使他们能够感受到真实的市场，利用所学知识进行实践、思考、判断及提出解决方案，从而体验到学习的快乐。

第五，维持学习过程的信心。

及时对学生的学习效果进行反馈，特别是从思想政治教育角度，及时到位的表扬和激励有利于维持学习过程的信心。对知识模块中阶段性作业的点评一定要讲细讲透讲全面，在确定最终成绩之前给学生修改的机会，也可以保护学习的积极性。

第六，提升学习满意度。

将价值观的体现和塑造纳入学习评价标准，评价的层次更详细，使学生充分了解成绩的判定标准，设计多个学习评价环节，师生共同参与评价学习过程与结果，过程性评价结果及时告知学生，使学生感受到学习评价的公正性和一致性，提升学习满意度。

四、《服装展示设计》课程思政实践方案

《服装展示设计》是服装与服饰设计专业的主干核心课程，集综合性、创新性与应用性于一体，涵盖了营销学、心理学、视觉艺术和空间设计等多门学科知识，通过对空间、橱窗、货架、模特、灯光、POP海报和商品的科学规划和创新设计，以达到促进产品销售、提升品牌形象的目的。该课程一般开设于三年级的上学期或者下学期，通过前两年的学习，学生们已经打下了一定的美学、时尚、营销和设计软件基础，但是大部分同学并没有明确的就业方向，对即将到来的毕业既期待又担心，迫切希望能够为自己的未来做好准备，因此上课积极性较高，求知欲较强。

从模块化的角度，该课程的主要教学内容可以梳理为四个方面：一是了解服装展示设计的含义、发展，理解其特征和分类，熟悉美学原理、人体工程学和常用材料的具体应用，具有全面、正确分析和评估服装店铺展示设计效果的能力。二是熟悉服装展示道具的设计原则，掌握展示道具的选用和设计方法，能独立进行服装展示道具的采购和开发；了解服装展示照明的目的和设计原则，掌握相应的设计方法；理解服装店铺空间的功能分区，掌握区域规划和动线设计方法，最终能根据品牌需要进行服装店铺形象的设计和方案落实。三是了解橱窗展示的目的、风格和分类，理解橱窗设计的原则，掌握相应的设计方法和程序，能够根据季度及主题活动设计橱窗展示方案，并从材料、施工和成本等角度进行落实和应用设计方案。四是了解服装陈列设计的目的和类别，熟悉服装陈列设计原则，掌握服装搭配的方法和服装陈列

的技法，能够独立进行服装陈列实操；了解服装陈列管理的概念和任务，能根据品牌需求制定陈列手册与陈列方案，开发服装陈列培训课程。

基于以上分析，对应知识和能力目标，我们设计并提出如表1所示的《服装展示设计》课程思政实践方案。

表1　服装展示设计课程思政实践方案

课程模块	知识讲授目标	技能培养目标	价值引领目标
服装展示设计基础	服装展示设计概论；服装展示设计的美学原理；服装展示中的人体工程学；服装展示中的材料	能够全面而正确地分析和评估服装店铺展示设计效果。	分析中国传统艺术中蕴含的美学原理，引导学生树立正确的审美观，提升文化自信；介绍人体工程学和现代材料科学的发展前沿，培养学生的创新钻研精神和严谨务实的学习态度；对比分析国内外知名服装品牌店铺形象，培养国际视野，提升问题意识和探究意识，加强振兴国货品牌的使命感。
服装店铺形象设计	服装展示道具分类；服装展示道具的选用和设计原则；服装展示道具的选用和设计方法	能根据品牌定位进行服装展示道具设计，并从材料、造型和工艺等角度落实设计方案。	解读资源浪费现状，培养绿色设计理念，提升人类命运共同体意识；通过中国品牌海外扩张过程中屡次陷入专利纠纷事件，培养学生的知识产权意识。
	服装展示照明设计基础；服装展示照明的目的和设计原则；服装展示照明的设计方法；服装店铺区域照明设计	能正确评估服装展示照明效果，并提出改进方案。	引入李宁品牌照明设计案例，培养学生的工匠精神和节能意识；通过介绍照明灯具排行榜，向学生传达实业强国、科技强国的责任感。
	服装店铺空间的功能分区；服装店铺的区域规划和动线设计；服装展示空间色彩设计	能根据品牌定位进行店铺形象整体设计，并从材料、施工和成本等角度落实设计方案。	为学生展示走向世界的优秀民族品牌的店铺形象案例，比如海澜之家、波司登、ICICLE等，增加学生的职业荣誉感，从而对我国时尚产业的发展充满信心；引导学生组建团队，进行项目式设计实践，培养学生的沟通协调能力、团队协作能力等职业素养。
橱窗展示设计	橱窗展示的目的与分类；橱窗展示设计的原则；橱窗展示设计元素；橱窗展示设计的方法和程序	能够根据季度及主题活动设计橱窗展示方案，并从材料、施工和成本等角度落实设计方案。	介绍上海东方商厦的"缘起东方"系列橱窗和巴黎老佛爷百货奥斯曼旗舰店的"锦绣·山河——中国橱窗艺术展"，使学生坚定文化自信心；让学生分组进行橱窗设计方案的制定和落实，引导学生从实际出发，实事求是，勇于创新，在协作的过程中培养集体主义价值观。

续表

课程模块	知识讲授目标	技能培养目标	价值引领目标
服装陈列与管理	服装陈列的类别；服装陈列设计原则；服装陈列的技法；服饰品陈列设计；色彩搭配的方法；服装陈列管理基础；服装陈列管理实务	能根据企业或品牌情况制定陈列手册与陈列方案，进行陈列实操，开发陈列课程。	通过身临其境的市场调研，引导学生形成以人为本的服务理念，从客户的需要出发，通过陈列设计实现为人民（顾客）服务的意识，摒弃一味追求经济效益的狭隘营销理念；引导学生利用所掌握的知识为民族品牌做陈列分析，再通过深入思考提出问题解决方案，激发民族责任感。

下面以《服装展示设计》课程的"第五章第三节：橱窗展示设计的方法和程序"为例分享在两个课时中落实课程思政的具体举措。

表 2 "橱窗展示设计的方法和程序"课程思政教学设计

教学过程及内容设计	价值引领目标
一、课程导入 2018 年 2 月，中国对外文化集团公司和法国老佛爷百货集团联合主办了一期中国橱窗艺术展，主题名称为"锦绣·山河"，其中最重要的创作元素之一就是《千里江山图》。此次艺术展包括 11 个橱窗空间和 1 个视频窗口，前景悬挂织锦软雕塑作品，这种动静结合的方式向法国人民展示了中国瑰丽的传统艺术。	选择与专业知识紧密相关的案例，自然地启发学生深入思考；中国文化与世界对接的现状和问题，强化学生的使命感。
二、知识讲授 （一）橱窗展示设计主题提炼 1. 橱窗展示设计的主题 2. 橱窗展示主题的提炼方法 3. 橱窗展示的常见主题	展示自然主题的橱窗案例，呼吁学生传达"保护大自然，爱护地球家园"的理念； 展示文化主题的橱窗案例，引导学生关注人类文明的发展，向世界讲述中华文明的意识； 展示生活主题的橱窗案例，引导学生多向社会传播正能量，顺应人类文明建设需求。
三、启发探究和学生讨论 提问 1： 橱窗展示对我们的生活有没有影响？具体体现在哪些方面？ 提问 2： 你见过哪些印象深刻的服装店铺橱窗？他们的主题是什么？ 小组讨论： 服装品牌的社会责任感如何在橱窗中得以体现？	让学生们意识到橱窗作为服装店铺的第一展示窗口，应该具有社会责任感，向人们传达正确的世界观、人生观和价值观。

续表

教学过程及内容设计	价值引领目标
四、知识讲授 （二）橱窗展示设计的表现手法 1. 直接展示 2. 寓意与联想 3. 奇异、夸张与幽默 4. 运用广告语 5. 再现生活场景 6. 系列化表现	通过直接展示手法的橱窗案例，启发学生追求精益求精的高质量产品，拒绝过度包装； 通过奇异、夸张与幽默手法的橱窗案例，帮助学生打破常规思路，培养创新能力； 通过再现生活场景手法的橱窗案例，引导学生更多地关注"人民日益增长的美好生活需要"，树立"以人为本"的设计意识。
五、启发探究和学生讨论 提问1和小组讨论： 如果你是一家女装品牌的陈列设计师，那么你会如何表现"保护动物"这一主题？ 提问2和小组讨论： 为了打造品牌的文化标签，如何通过系列化表现手法设计橱窗展示方案？	激发同学们深入思考，将品牌塑造与时代使命相结合。
六、知识讲授 （三）橱窗展示设计步骤 1. 拟定橱窗展示目的 2. 寻找素材和灵感 3. 构思初稿 4. 修改并定稿实施方案 5. 制作实际比例样板橱窗 6. 制作橱窗方案实施说明	引导学生要注意培养规范操作意识和团队协作精神，具有集体主义观念，在团队工作中履行应尽义务，坚守职业道德。
七、课堂技能训练 请为知名运动品牌"鸿星尔克"设计一个春节橱窗展示方案初稿，请特别注意主题提炼、设计表现、成本核算和可复制性。	详细介绍在大灾害面前，"鸿星尔克""京东""汇源果汁"等民族企业所表现出来的社会责任感，启发学生思考企业和企业家的家国情怀； 同时注意培养学生的观察思考、解决问题和设计创新能力。
八、课程总结 橱窗展示是品牌文化的重要传播途径之一，结合了艺术和商业需求，也承载着社会责任感和人文关怀，传达了时尚的气息和时代的文明。	呼吁学生作为未来的设计师，更要承担起这份责任，协助民族品牌走向国际，共同为中国服装产业的发展而努力，同时也要注意向世界人民传播中国的优秀文化。

服装展示设计课程融入思政元素后，学生们的学习兴趣和学习主动性明显增强了，课堂讨论激烈，作业更加认真、成熟，课后也有不少同学愿意找老师聊生活、聊理想，甚至是探讨自己未来的努力方向和人生规划，从2021年上半学期的学生评教中，可以看到同学们的打算达到了前所未有的新纪录，这些都说明课程思政的实施确实是提升了教书育人的效果。

五、结束语

本文首先从大学生的心智成长特点和服装专业、服装行业的发展特点，分析了服装营销类专业课程实施课程思政的重要意义。然后根据 ARCS 模型，明确提出了挖掘课程思政资源的三个基本原则：贴近学生生活、热点话题、与专业知识紧密相关，进一步提出了六个课程思政落实策略：选择热点话题，从专业和思政角度提出问题，使学生产生探究的兴趣；向学生明确学习目标，以及学习内容的价值所在，从而激发学习动机；采用多样化的教学形式和现代化技术手段，增加学生的参与感，提升学习体验；深入实体情境，利用所学知识解决实际问题，进一步体验到学习的快乐；注意从思政角度及时反馈学生的学习效果，维持学习过程的信心；设计包含价值观角度的学习评价标准，使学生明确标准并感受到评价的公正性，提升学习满意度。最后，利用前期理论研究成果，设计了《服装展示设计》课程的思政实践方案，并以该课程的"第五章第三节：橱窗展示设计方法"为例分享了笔者的具体思政举措。

课程思政显然不是一件一劳永逸的事情，随着国家的发展和社会的变迁，今天探索的方法、研究的措施都会慢慢落后，因此我们都应该有年年更新、时时更新的意识，所讲授的内容才能被学生喜爱、接受和内化，真正发挥出立德树人的作用。

课程思政背景下概论性课程中
教学案例选择策略研究

张季苹

（闽江学院　新闻传播学院）

2016 年，习近平总书记在全国高校思想政治工作会议上强调："要坚持把立德树人作为中心环节，把思想政治工作贯穿教育教学全过程，实现全程育人、全方位育人，努力开创我国高等教育事业发展新局面。"[①] 2020 年 6 月，教育部印发《高等学校课程思政建设指导纲要》，全面推进高校课程思政建设。然而，有研究发现，在课程思政教学过程中，学生对国家的政策了解甚少，缺少主动性；一部分专业课理论和实践脱节；一部分学生对时事新闻关注越来越少。[②]

因此，在专业理论课程的思政建设过程中，教学案例的选择变得尤为基础和必要，结合党和国家方针政策、社会现实选择既有亲和力又有针对性的案例，不仅给课堂增添趣味、加深印象，更具有塑造大学生人格、联系实际解决问题的优势，发挥出了思想政治教育"真"的力量。

---

① 新华社：《习近平：把思想政治工作贯穿教育教学全过程》，http://www.xinhuanet.com/politics/2016-12/08/c_1120082577.htm，2016 年 12 月 8 日。

② 李颖、岳娇、袁阿娟：《"课程思政"与"线上 + 线下"实践教学模式的探索与构建》，《教育教学论坛》，2020 年，第 52 期，第 59-60 页。

一、概论性课程中案例选择的重要性

（一）夯实专业基础，塑造理想观念

概论性课程是对一门课程、一项专业进行广泛全面介绍的课程，普遍具有内容丰富、联系广泛、课时有限、授课集中、人数较多等特点。[①] 作为导入式课程，往往在大学新生入学第一学期进行，是引导新生步入专业殿堂、激发专业兴趣、引导职业思考的课程，同时，对于初入社会的大学新生来说，也有塑造其人生观、价值观、世界观的基础性作用。在大学教育中，不同专业课程具有不同的思想政治教育资源，作为统揽式、综合性的课程，概论性课程中的思政元素更为丰富、多元、综合，在实际教育教学过程中，更容易对学生产生广泛的影响。

（二）服务教学目的，深化专业认知

概论性课程中案例的辅助解释作用能在解疑释惑的同时为学生构建丰富精彩的专业"生态系统"。概论性课程需要将本专业涉及的多个方面的知识进行概览式介绍，在课时有限、内容涉及面较广的情况下，教学经常"蜻蜓点水"，对知识点进行浅层的介绍，往往达不到较好的教学效果。而通过案例展示与分析，能够促使学生达到理解的层面，学生在萌芽的个人兴趣中更容易明确专业学习的方向，在之后更为细分的专业课程中进行更加深入的探索与实践。有学者指出，一个优秀的教学案例应该具有教学服务性、矛盾冲突性、空间决策性，从而让学习者经过认真的研究和学习后有所收获。[②] 在概论性课程中选择合适的案例，能在诠释一些晦涩抽象的概念的同时，穿越时空、解

[①] 刘书岩、李伟、郁大照：《航空专业概论性课程答疑方式改革的探索实践》，《中国现代教育装备》，2020年，第17期，第72-73页。

[②] 汪茂泰：《〈政府经济学〉课程教学案例选择的实践和思考》，《西部学刊》，2020年，第14期，第50-52页。

决问题，让学生透过例子联系实际，深刻了解专业与社会的关联，使教学达到事半功倍的效果。

（三）激发内生动力，迸发创新活力

概论性课程中进行案例教学，能够引导学生主动学习、主动思考、主动解题，具有引领创新的作用。国务院《关于推动创新创业高质量发展，打造"双创"升级版的意见》中提出，把创新创业教育和实践课程纳入高校必修课体系。[①] 概论性课程往往涉及本专业多个领域的专业知识，偏重理解、鼓励创新，而非死板记忆。然而，一些抽象的理论在没有案例的支撑下略显枯燥乏味，对于刚刚结束应试教育的学生来说，极易采取死记硬背的老套路，忽视理解运用。在概论性课程中选择合适的案例，能够让学生在现实运用中更积极融入教学情境，在各自独立的观察与讨论中找到不同的解答，加深对抽象概念的理解，训练其辩证思维、发散思维、聚合思维、逆向思维。

（四）深挖学习潜能，提升学习效率

麦基奇将学习策略分为三类：认知策略、元认知策略、资源管理策略。其中，认知策略包括复述策略、精加工策略和组织策略。而精加工策略强调在记忆过程中做笔记、联想、利用背景知识、联系实际生活等方面，对记忆效果和学习效果有较强的辅助作用。概论性课程涉及的概念较多，在有限学时中，学生对众多概念的掌握需要一定的案例支撑，通过选择学生真实可感的现实案例这种精加工策略，能够在课堂以外的场所让学生产生联想，从而加深对某一概念的记忆。

---

① 中华人民共和国国务院：《国务院关于推动创新创业高质量发展打造"双创"升级版的意见》，http://www.gov.cn/zhengce/content/2018-09/26/content_5325472.htm，2018 年 9 月 26 日。

二、当前概论性课程案例选择存在的问题

（一）相关性弱

案例教学法究其根本是为教学目标服务，服务于课堂理论知识的运用，进而才有实际运用过程中的升华，所以应与课堂理论知识有直接的关联，是理论知识的应用。[①] 然而，在一些课程案例的选择上，会出现案例与理论联系较弱的问题。此类问题或是因案例本身与概念之间的相关性较为勉强，或是因所选择的案例为多因素影响的案例，涉及的问题较为复杂，多个线索、多个概念、多个因素交织，某一因素单一影响极小，不能直接体现课堂所述核心概念的直接影响及效果。这类问题更多的是在人文社科类课程中出现，比如在探讨某一营销案例的策略时，并不能简单将其营销效果取决于某一个单一的策略，而应该是综合各因素的结果。

（二）代表性低

1. 不能反映我国国情和社会现实

一些案例选自国外前沿研究，但相关领域在我国适应性不佳，"水土不服"，因此案例对相关概念的诠释、对我国现实的指导性意义不够明显，难以使学生掌握并应用。比如国外一些传统媒体在破局新媒体冲击中采取的措施，如市场效益优先的理念并不适合引入国内进行效仿，我国现有的媒介制度是"一元体制，二元运作"，党管媒体是原则，与国外媒体的运作机制有本质上的差异，因此并不适合将国外媒体的一些做法引入。

2. 案例过于独特导致的代表性不够

概论课中往往涉及历史变迁的介绍，在一些专业领域，历史案例并不能作为当前现实的参考，比如一些被废除的法律法规及涉及的相关概念，已经

---

① 宋丽红、张荣：《线上授课中应用案例教学的挑战与反思》，《中国多媒体与网络教学学报（上旬刊）》，2020年，第12期，第51-53页。

不再使用，或者在特定历史时期的一些案例，其所发生的社会环境、情景较为独特，再次发生的几率较低，不具有一定的代表性，也不适合作为指导当前的案例进行使用。

（三）延展性差

案例的延展性是案例在促进学生发散性思维和创新性思维等方面的作用，能够使学生通过联想达到举一反三的效果。延展性好的案例不仅能解释概念、说明问题，还能在思维方式、价值观培养、学习方法等问题上对学生有一定的启发。而部分案例或是立足表面、浅尝辄止，对专业性知识的延伸作用不明显，或是局限于专业问题，不能引领学生的思想价值，缺乏"显性教育"向"隐形教育"的转化，使案例的影响只留在课堂、教案和教学课件上。

（四）趣味性欠缺

一些案例涉及内容较为枯燥、普通、可预测，缺乏亮点，不能吸引学生的兴趣，不能在学生心里留下深刻印记，自然对加深概念理解无益。青年学生对于新鲜事物的喜爱以及新媒体环境下信息前所未有的畅通对当前的教育教学产生一定挑战，一些案例时间跨度较大，学生可感性弱，难以结合现实，失去兴趣；一些案例结果极易预测，学生在看到开头就猜到了结尾，自然对"知其然知其所以然"性质欠缺；一些案例在课堂呈现时缺少图文、视频等多媒体辅助，也极易使学生失去兴趣。

（五）违背社会公德与法治社会的基本要求

新时代高等人才的培养不仅着力于专业的"高精尖"，更要着力于让人才有理想信念、有责任担当，这样才能成为有理想、有本领、有担当的新时代青年。然而，一些案例有哗众取宠之嫌，噱头很足，但背后呈现出的对物质财富的追崇、对消费主义的鼓吹等不当倾向，对学生的世界观、人生观、价值观的负面影响值得警惕。比如近年来出现的新氧"女人美了才完整"广告、全棉时代反转广告等价值观扭曲、物化女性的广告，虽然获得社会广泛关注，但不应被作为课堂正面案例来阐述创意广告等相关概念。

三、概论性课程中案例选择的策略

（一）紧贴热点，激发学习讨论兴趣

结合当下热点问题，生动活泼的"网言网语"，能够激发学生的兴趣，增强课堂互动，提高课程产出。利用青年学生对于新兴事物与新近热点的兴趣，引导其关注事物与热点背后的专业性问题。比如在《网络与新媒体概论》课堂中，选用"窃格瓦拉"案例阐述网络舆情对价值观的影响，引导学生探讨MCN运作存在的问题及相关监管部门的职责，极大提升学生的讨论热情。选择此类案例，也更易加深学生对理论性较强的概念的理解，将理论带入实践看待一些典型的社会现象、社会问题。

（二）紧贴时政，引导学生立足国情

课程思政的基本要求就是将思想政治工作贯穿教育教学全过程，紧贴时政选择案例，有利于让学生在案例中汲取爱国主义的养分，增强中国特色社会主义道路自信、理论自信、制度自信、文化自信，培养家国情怀。在概论性课程中，应尽量选取新近发生的行业内的重要变化、重要政策、重要事件，让学生对当前社会现状及国家发展有深刻的感知，在领会国家大政方针中涵养爱国情怀。例如，在《网络与新媒体概论》课程中，在"数据新闻"知识要点的讲解中，向学生展示新冠肺炎疫情中大数据的应用，选取中美疫情的数据新闻，通过对比中美两国在新冠肺炎疫情中的应对速度和政府透明度，进一步激发学生的爱国主义情怀。

（三）坚持问题导向，培养对策性思考

一些新近的案例还未盖棺定论，事件仍处于发酵发展过程中，这类"难题式"案例没有"参考答案"，可以促进学生思考解决办法、培养问题导向的思维方式和解决问题的自信心。例如，在探讨群体极化相关问题时，引入"德阳女医生事件"等近年来层出不穷的多起网络暴力事件，引导学生讨论网络暴力的恶劣影响及应对方式；在西方借疫情大肆抹黑我国的国际舆论背景下，引导学生站在中国主流媒体、外交发言人的角度讨论应对方式。在案例中让学生扮演当事人、普通网民、政府工作人员、新闻工作者等不同角色，从各自利益出发思考问题，从而进行综合性的思考，培养全局性的意识。

（四）直面社会争议，培养辩证思维方式

一些事件可能在定性、处理等各个方面存在一定的争议，选择这类案例，让学生从正反两面的角度去看待问题，进行观点的交锋，能够培养出更加具有批判性思维能力的学生。比如，在对"两个舆论场"相关知识点的讲解时，选择"无锡高架桥侧翻事件"，让学生从官方舆论场和民间舆论场两个面讨论，从而延伸到政府应对突发舆情时的应有之举，讨论出突发事件中相关部门更好的应对方式，从而捋清争议并转化为对实践的指导。

四、总结

专业课程的思政建设，是一件守正创新的工作，在课程内容这一"树干"的基础上，用真实可感、丰富多元的教学案例点缀其"枝丫"，既引导学生孜孜不倦汲取知识的养分，又注重其理想信念的培养，才能达到德育与智育相统一，开出立德树人之花，结出德才兼备之果。

以马克思主义方法论为指导推进形势与
政策课教学改革

周丽芳

（闽江学院 马克思主义学院）

　　形势与政策课是培养大学生正确的人生观、价值观和世界观的主渠道，承担着引导学生运用马克思主义理论和方法分析解读国内外局势与政策的重任。由于课程信息量大、时效性强、课时少、教师队伍来源杂等诸多原因，给教学实效性的提升带来巨大挑战。因此，不断探索新的教学模式成为形势与政策课教学的常态。

　　那么，面对众多的教学素材，应该选讲哪些内容？依据什么原则来筛选？教学方法多样性的背后有没有恒定的宗旨和原则？如何在有限的课时里传授学生终身受用的"渔"？这是着手教学改革实践之前必须要思考的前提性问题，是创新前要守住的"正"，是透过"变"的形式寻找背后"不变"的那个本质。这个"正"与"不变"就是马克思主义的世界观和方法论。无论改什么，怎么改，理论导向不能改，指导原则不能变，阵地意识不能丢。形势与政策课教学改革创新的指导原则就是坚持以马克思主义的基本立场、观点和方法为指导，用马克思主义及中国特色的社会主义理论体系武装青年学生，这是课程教学万变不离的"宗"，是指导形势与政策课教学改革的"灵魂"和"统帅"。

一、新时代背景下形势与政策课教学改革创新的必要性及其存在的问题

2017 年 5 月 11 日教育部党组审议通过《2017 年高校思想政治理论课教学质量年专项工作总体方案》，明确提出要打一场提高高校思政课质量和水平的攻坚战，切实增强大学生对思政课的获得感。[①] 2019 年 3 月 18 日思想政治理论课教师座谈会上，习近平总书记再次强调，"推动思想政治理论课改革创新，要不断增强思政课的思想性、理论性和亲和力、针对性"。[②] 作为高校思政课程体系重要组成部分的形势与政策课，承担着教育学生学习形势认同政策的重任，是一门实践中的马克思主义理论课，其政治教育功能、思想引导功能、价值判断功能和科学认知功能不可小觑。各种原因影响了学生对形势与政策课的获得感。

（一）当前形势与政策课教育教学面临的问题

首先是课时少与教学内容多的矛盾。与其它几门思政课程相比，它没有统一的固定教材，教学内容具有开放性、动态性的特点，虽然每学期教育部都颁发形势与政策教育教学要点，一般包括当前国内外形势、社会热点问题、党和国家的重大战略决策等，但教学要点不等于教学内容，各高校可根据自身的教学实际适当选择教学内容。在教学时数有限的情况下，对教学内容的选择上就会有灵活的空间。有些教师会根据自身的专业知识结构选择擅长的内容，把感觉"不好讲""讲不好"的内容删除掉，有些教师可能会为了迎合学生的口味而选择偏生动性、趣味性的材料，淡化了思政教学思想性与政治性的重要特性，有些教师为了刻意追求表面的"入耳"效应而搁置了党和国

[①] 中国新闻网：《教育部将 2017 年定为"高校思想政治理论课教学质量年"》，https://www.chinanews.com.cn/gn/2017/05-11/8221203.shtml，2017 年 5 月 11 日。

[②] 新华社：《习近平主持召开学校思想政治理论课教师座谈会》，http://www.gov.cn/xinwen/2019-03/18/content_5374831.htm，2019 年 3 月 18 日。

家给定的课程内容、标准和基本要求。这些主观选择有失偏颇，偏离了思想政治教育的目标和课程要求。依循什么原则来海选和精选合适的教学内容成了形势与政策课教学改革的一个重大问题。

其次是教师队伍来源杂和受众对象多的问题。形势与政策课没有一支专业的教师队伍，一般是以思政课教师为主体加辅导员、机关思想政治工作者等临时兼职教师组成，教师队伍来源多，专业背景复杂，素质参差不齐。这样一支非专业的队伍却要面对一门多学科交叉融合、理论性极强的学科，形势与政策课融合了哲学、历史学、经济学、政治学、社会学、外交军事等，确实是一个巨大的挑战。再加上要面对全校各个专业不同层次的学生，客观上造成师生之间了解和互动的欠缺。面对传统大班授课的专题讲座，许多学生往往就是为了应付签到，抬头率不高，获得感不强，更别谈因材施教、个性化教学了。

最后是教育教学理念的解构与重建的问题。在互联网高度发展的时代背景下，教育的传播手段、受众对象等基本要素发生了重大变化。大学迎来了"00后"的"网生代"，他们的生活方式以及学习认知方式发生了巨大变化，网络获取知识的碎片化、视觉化、直观化的特点，网络交往的去权威化、去中心化、去思想化的准则，对传统教师的权威性、理论的抽象性形成极大的挑战。学生获取知识信息的渠道增多，或许他们懂得的知识比老师还多，教师不再是知识的权威占有者。这种境遇下，教师必须认识、适应、引领这一教育新常态，调整教学理念，重建师生关系。以上这些因素给这门课的实效性提升带来了巨大挑战，锐意改革创新成为共识。

（二）当前形势与政策课教学改革创新存在的问题

面对提升质量和教学效果的迫切要求，全国各高校纷纷兴起了教学方式的探索，有对分课堂和"混合式"教学模式，有慕课建设和翻转课堂。借助新媒介技术的变革契机，有人提出打造"互联网＋形势与政策"的模式，尝试将"互联网+"注入高校形势与政策课授课考试等各个环节。有人主张创新教学方法，开展讨论式互学、专题式讲学、案例式导学、论题式研学等。

这些创新很有必要，但创新的前提是守正，否则将本末倒置事倍功半。当前就有很多教学改革看似热热闹闹形式活泼，其实有很多教学改革走上了歪门邪路，表现在重时尚形式的介入淡化思政教学内容本质特征，重现代音效手段的利用忽略科学思辨方法的养成，重教学过程的完成忽视教学目标的落实，教学创新缺乏一个主导课程改革的"灵魂"和"统帅"。面对这些积弊，急需创新教学理念，树立一个科学方法论的指导，正确的理念加科学的方法是保障教学改革成功的关键。

二、以马克思主义方法论为指导推进形势与政策课教学改革的必要性

方法论是指导人们认识世界和改造世界的一般方法的统称，直接影响和规定人们的认知指向、逻辑推理方法以及对资料识别、取舍与评判的标准等，其运用得当与否，对结果至关重要。马克思主义方法论，即辩证唯物主义和历史唯物主义方法论，是在概括自然、社会、思维发展最一般规律基础上得出的最具普遍性和科学性的方法论。以马克思主义方法论为指导推进形势与政策课教学改革，主要基于以下几方面考虑：有助于严格把控形势与政策的思想政治教育方向，确保价值引导功能更好地实现；有助于教师从海量的信息素材及评论中快速准确识别与取舍教学内容，确保课程教育意识形态功能的实现；有助于提升大学生辩证思维能力，更好地实现教育的认知功能和育人功能。

（一）坚持以马克思主义科学的方法论为指导是课程改革创新的前提

形势与政策课要创新，更要守正，只有在守正基础上的创新，才能保证创新方向途径正确而不跑偏，手段方式新颖而不是哗众取宠、花拳绣腿、耍

把戏。2013 年 8 月，习近平总书记在全国宣传思想工作会议上提出"两个巩固"思想，指出"宣传思想工作就是要巩固马克思主义在意识形态领域的指导地位"，[①] 牢牢坚持马克思主义的指导地位不动摇，是开展思想政治教育的根本方向与基本原则。

马克思主义理论是被实践证明是科学的世界观和方法论，是指导我们正确认识纷纭复杂、变幻莫测世界的思想方法。马克思主义的辩证分析方法、革命的批判的分析方法、历史和阶级的分析方法、历史唯物主义的方法，是当今世界无可替代的认识工具。恩格斯说："马克思的整个世界观不是教义，而是方法。它提供的不是现成的教条，而是进一步研究的出发点和提供这种研究使用的方法。"列宁曾说马克思主义是"伟大的认识工具"，毛泽东也说马克思主义是我们的"望远镜和显微镜"。

马克思主义的理论特质使其成为形势与政策课程改革的指导思想和方法。唯有用马克思主义形势观、政策观教育学生，用马克思主义的世界观和方法论指导形势与政策课教学改革，才能严格把握形势与政策教育教学的价值导向，这也是教学取得预期成效的前提基础和方法论保证。

（二）形势与政策课教学是运用和检验马克思主义理论能力的对象性活动

形势政策课相比较于其他几门思政课，理论性相对弱些，主要是教育引导学生正确认识世界和中国发展大势，激发爱国主义情感，坚定拥护中国特色社会主义事业。形势与政策的内容特点是即时性和复杂性。内容涉及国内外政局变化、经济发展态势、文化交流、军事演习、重要的会议讲话或会议精神等。形势瞬息万变，热点不断更迭，政策时有调整，网络思想流派繁多，理论观点各异，面对教学内容多与课时少的矛盾，如何有针对性地筛选教学内容，就成为形势与政策课教学的一大难题。形势虽然可以"变幻"但并非

---

① 习近平：《习近平在全国宣传思想工作会议上强调 胸怀大局把握大势着眼大事 努力把宣传思想工作做得更好》，《人民日报》，2013 年 8 月 21 日，第 1 版。

"莫测"，它的发展和变化蕴含着一定的必然性和规律性，这个必然性和规律性可以通过马克思主义原理和方法来揭示。马克思主义理论不仅可以把握世界发展规律，还可以一定程度上预测国际形势的发展趋势。

因此，形势与政策课教学，首先就是以马克思主义方法论为指导，抓重点、抓本质、看主流。其次就是授予学生"点金术"，即用历史唯物主义和辩证唯物主义引导学生学会认识形势变化的规律，分析形势变化的背后动因，了解政策调整的依据。形势是变动不居的，政策是可以灵活调整的，但看待问题的立场和方法却是可以确定的、有规律可循的。形势与政策课的特性决定了要以马克思主义基本原理和方法论来指导其教学改革创新。

（三）以马克思主义为指导培养学生科学世界观和方法论是形势与政策课育人的客观要求

习近平总书记在 2016 年底的全国高校思想政治工作会议的讲话中强调："要坚持把立德树人作为中心环节，把思想政治工作贯穿教育教学全过程，实现全程育人、全方位育人，努力开创我国高等教育事业发展新局面。"[1] 因此，形势与政策教学必须以育人为中心任务，着力培养大学生马克思主义的形势观、政策观，养成马克思式的思考和分析问题的方法和习惯，使"广大青年要成为实现中华民族伟大复兴的生力军，肩负起国家和民族的希望，使大学生成长为社会需要的人才"，[2] 这是教育育人目标对形势与政策课教学的客观要求。这种客观要求促使形势与政策课教学改革必须以大学生辩证思维方法的锻炼为基点，提升大学生利用马克思主义理论分析和解剖时事政治的能力。

从教育目标来看，形势与政策课不仅仅是传授知识，更重要的是传递方法和能力。不仅要准确了解党制定的路线、方针政策，更要领悟党制定各项

---

[1] 新华社：《习近平：把思想政治工作贯穿教育教学全过程》，http://www.xinhuanet.com/politics/2016-12/08/c_1120082577.htm，2016 年 12 月 8 日。

[2] 新华社：《习近平：在北京大学师生座谈会上的讲话》，http://www.gov.cn/xinwen/2018-05/03/content_5287561.htm，2018 年 5 月 3 日。

政策时所依据的马克思主义的立场和方法。但现实中大部分教师仍然采用一言堂的授课方式，只是借教师之口把时事新闻又进行了一次详尽的报道，在信息获取十分便利的"微时代"，这种机械教条式授课无疑是低效的，难以激发学生深刻的思考、实现思想的进步。在课程教学中，应该引导学生"学会运用马克思主义立场、观点、方法观察世界、分析世界，真正弄懂面临的时代课题，深刻把握世界发展走向，认清中国和世界发展走势，让学生深刻感悟马克思主义真理力量，为学生成才成长打下科学基础"。[①] 这才是一种高层次而又终身受用的教育。

三、以马克思主义方法论为指导推进形势与政策课教学改革的路径

形势与政策课的教学改革，无论是在教学目标设计、教学内容选择、教学方式构建、教学渠道开拓等方面，都要以马克思主义的方法论为统领。马克思主义哲学是科学的世界观和方法论的统一，当用一种理论观点去分析解决问题的时候，那这种理论观点同时也具有了方法论的功能。以下就以马克思辩证唯物主义方法论为指导对形势与政策课的教学改革提供几点建议。

（一）教学内容上：以矛盾的普遍性与特殊性原理为指导，遵循教学内容同中有异、异中有同的筛选原则

形势与政策课要根据教育部社科司发布的形势与政策教育教学要点选择讲授的教学内容。面对不断出现的新形势新素材，教师秉持什么原则进行海选？习近平总书记指出，"做好高校思想政治工作，要因事而化、因时而进、因势而新。"[②] 这"三因"是习近平总书记对思政教育理念、思维创新做出的指导。思政教育要灵活创新，坚持因地制宜、因时制宜。一方面，我们面对着

---

① 新华社：《习近平：在北京大学师生座谈会上的讲话》，http://www.gov.cn/xinwen/2018-05/03/content_5287561.htm，2018 年 5 月 3 日。

② 新华社：《习近平：把思想政治工作贯穿教育教学全过程》，http://www.xinhuanet.com/politics/2016-12/08/c_1120082577.htm，2016 年 12 月 8 日。

共同的国内外局势和国际关系，教学内容具有共通性。另一方面，不同区域的学校又面临不同的经济文化发展状况，不同区域的学生文化背景和教育程度可能有较大的差异。因此，企图让全国所有大学不论区域、不论学校层次选用相同的教材教学，是不明智也是不可能的。我们应该以矛盾的普遍性与特殊性原理为指导，坚持具体问题具体分析，遵循教学内容同中有异、异中有同。在教育部颁发的教学要点基础上，在保证思想意识形态性的前提下，针对不同地区，挖掘所在地的经济发展政策案例，针对不同年级、不同专业的学生可以适当安排不同的内容。内容接地气满足学生的不同需求，是提升实效性的重要条件。

（二）教学方式上：坚持主体客体化、客体主体化的原则，从以"教"为中心转向以"学"中心，突出学生的主体性

传统教学活动中，教师是教学的主体，学生是教学的客体，教师充当了理论的传声筒和政策的宣讲员。在新媒介时代，信息生成、传递、扩散的及时性打破了传统信息传播的滞后性。过去那种以教师传授为课程信息主要来源的做法已不可能再出现，教师的主体地位受到挑战，它迫使教师放下真理拥有者的权威身段，走出"单向灌输""教师中心"的误区，坚持马克思主义理论主体客体化、客体主体化的原则，重新反思"教与学"的关系。

有学者提出"教学活动应该从以教为中心转移到以学中心，这个'教'是教学的教，也是教师的教；这个'学'也具有学习、学生的双重含义"。[①]作为接受教育的学生如何能成为"主体"呢？有学者认为"教育者和受教育者互为主客体，从施教过程看，教育者是主体，受教育者是客体；从受教育过程看，受教育者是主体，教育者是客体。"

另一种说法是教育者和受教育者都符合哲学认识论中关于主体的界定，

---

① 刘晓光：《慕课视域下高校形势与政策教育改革创新研究——以湖北师范大学〈形势与政策〉教学改革为例》，《湖北师范大学学报（哲学社会科学版）》，2018年，第6期，第102-105页。

即双方都是有意识、有目的，并在一定社会关系中从事实践活动、认识活动的现实的人。因此，教育者和受教育者都应该成为主体"。① 这种"双主体"说理论上论证了受教育者在教育过程中的主动作用，受教育者不再是被动接受教育的客体，而是具有主观能动性的主动学习主体，受教育者从已有的思想认识出发，对教育者传授的教育信息进行选择、内化、吸收，实现思想道德修养的发展提升。

现代教学活动应该是以学为中心，围绕学生的成才成长的目标需求，开展供给侧教学改革，最大限度地调动学生参与教学，充分发挥学生在教学中的主体作用，培育学生在教学中的主体存在感。教师作为教学活动的主导者，引导学生探究式学习、自主学习，掌握分析形势与政策的方法论，从而达到课程"入脑""入心""入行"的教学目标。

（三）在教学目标设计上：围绕人的全面自由发展的根本宗旨，课堂教学以育人为中心任务

人的全面自由发展是马克思主义理论的基本观点。教育的本质，就是以人为本，促进学生综合素质的自由全面发展。形势与政策教学必须以育人为中心任务。形势与政策教育不仅在于知识的传授，更是一种"做人"的教育，要教会学生学会认知，在认知过程中养成科学素质与人文素养，在舆论的风暴中学会冷静判断和理性思考，增强政治敏感性和鉴别力，学会应对各种风险和挑战。

在思想政治理论课教师座谈会上，习近平总书记强调教师"思维要新，学会辩证唯物主义和历史唯物主义，创新课堂教学，给学生深刻的学习体验，引导学生树立正确的理想信念、学会正确的思维方法。"② 这就告诉我们要用

① 吴潜涛、徐柏才、阎占定：《高校思想政治教育的理论与实践》，北京：人民出版社，2012年，第30页。

② 新华社：《习近平主持召开学校思想政治理论课教师座谈会》，http://www.gov.cn/xinwen/2019-03/18/content_5374831.htm，2019年3月18日。

马克思主义社会历史观教会大学生认清历史发展趋势和把握人类社会发展的方向，坚定共产主义理想信念。用唯物辩证法对网络传播平台中的大量失真、谣言、蛊惑等性质的信息拨乱反正。对世界观正在形成但尚未成熟，知识储备、人生经验相对比较缺乏的大学生，授予科学的世界观和方法论，帮助大学生自觉树立正确的人生目标和远大理想，保证他们志向与追求同社会发展需要相一致，是教育的根本任务。

（四）在教学渠道上：坚持两点论和重点论相结合的原理，构建"两线"教学活动平台，实现教学及时化、经常化

形势与政策教学活动要坚持以课堂讲授为主阵地和主渠道，既然是主渠道当然就不是唯一的渠道，应该根据形势与政策变化快、信息量大的特点，同时开辟多种教学渠道，比如网站和微信公众号，它们传递信息便利，大学生参与方便。一方面这弥补了传统课堂教学受课时限制和信息量不足的弊端；另一方面，这些新渠道很好地展现了形势与政策的时效性。

坚持两点论和重点论相结合的原理，我们以课堂教学为主，但不是唯一，构建线下课堂教学为主和线上学习讨论为辅的"两线"教学活动平台，并且可以通过这个平台对互联网良莠不齐的信息梳理过滤，起到了拨媒体信息鱼龙混杂之"乱"，立思想意识之"正"的效果。融合了传统授课的主渠道和新媒体平台，使二者互补协调，实现形势与政策教育的"全覆盖""不断线"，使教育及时化、经常化，极大地调动学生的个性化自主性学习。

（五）在实践环节上：坚持感性认识与理性认识相结合的原则，加强理论与实践的联系与转化，强化课下延伸的助推意识

实践的观点是马克思主义认识论的首要的基本的观点。实践教学活动是形势与政策课教学取得实效性的关键环节。但目前我国高校的形势与政策教育课基本没有实践教学，只有传统课堂教学模式，只注重理论宣传和理论分

析，结果只会"说而不服、讲而不受、理而不解"。

因此，该课程应更加注重让学生去体验、去参与，学会用马克思主义的政策观和形势观去观察分析现实问题。必须加强理论教育同实践教育相结合，校内教育同社会教育相结合，将课堂所学的理性认识与实践中的感性认识相对照，这是形势与政策课的特殊需要和内在要求。在实践教学的方式上应体现多样性，可以通过参观考察、社会调查、观看视频与收听音频资料、志愿服务、勤工俭学等实践活动，拓展实践教学的载体，提高实践教学的质量。可根据教学内容的需要，将教学现场根据地方经济发展特色安排到一些特殊的地点，比如经济发展比较快的先进地区、经济自贸区等，让学生在实践中，实现感性认识与理性认识的飞跃和转化，达到"真懂""真用""真信"的教学效果。

总之，形势与政策课教学内容体系和教学手段要与时俱进，运用新手段，创新教学模式，适应新形势。但无论怎么创新，遵循的方法论是基本稳定的，即运用马克思主义历史唯物主义与辩证唯物主义的方法论原则，来设置教学内容体系，构建师生关系，制定教学目标，拓宽教育渠道，强化实践教学。方法是具体的，但方法论具有普遍性。方法论主要不在于提供给人们具体的操作方法，而在于给人以理念和方略，向人们提供课程改革的思路和战略性指导。较之于教学方式方法改革的探究，教育教学过程中方法论问题的探究更具有深远的普遍意义。希望以上的探究能够为形势与政策课教学改革提供科学的方法论依据和基本思路。

家国情怀教育在《社区工作》课程中的实践探索

刘宜君

（闽江学院　法学院）

家国情怀是一种个体源于血缘和地缘关系而形成的对家庭、社区、国家的情感，是一种对家庭、社区、国家的认同、依恋、热爱和使命担当。家国情怀的精神内核是源于"家国一体"的理念，体现的是由家及国的递进关系，将个体对家的爱护和对国家的热爱连接了起来。习近平总书记关于家国情怀的论述，内含着家庭与国家的双向联通关系，家庭的幸福美满与国家的强大发展是统一的。社区是城镇居民生活的基本单元，是社会的缩影与窗口，社区建设与国家发展息息相关，社区作为国家治理的最基层单位起着联结小家庭与大国家的重要作用。因此，在《社区工作》课程中融入家国情怀教育，不仅要注重学生家庭归属感和社区主体感的培育，更要将学生爱国主义教育贯穿始终，将学生对家庭和国家的热爱与认同统一于课程之中并化为具体的实践行动。

一、《社区工作》课程中开展家国情怀教育的意义

党和国家高度重视社区工作，并把社区治理能力建设作为国家治理体系建设的重要基础。2018 年 4 月，习近平总书记在湖北省武汉市青山区工人村

街青和居社区视察时强调，社区是基层基础，只有基础坚固，国家大厦才能稳固。① 2021 年 6 月 7 日，习近平总书记到青海省西宁市文汇路街道文亭巷社区考察调研时就说："到地方考察，总要看看农村、城市社区。"② 同时习近平总书记对社区工作者寄予厚望，即"社区工作者要履行好职责，切实把群众大大小小的事办好"。③《社区工作》作为社会工作专业的主要课程，在学生家国情怀培育方面具有独特的现实意义。

（一）有助于增强学生对社区、国家等生活共同体的责任感

习近平总书记在学校思想政治理论课教师座谈会上指出，思政课教师要有家国情怀，心里装着国家和民族，……把对家国的爱、对教育的爱、对学生的爱融为一体，④《社区工作》的学习，需要学生进行社区理论的学习与社区工作实务的开展，让学生在社会实践中感知生活共同体的价值，强化学生对生活共同体的认同感，从而通过对社区的认同进而提升到对国家、民族的认同。

（二）有助于加强学生对传统文化的认同感

社区文化不仅是社区的重要构成元素，也是我国传统文化的重要载体。其中乡土文化作为传统文化的重要组成部分也常常以社区文化的形式得以呈现，而且成为乡村振兴的基石。《社区工作》的学习不仅包含着学生对城乡社区现实的认知，也包含着对城乡社区乡土文化的再认知。通过社区工作实践

---

① 新华社：《习近平：社区是基层基础，只有基础坚固，国家大厦才能稳固》，http://m.haiwainet.cn/middle/3543307/2018/0426/content_31306302_1.html，2018 年 4 月 26 日。

② 人民日报：《一见·到地方考察，总书记为什么常去看看社区？》，http://cn.chinadaily.com.cn/a/202106/08/WS60bf2ddfa3101e7ce9753f43.html，2021-06-08。

③ 人民日报：《一见·到地方考察，总书记为什么常去看看社区？》，http://cn.chinadaily.com.cn/a/202106/08/WS60bf2ddfa3101e7ce9753f43.html，2021-06-08。

④ 《求是》杂志：《习近平：思政课是落实立德树人根本任务的关键课程》，http://www.gov.cn/xinwen/2020-08/31/content_5538760.htm，2020 年 8 月 31 日。

教学的开展，学生在社区工作实务中可以更具体地体验乡土文化在乡村建设中的魅力与价值，强化学生对乡土文化的认同。

（三）有助于实现理论性和实践性的统一

思想政治教育课程的改革、创新要坚持理论性和实践性的有效统一。《社区工作》课程中厚植家国情怀，既需要老师的理论解读，也需要学生在社区工作实践中的身体力行。比如在农村社区内容的学习中，课堂教学注重中国农村社区的变化、农村社区的建设与乡村振兴等内容的理论讲解，引导学生对转型期乡村社会形态进行梳理和界定，加深学生对乡村振兴和乡村建设的理解，培育学生对乡村社会的情感与担当。

在社会实践中，以脱贫攻坚与乡村振兴为主题，指导学生深入农村社区进行专项调研，让学生在调研中感知党和国家在脱贫攻坚中取得的伟大成就，了解不同农村社区乡村振兴之路选择的背景。在此过程中，学生对故土的眷恋和责任得以加强。

二、《社区工作》课程中家国情怀教育的主要内容

在我国，家国情怀具有深厚的传统文化底蕴，但家国情怀也不是生而有之的，唯有通过长期的培育和滋养，方能深入人心，落地生根。在《社区工作》课程中开展家国情怀教育，需要以家国情怀的主要内容为基础，结合课程内容和社区治理创新的要求，赋予该课程家国情怀的新元素。

（一）培育"社区是我家"的归属感

社区作为一定地域范围内的社会生活共同体，是城镇居民生活的基本单元，居民的家长里短、柴米油盐，都在社区的一方天地，而且国家富强，民族复兴，最终也要体现在千千万万个家庭都幸福美满上，体现在亿万人民生活不断改善上。正因为如此，社区在国家治理中具有特殊而重要的位置。社

区是基层基础，是社会治理的"最后一公里"，只有基础坚固，国家大厦才能稳固，这个道理在新冠肺炎疫情防控中显得尤为突出。由此可见，社区是个人、家庭、国家的统一体，是社区工作的重要平台与服务对象。

因此，在《社区工作》课程中开展家国情怀教育的重要内容就是通过对社区、社区工作等基本概念的教学，引导学生关注、热爱自己的社区，培育"社区是我家"的归属感，并对个体、家庭、国家三者之间相互促进的关系产生情感共鸣，深刻理解爱社区即爱家、爱国的道理，始终能够将"小家"的发展置于"大家"的发展之中，从而实现家国的同步发展。

（二）增强社区主人翁精神

家国情怀是一种个体源于血缘和地缘关系而形成的对家庭、社区、国家的情感，是一种对家庭、社区、国家的认同、依恋、热爱和使命担当。社区作为连接家庭与国家的有效桥梁，社区建设与国家发展息息相关，社区社会工作的主旨是发展社区，即通过整合社区资源、强化社区功能、增强社区活力、培育社区归属感等活动，使居民与社区之间建立协调发展、和谐有序的平衡关系。而要实现这一目的，就离不开社区成员积极而富有成效地参与。而参与特别强调社区主人翁精神的增强与发扬，使社区居民成为社区建设与发展的主体，从而调动社区居民参与的意愿，提高社区参与的水平。

《社区工作》课程开展家国情怀教育，可结合当前我国城市社区治理创新、街镇社会工作服务站以及社区抗疫、乡村振兴等方面的内容，让学生了解到因为有了社区居民的参与，我国社区建设才有巨大的进步与辉煌的成就，同时也让学生能够直面当前我国社区建设过程中，由于社区主人翁精神有待提高，还存在社区居民参与意愿不强、参与水平不高等问题。而要实现我国社会治理体系与治理能力现代化的目标，社区治理创新已成为一个重要的时代任务。为此，通过理论与实践教学，使学生对社区参与的内涵与价值就有更新更深的认知，社区主人翁精神也会得到进一步增强，意识到社区工作者的专业价值与使命担当。

（三）坚定文化自信，提升国家责任感

文化兴则国兴，文化作为社会的构成要素是社会价值观的重要体现，并对社会成员起着约束和规范的作用。而文化自信则是一种客观、积极的文化心理状态，充分体现了我们党、国家和人民对自身文化价值的充分肯定。文化自信就是对中华民族优秀的传统文化、革命文化、社会主义先进文化与社会主义发展道路的认同与自信。我国的历史发展证明，文化自信与道路自信、理论自信、制度自信是相统一的，而且"文化自信是更基础、更广泛、更深厚的自信，是更基本、更深沉、更持久的力量"。坚定文化自信能够让人们真心体会和感受到中华民族的优秀文化，并发自内心地热爱与认同自己的国家、民族与文化，提升其国家责任感，自觉地承担起国家和社会赋予的历史使命，为实现民族复兴而努力奋斗，这也正是家国情怀教育的应有之义。

《社区工作》课程开展家国情怀教育，可以结合我国传统文化中的慈善文化、传统社会救助力量等内容的教学让学生了解我国传统文化中的社区工作，同时可以结合改革开放以来我国社区建设所取得的进步与成就，包括新冠肺炎疫情防控取得的重大胜利，无不证明中国特色社会主义制度的优越性，进一步坚定文化自信与制度自信。同时，使学生意识到社区作为家与国的统一体，社区建设的好坏直接关系着国家的繁荣与稳定，参与社区建设就是为国效力，从而提升学生的国家责任感，积极投身社区的各项建设任务中，把家国情怀化为具体的实践行动。

三、《社区工作》课程中家国情怀教育的实践路径

在《社区工作》课程中开展家国情怀教育，一方面需要深刻领悟家国情怀的主要内容，另一方面要结合课程内容与知识体系的特点有机融入家国情怀教育元素，让学生在学习专业知识的过程中不仅掌握了家国情怀的内涵与价值，而且更能够运用所掌握的专业知识去践行其家国情怀，从而达到课程

思政润物无声的育人效果，实现立德树人的目标。《社区工作》因其具有理论知识与实践操作的课程特性，因此在课程教学过程中，应当充分发挥课堂教学的主阵地与社会实践的主渠道作用，在授课教师的课程思政意识的提升、教学方法的改革创新、教学内容的选择编排、实践基地的拓展等方面全方位全过程地开展家国情怀教育的实践探索。

（一）提升授课教师课程思政意识与素养，发挥主导作用

授课教师作为《社区工作》课程理论教学的主体是开展课程思政教育的执行者，授课教师的课程思政意识与素养状况直接影响着《社区工作》课程家国情怀教育的效果。因此授课教师一方面要不断提升课程思政意识，深化自身的家国情怀，另一方面也要不断增强其专业素养，从而实现专业课程传授与家国情怀教育的有机统一。

在提升课程思政意识方面，授课教师应当要有坚定而正确的政治立场、敏锐的思想政治意识，能够及时准确地把握党和国家出台的关于社区建设相关政策与文件精神，并将其与授课内容作有机的结合，例如可结合新冠肺炎疫情的社区防控，认真学习习近平总书记给武汉东湖新城社区全体社区工作者的回信的精神，学习领悟习近平总书记在考察社区工作时所发表的重要论述等内容不断深化自身的家国情怀，辩证地看待家庭、社区、国家三者之间的关系，从而才会在授课过程中有效激发学生的家国情怀，实现教与学同频共振的效果。在增强教师的专业素养方面，作为《社区工作》授课教师必须在社区工作的理论知识与实务技巧方面具有丰富储备，同时授课教师还能够在充分了解大学生学习特点与情感期待的基础上有针对性地开展教学活动，从而实现专业知识教学与家国情怀教育的有机统一。

（二）以生为本，灵活采用多种教学方法

传统的教学模式是以教师讲学生听的"单向灌输"为主要特征的教学模式，该模式往往把教师置于主导地位而对学生的学习主体性重视不够。因此以传统教学模式开展课程思政教育无法有效激发学生主动探索学习的热情，从而制约了课程思政的教育效果。与此同时，随着社会的高速发展及信息技术的进步，现代大学生在学习上也呈现出思想日益活跃、学习自主性日益增强的特点。在这种情况下，《社区工作》课程开展家国情怀教育就必须以生为本，以学为中心，充分发挥学生的主体性作用，灵活采用多种教学方法，使家国情怀教育能够入脑入心并转化为有效的实际行动。

在课程学习中，可以根据不同章节的内容，根据学生的学习特点，采用不同的教学方式，调动学生学习的积极性与课堂参与性。例如对于社区、社区资源等内容，每一位学生都来自特定的社区，对自己的社区也非常熟悉，教师可以让学生开展以"我为我的社区代言"活动，让学生来介绍自己的社区，使学生在介绍社区的过程中增强家乡的自豪感与归属感；对于社区工作的发展历史，可以组织同学动手收集整理党和国家出台的有关社区工作的政策法规、习近平总书记关于社区治理的重要论述等资料，可以让学生切身体会到我国社区工作为人民服务的价值取向；根据社区自治内容，让学生开展"社区议事厅"活动、根据社区服务内容，组织学生进行社区服务项目设计比赛……实践证明，以生为本的多元化教学方法不仅调动了学生学习的积极性，而且使学生对家国情怀也有了更深刻的体验与体会。

（三）拓展社会实践，践行使命担当

课程思政教育的目的是鼓励大学生能够将所掌握的专业知识运用于社会实践，服务于国家建设与民族振兴。《社区工作》是实务为本的课程，实践教学不仅是掌握专业知识不可缺少的重要环节，也是在师生中厚植家国情怀的重要途径。在《社区工作》教学过程中，授课教师需将课内、课外能够彰显大学生家国情怀教育实践的教学资源有效整合，并采用社会调查、项目实习、情景模拟、演讲辩论等多种多样的形式开展实践教学活动，让学生在课堂理论教学中所获得的家国情怀得到检验和提升。

　　《社区工作》课程开展实践教学必须根据家国情怀的主要内容凝练主题，提升实践效果。比如农村社区社会工作可结合乡村振兴战略背景，组织同学深入农村社区开展社会调查，积极探索社区工作在乡村振兴中的作为空间。结合社区党建引领社区工作，笔者组织学生赴福州市三坊七巷社区开展"红色坊巷，百年丰碑"的考察活动，让学生深刻体会到了中国共产党的伟大及党建工作在社区建设中发挥的重要作用。结合福州市开展的"三社联动"项目，笔者就组织学生赴社会工作机构开展"三社联动"项目实习活动，让学生也能够直面社区存在的问题并亲自参与了解决社区问题服务的主要过程，使社区工作服务人民的理念在学生的专业实践中得到了升华，进一步增强了学生扎根基层、服务社区的使命担当。

第三部分　教学改革

产教深度融合的应用型大学人才培养模式探索与实践

——以闽江学院电子商务专业为例

林中燕[1] 李 煊[2] 张和荣[2]

（1.福建高校人文社科基地互联网创新研究中心；2.闽江学院经济与管理学院）

电商作为新兴业态，既可以推销农副产品、帮助群众脱贫致富，又可以推动乡村振兴，是大有可为的。因疫情防控，"宅经济"的兴起，催生了生鲜电商、直播电商的产生。2020年，我国跨境电商进出口1.69万亿元，增长31.1%，其中出口1.12万亿元，增长40.1%，电子商务已成为经济发展的新引擎。[①]

电子商务是以互联网等信息技术为依托，面向经济社会领域开展商务活动的新兴专业。基于行业对电子商务人才急剧增长的需求，教育部自2000年始，批准设置电子商务本科专业。随着全球经济一体化和互联网信息技术的发展，电子商务应用场景和商业模式逐步呈现出多学科融合、向产业链上下游延伸的趋势，这对电子商务人才的要求也越来越高。

因此，应用型大学的电子商务专业人才培养模式面临诸多挑战，具体呈

---

① 第一财经商业数据中心：《2020跨境出口电商行业白皮书》，https://news.iresech.cn/yx/2021/04/370164.shtml，2021年4月19日。

现出以下亟待解决的突出问题。第一，电商专业学科发展的前沿性与职业适应性不同步的问题。语义识别、大数据等人工智能技术被广泛应用，行业需要既掌握信息技术、又具备数据分析和经济管理等跨学科学习能力的新文科复合型电商人才。第二，电商专业课程与教学设置和产业岗位需求不匹配的问题。新经济新业态的发展使得电子商务成为传统产业链优化的重要手段，前所未有的行业应用场景对电商课程体系、教学内容、授课方式提出更高的要求，迫切需要设计适应行业发展需求的电商真实教学环境。第三，电商专业教学资源共享机制不健全的问题。共享是互联网的核心，作为与互联网、信息技术协同发展的高校电商专业，更需要与行业优质资源达成最大化共享。

一、成果导向理念下的电子商务专业建设思路

成果导向教育（Outcome-based Education，简称 OBE）代表了未来高校教育改革的主流方向，最早出现于 20 世纪 80 年代的美国和澳大利亚。1994年，美国学者 Spady 的《基于产出的教育模式：争议与答案》中把 OBE 定义为"清晰地聚焦和组织教育系统，使之围绕确保学生获得在未来生活中获得实质性成功的经验"。[①]

OBE 教育模式与传统教学驱动的模式不同，强调以生为本，以学生的能力结构为驱动力，关注学生学到了什么和是否成功，比学习方法和学习时间更为重要。该教育理念认为，教育者必须对学生毕业时应达到的能力及其水平有清晰的构思并设计适宜的教育结构（人才培养方案）来保证学生达到人才培养预期目标。

---

① Spady W D: *Outcome-based education: critical issues and answers, American association of school administrators*, 1994: pp.1-10.

因此，OBE 教育模式往往被认为是遵循反向教学设计原则的教育革新。[①]
成果导向教学模式打破传统的"以教师为中心""以知识体系为导向"，是一
种强调学生主体地位的教学模式，实现了教学范式由"内容为本"向"学生
为本"的根本转变。[②③]

基于 OBE 理念的专业建设实践，2007 年闽江学院电子商务专业借鉴境外
应用型大学与业界合作的理念和模式，与阿里巴巴联合举办"中国现代商务
人才培养（海峡）论坛"，为校企联合培养应用型人才的改革和实践提供了新
的思路。2010 年成为全国首家"闽台合作"本科人才培养项目专业之一，自
此启动 13 年深度对接产业链人才需求的电子商务本科教学改革与探索。

专业构建了覆盖产业链需求和人才培养全过程的"一核两翼五目标"的
新文科教学改革模式，以"深度服务产业链人才需求"为核心，以"数据分
析""跨境电商"电商核心领域为人才培养方案两翼，以"服务产业""能力
提升""科技创新""政府咨询""人才培养"五维目标为导向，驱动推进教学
改革与建设。

通过与行业合作精研培养方案、优化课程体系、营造真实教学环境、创
新案例教学模式等，推进产业需求与专业教学的深度对接，形成从电商理论
到应用场景再到产业链实践的人才培养方案创新链，专业具体发展建设成果
如表 1 所示：

---

① 吕帅、朱涨、赵磊：《基于成果导向理念的教育改革实践与探索：以英国邓迪大学为例》，《重庆高
教研究》，2017 年，第 2 期，第 101-106 页。

② 王金旭、朱正伟、李茂国：《成果导向：从认证理念到教学模式》，《中国大学教学》，2017 年，第
6 期，第 77-82 页。

③ 申天恩：《基于成果导向教育理念的人才培养方案设计》，《高等理科教育》，2016 年，第 6 期，第
38-43 页。

表 1 闽江学院电子商务专业建设成果一览

年份	专业建设成果
2003—2006	2003 年开始电子商务本科招生;2005 年成为福建省电子商务协会理事单位;2006 年成为阿里巴巴实训基地。
2007—2011	2007 年主办《中国现代商务人才培养（海峡）论坛》;2008 年获中国大学生首届"明日网商"挑战赛冠军并获优秀指导教师奖;出版专著《电子商务视角下的产业链优化》、教材《电子商务 概论》《新经济背景下的钢铁产业链优化》《电子商务智慧社会》等。
2012—2017	2012 年获批经济管理省级实验教学示范中心;2014 年成立校企合作闽江学院互联网创新研究院;2015 年国家社科基金《跨境电商与物流产业链的融合发展研究》立项;福建省科协科技 思想库学科发展类项目《福建省电子商务学科发展研究报告》立项;2017 年获批经管省级虚拟仿真实验教学中心。
2018	成立福建省高校特色新型智库互联网创新研究中心;国家社科基金《跨境电子商务供应链脆 弱性及弹性结构优化路径研究》立项。
2019—2020	项目《人工智能在糖尿病及并发症管理中的研发及应用》获 2019 年度福建省科技进步奖三等奖;获批电子商务国家一流专业建设点,获批电子商务数据分析教育部 1＋X 职业教育技能证书认证点;《纵腾集团:因时而进——跨境电商行业变局中的战略选择清华大学案例库》获"卓越开发者"案例大奖赛三等奖并入选清华大学案例库;《深度对接产业链人才需求的电子商务本科教学探索与实践》获福建省教学成果奖一等奖、闽江学院第六届教学成果奖特等奖;孵化"云图雅集电子商务有限公司""邻里汇健康管理有限公司"等创新创业项目;农村电商精准推广虚拟仿真实验教学项目;以闽东"中国食用菌之都"(宁德古田)为例获虚拟仿真教学项目省级立项;获批教育部产学合作协同育人项目 3 项;与塞浦路斯欧洲大学合作共建国际数字经济学院,电子商务为首批合作四个专业之一,与省电商促进会、市跨境电子商务协会共建电商产业学院;《福建互联网、大数据、人工智能与实体经济融合发展研究》获 2019 年度福建省人民政府发展研究中心决策咨询研究重大课题立项。

二、深度对接产业链人才需求的电商人才培养模式设计

（一）闽台合作、校企协同着力优化培养方案

2010 年电子商务专业成为学校"闽台合作"本科联合培养人才项目专业之一，融合博雅教育、英语教学、萃思创新、学以致用的"两岸产学合作计划"，建立了百度、用友等公司共同参与的人才培养机制，合作企业承担学生实务教学和参访等任务，学生成长性良好，就业率高。专业与福建省电子商务促进会、福州市跨境电商协会等共建跨境电商产业学院，推进资源共享。根据新业态和应用场景，优化重构培养方案，在国家级、省级出版社出版系

列与行业实际密切吻合的《电子商务：智慧社会》《电子商务概论》《企业网络营销》等 15 本教材专著。

（二）设计双向可持续发展的人才培养内循环体系

以"双一流建设＋协同创新平台＋产业链优化"电子商务教学改革宗旨，梳理专业知识图谱，优化人才培养方案和课程体系，设计以"跨境电商""数据分析"电商核心领域为两翼的课程模组方向，真实案例覆盖专业课比例达到 100%，如表 2 所示。

表 2　闽江学院电子商务专业方向课程模块设计

培养方向	课程名称	学分	总学时	理论学时	实践学时
跨境电子商务方向	国际贸易实务（双语）	2	32	16	16
	国际金融学（双语）	2	32	32	0
	跨境电子商务实务	2	32	24	8
	跨境电子商务税收	2	32	32	0
	跨境电子商务物流	2	32	24	8
数据处理与分析方向	Python 与数据分析	2	32	24	8
	统计建模与 R 软件	2	32	24	8
	JAVA 程序设计	2	32	24	8
	大数据技术及应用	2	32	24	8
	商务智能	2	32	32	0

鼓励学生参与教师科研活动，提升学科发展的前沿性与职业适应性，聚焦师生可持续职业能力发展，实现人才培养与产业发展需求的无缝对接，建成纵腾网络、朴朴生鲜、网龙教育等优秀电商龙头企业为代表的 14 个真实企业案例教学资源库。

（三）构建基于互联网的创新型电子商务真实教学环境

以省级一流线下本科课程《电子商务案例分析》为模板，强化课程思政，打造基于互联网的真实案例教学模式，全体教师深度磨课，企业导师参与，形成以"服务产业""能力提升""科技创新""政府咨询""人才培养"

五维目标为驱动力的金课建设方式。设计基于互联网的电子商务真实教学环境——工具矩阵、媒体矩阵和网店集群三大业务模块，对应行业所急需的数据分析师、网络营销师、网店工程师等岗位，在教学中落实立德树人，全方位提升学生的综合素质，如图 1 所示。致力于学科竞赛能力提升，与我校三创学院共建众创空间，通过福建省协同创新院电商分院孵化云图雅集电子商务创业项目，组队参加各类学科竞赛，真题真做，将爱国主义、社会责任感、敬业奉献精神等核心价值观融入实践环节中，提升师生实战能力。

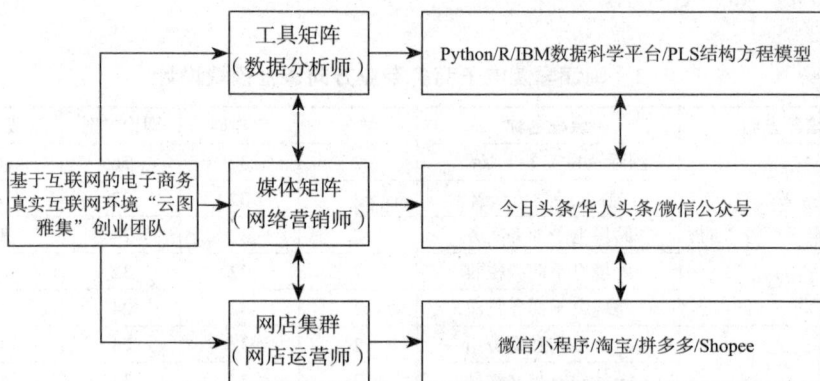

图 1　基于互联网的电子商务真实教学环境

（四）打造与产业深度融合的高水平双师型师资

聚焦新文科师资队伍建设，进行学科重组交叉，将新技术融入电商专业课程。自 2006 年起专业组织全体专任教师参加阿里巴巴电子商务师资认证、SPSS\Python、国家电子商务师、IBM 商业数据分析师等系列训练。专任教师 100％为双师型，持有各类职业资格认证 17 本，高水平双师型教师队伍逐步形成。与纵腾网络、瑞达精工等龙头企业开展案例精研和真实顶岗，以"双一流建设＋协同创新平台＋产业链优化"为驱动，完成 30 万字的产学研融合成果——《电子商务案例分析》自编教材，同时相关原创性案例研究成果已在 SSCI 期刊上发表，创新型矩阵式知识图谱跨学科合作模式初步形成，如图 2 所示。

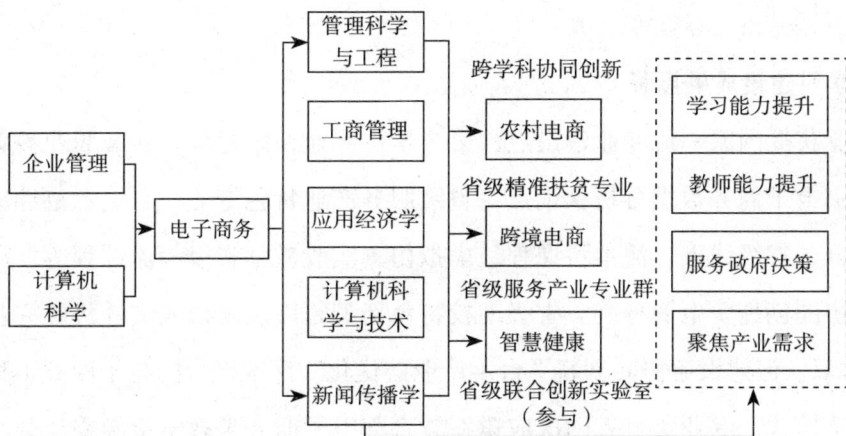

国家一流专业建设点：618协同创新园电商分院；福建省高校特色新型智库

图 2   创新型矩阵式知识图谱的跨学科合作模式

经过 13 年的探索与实践，闽江学院电子商务专业整合学科发展前沿性与职业适应性，不断推进人工智能等新技术融合，培养既掌握信息技术、又具备数据分析和经济管理等跨学科学习能力的新文科复合型电商人才。在专业课程与教学设置上，专业积极与产业岗位需求匹配，设计适应行业发展需求的电商真实教学环境。同时，深化教学资源与行业优质资源的最大化共享，深度对接产业链人才需求。培养行业适用的电子商务应用型高级专门人才。① 专业近年来的建设效果具体体现在以下几个方面。

1. 学生职业技能明显提升

近年来，专业培养学生综合素质更加全面，就业竞争力显著增强。专业涌现出多名杰出校友，学生获得国家级、省级创新创业项目与学科竞赛活动40 余项，包括中国大学生"明日网商"挑战赛全国赛冠军、"互联网＋"大学生创新创业大赛全国总决赛银奖和铜奖、中国互联网协会网络商务创新应用大赛华南赛区特等奖、全国大学生电子商务"三创赛"福建赛区优秀组织奖和特等奖、全国"一带一路"跨境电商创新创业大赛中"速卖通运营"赛道

---

① 袁丽娜、高文海：《以能力为导向的高校跨境电商人才培养模式研究》，《河北科技大学学报（社会科学版）》，2018 年，第 1 期，第 110-114 页。

决赛的一等奖和二等奖等。

2.学科建设成果显著

专业获批国家一流专业建设点、第二学位专业，教育部 1＋X 职业教育技能证书电子商务数据分析认证点，省级服务产业特色专业、省级示范性应用专业群、省级线下一流本科课程、虚拟仿真实验教学省级一流课程等，获批省级协同创新院电商分院、省级高校特色新型智库、高校人文社科研究基地等。"双一流建设＋协同创新平台＋产业链优化"深度融合的电子商务本科教学改革模式，专业负责人两次应邀在教育部电子商务类教学指导委员会举办的全国高校电商师资培训中做经验分享。2021 年，闽江学院获教育部批准设立非法人中外合作机构——与塞浦路斯欧洲大学共建的国际数字经济学院，电子商务为首批获批的 4 个合作专业之一。

3.教师参与教学改革积极性不断提高

专任教师获各级人才称号 14 人次；教师入选首批全国万名优秀创新创业导师人才库，荣获中国电商讲师大赛全国总决赛一等奖 2 人次；教师教学成果及各类竞赛获奖 19 人次。主持教育部产学育人项目 7 项，国家社科基金 2 项，教育部课题 1 项，省级及服务地方课题 35 项，立项教改项目 28 项。专业核心骨干教师 100％为双师型，持有各类职业资格认证 17 本，出版电子商务相关著作和教材 15 部，发表教改论文 28 篇，成果荣获福建省高等教育教学成果奖一等奖、福建省科技进步奖三等奖、闽江学院教学成果奖特等奖等荣誉。

三、总结与建议

新形势新理念下，电子商务专业建设尚需要反思以下四个方面的问题。

一是如何体现"中国话语"。我国电子商务专业建立在传统经济管理、计算机等学科理论基础上，近 20 年以来扎根中国互联网经济与产业实践，形成具有中国特色的电商产业发展规律和理论研究体系。在设计电子商务人才培养模式过程中，应深刻反思本土情境对于电子商务专业人才培养的意义和价值，揭示理论逻辑和实践规律，构建具有中国特色、世界意义的电子商务人才培养新方法和新范式。

二是如何推动"价值重塑"。电子商务融合了信息技术与商科，涉及学科专业领域众多，需要结合课程思政，集合文科与自然科学中的感性与理性，以美德和善意为指引，为电子商务人才培养提供思想指引与价值选择，实现产业经济和人才培养的可持续发展。

三是如何破题"学科融合"。长期以来，大学"小文科"思维已成定势。发展不过 20 年的电子商务专业，堪称"新文科"改革的最佳土壤，PPE〔哲学（P）、政治（P）、经济（E）〕"三位一体"融合，以及文科与工科交叉融合，比如新媒体、智慧健康、农村电商、商业智能等领域，电子商务专业均可大有作为。

四是如何开展"边界拓展"。"新文科"的内涵和外延尚未有完整定义，目前多在探讨阶段，在电子商务专业建设过程中，如何界定边界和外延，融合不同学生特点，确立人才培养目标，并通过建立专业教学质量、课程质量监控体系，确保培养目标与产业链人才需求的衔接，尚需进一步开展实践、研讨和经验总结。

"新文科"建设对应用型大学电子商务专业提出了更高的要求，在信息技术快速发展的今天，应尽快开展自我迭代、协同创新、持续改进，并高度聚焦行业认可度，覆盖产业链需求和人才培养的全过程，以"深度服务产业链需求"为核心，以"服务产业""能力提升""科技创新""政府咨询""人才培养"五维目标为驱动力，与行业合作精研培养方案、优化课程体系、营造真实教学环境、创新案例教学模式等，推进产业需求与专业教学的深度对接，建立立体化专业建设组织架构、融合行业优质资源、营造全球化视野，覆盖全员育人过程，推动电子商务专业师生职业能力的可持续发展。

数字经济背景下新商科专业建设的探索与实践

——以闽江学院新华都商学院为例

林 萍

（闽江学院　新华都商学院）

2020 年 11 月新文科建设宣言提出：新时代新使命要求文科教育必须加快创新发展，构建以育人、育才为中心的哲学社会科学发展新格局，培养具有国际视野和国际竞争力的时代新人。当前，新一轮科技和产业革命浪潮奔腾而至，大数据、人工智能等信息技术正在商业活动中广泛使用，商科教育亟须一场商科教育范式的革命，将现代先进技术和商科专业深入融合，坚持尊重规律、坚持立足国情、坚持守正创新，构建世界水平、中国特色的商科人才培养体系。应用型地方高校商学院应基于"新商科"发展理念，深入贯彻落实全国教育大会、新时代全国高校本科教育工作会议和《加快推进教育现代化实施方案（2018—2022 年）》的精神和文件要求，做强一流本科专业，培养地方产业经济发展所急需的应用型人才。

一、"新商科"专业概念及建设理念

"新商科"是采用新理念、新模式、新方法对传统商科进行交叉组合，将新技术融入传统商科专业课程中。因此，它是综合性的、跨学科的教育。教

育部高教司司长吴岩指出，要在全国高校大力推进"新工科、新文科、新医科、新农科"建设，而"新商科"就是在"新文科"理念下开展商科教育的新概念。[①]

闽江学院作为福州市地方高校，提出了"高水平有特色的一流应用型大学"的奋斗目标。新华都商学院（以下简称商学院）是 2010 年起闽江学院接受"福建省新华都慈善基金会"十亿捐资而创办的二级学院，通过采用"公办民助"的办学模式，开启了持续十余年的应用型人才培养模式探索。商学院提出了"履行社会责任、勇于创新创业"的商科人才培养理念，并紧跟时代机遇和技术契机，凝练专业特色，为传统商科向新商科的转型升级奠定坚实基础。结合新技术条件下产业新业态和地方发展新格局，沿着"互联网 +"的专业转型发展思路，打造核心内涵突出、适应新技术需求的"一中心、两基点、三翼"专业群落，即以创新创业能力培养为中心，深入拓展"本土情怀、国际视野"两个基点，精准打造金融、会计和工商管理三个专业。

因此，本文以商学院新商科专业建设的实践为例，以适应社会需要的人才培养为主线，层层推进新商科专业建设。其创新点有三个：一是培养目标的"多维度协同"。在新时代商科人才培养目标中，人文素养和科学精神并重，教师不仅向学生传授专业知识，更要提升他们的社会责任感和家国情怀等综合素质，以及用中国理论解释中国现象、解决中国问题的能力。二是培养内容的"多维度协同"。商学院打破传统的学科之间和专业之间的壁垒，将不同学科、不同专业与商科有机集合，结合地方行业特色进行跨学科和跨专业的多维融合。三是培养方式的"多维度协同"。商学院通过校企合作，共建实验室和实训基地，通过案例教学、校企协同、竞赛训练等多方面提升实践创新能力；发展线上线下融合，实现真正以学生为中心的跨越时空区域的"教"与"学"的新模式。

---

① 冯刚、金国峰：《论中国教育现代化的方向目标》，《中国高等教育》，2019 年，第 1 期，第 4-8 页。

二、新商科专业建设需解决的问题

（一）解决单一学科教学体系问题

传统商科教育是按照工具型人才培养标准的教育理念来设置，每个科目由单一、独特的内容组成，各类学科是封闭独立、自成体系的，培养出来的是具有单一技能或专业素质的专门人才。在大数据、人工智能、云计算、物联网等数字经济背景下，新的技术需要新的技能，亟须商科和工科、理科、数据科学等学科交叉融合，商业与更多行业交叉融合，需要和时代相适应的数字技能，成为兼有多种技能的复合型人才。[①]

（二）解决学生主体地位"倒置"问题

在传统教学的课堂上，以教师为中心，学习内容也仅限于书本，不利于学生自主学习能力的培养和创新能力的发挥。在互联网时代，信息技术高度发展，信息化教学手段日益丰富，师生之间、生生之间多方共联互动的生态网络学习环境日益成熟，传统的以"教师为中心"亟须转变为以"学生为中心"的学习模式，鼓励学生发挥自身的潜能，充分发挥学习的积极性和主动性。同时引入融合人工智能、区块链、大数据、云平台等新技术的仿真虚拟模拟实验室，采取企业项目化等多种实训实验实践手段，学习内容与企业实践无缝对接，引导学生成为实践教学活动的主题，让体验式、互动式、参与式以及合作式成为实训实验实践活动的主要方式。

（三）解决校企产学合作不够紧密问题

传统商科教育虽然高校与企业有校企合作，也有实习实训实践教学基地，包括到企业中顶岗实习等形式，但这些合作比较表面化，流于形式，无法满足

---

① 宣昌勇、晏维龙：《"四跨"融合培养新商科本科人才》，《中国高等教育》，2020年，第6页，第51-53页。

学生全面提升实践综合技能的要求，或者在实践活动中的创新能力与批判思维不足等短板。考虑到对经济发展起重要作用的微观组成——企业对符合新时代要求的商科人才需求迫切，商学院需要根据实体经济供给侧的需求，采取产政校企深入融合的教育模式，走企业化、市场化的合作之路，以服务地区学科对应的行业需求为重点，培养符合市场需求的复合型应用型新商科人才。[①]

（四）解决商科道德和家国情怀等缺失问题

传统商科教育以专业教育为主，采用西方理论和案例，学生道德素养、法律素养、人文素质、爱国情怀等培养的还不够，容易滋生"金钱至上"的思想，不利于培养符合社会主义现代化建设需求的学生。在数字经济时代，法律和制度体系更加完备，商业伦理和商业价值观更加受到尊重。因此，有必要注重价值引领，着力构建具有中国特色的话语体系，多使用中国本土案例，采用中国特色理论解释中国特有现象、解决中国特有问题、指导中国当前高质量经济发展，并突出学生思想道德、社会责任感、家国情怀等人文素质的培养。[②]

三、新商科专业建设具体措施

（一）构建跨学科、跨界融合的课程体系

在新时代下，新商科是指新产业加商科再加新技术平台，新商科教育是人才培养的核心，要主动上对下接，向上对接新产业实践平台，向下连接新技术平台，即新一代信息技术平台，包括大数据、人工智能、云计算、区块链等 IT 平台。

[①] 李培根：《未来工程教育的几个重要视点》，《高等工程教育研究》，2019年，第2期，第1-6页。

[②] 樊丽明、杨灿明、马骁等：《新文科建设的内涵与发展路径》，《中国高教研究》，2019年，第10期，第10-13页。

在对接新产业实践平台方面，商学院本科教学将冲破传统的学科之间和专业之间的壁垒，将商科与不同学科、专业做有机结合。例如，实行人才大类培养，赋予学生更多的选课自主权，三个专业的学生可互选选修课，也可以选修其他学院理科、工科专业的综合实训或跨学科的选修课，强调知识、学习、应用、创新相交融，构建全面的跨学科知识体系，满足社会发展和时代要求。

在对接新技术平台方面，"数据"成为一种核心资产，新商科人才应该具备数字科学技能，商学院人才培养方案中课程体系和计算机科学技术、大数据科学、智能科学等学科交叉，增加一些反映新时代数字教育的新商科课程，比如"智能会计""商业数据与分析"等，或者课程要充分反映信息技术发展对课程知识的更新，培养出知识更复合、学科更融合的新型商科人才。

（二）发展线上线下"跨域"融合的"教"与"学"模式

商学院采用以学生为主体，开展线上线下相结合的教学方式，将"先教后学"的被动性学习模式改为"先学后教"的主动性学习模式。

课前教师在线上发布单元学习任务清单，推送学习资源，学生进行线上自我理解、构建知识，并通过多样化的辅助教学工作，比如网上论坛、微信等形式与教师或同学互动，线上大力推进网络学习、混合式学习以及云学习等形式，扩展学生知识获取的时间长度和空间广度。此外，利用互联网无地域、无时空限制的优点，开展远程教育，从而实现真正以学生为中心的跨越时空区域的"教"与"学"的新模式。

线下构建多元化授课方式，加大体验式、参与式教学尝试。教师在线下课程中组织答疑，互动交流，讲授关键问题和重难点问题，并通过学科前沿热点、最新实践问题、学生提问等进行知识拓展。

（三）优化多维度政校企协同育人体系

商学院通过产政校企全方位的深度协同合作和融合，让多元主体共同参与、多维度同时切入商学院的新商科人才培养模式教学改革，积极开展多元多维协同模式下的教师团队培养、课程体系、实习实训、三创能力培养、实验室建设、质量监督等专业人才培养的核心环节的综合实践改革；积极开展本土案例的研究和本土教材的开发，利用案例教学激发学生的创造性思维；通过与新华都集团等龙头企业合作，共同构建新商科专业集群的课程体系、共同建设专业核心课程、共同建设双师型教学队伍、共同建立实习实训基地、共同建设实验室，为师生在人工智能大数据领域提供教学和科研平台支撑、共同打造职业训练平台，共同培育学生就业基地。

（四）围绕立德树人、家国情怀的目标重构人才培养方案

虽然中国现代商科教育近年有较大的发展，但一直以来还主要借鉴西方理论、西方案例和西方教育模式，而且发展历史也较短，只有30多年。我国商学教育应解读中国实践、解释中国奇迹、总结中国规律、构建中国理论，培养未来领军人才，让中国经济发展和经济理论走向世界。因此，商学院有必要重构人才培养方案，进行顶层设计，围绕新时代高等教育立德树人的根本任务，着力构建中国特色话语体系。

第一，重构家国情怀、社会责任、人文素养等人才培养目标，将"闽商"精神融入人才培养方案，培养具有创业创新精神、德才兼备的人才。第二，科学设计课程体系，理顺课程结构支撑，建立培养"家国情怀"社会责任意识的多样化课程体系。第三，引导教师充分挖掘和运用各专业课程中蕴含的思想政治教育元素，将中国特色社会主义核心价值观和爱国情怀有机融入课堂，培养德智体美劳全面发展的人才，提高用中国理论解释中国特有现象、发现并解决中国特有问题的能力，培养诚实守信的人文素养和勇于担责的社

会责任感。第四，成立案例研究中心，开发中国本土原创案例，挖掘中国改革开放和现代化建设的伟大实践。

（五）培养新商科人才培养需要的教学团队

新商科类专业有很多交叉学科的课程，要求教师要了解信息技术和大数据等知识或具有相关教育背景，而现有的老教师团队比较缺乏相关知识。所以首先通过"外引"和"内培"，培养新商科所需要的教学团队。引进新教师的时候要向具有跨学科背景的教师倾斜，比如本科或硕士阶段学习数学、信息技术、数据科学或管理科学等专业，而博士阶段学习管理经济的人才，同时鼓励现有教师积极参加相关培训，学习数据科学等与新商科结合的新知识。其次可以聘请行业内懂技术擅管理的企业导师或兼职教师，形成"以专业教师为主体、企业导师或兼职教师为两翼"的高素质教学团队。最后是打破传统的各系院管理界限，整合全校各教学单位的教师资源，建设商科专业集群的柔性教学团队。

四、结论

当今世界正面临着百年之大变局，数字经济时代背景下，以大数据、人工智能等信息技术为代表的新一轮科技革命和产业革命促使复杂商业生态系统的出现，需要大量满足地方行业需求的商科人才，这就对传统商科人才培养模式提出挑战，应用型地方高校新商科教育模式改革迫在眉睫。本文中新商科专业建设改革探索思路并不是对传统商科教育简单地升级与改变，而是商科和工科、理科以及数字技术深入融合，并用新思维、新理论、新技术和新方法提升改造传统商科，以培养学生适应数字经济的跨学科、跨专业的复合型商业能力。

新文科背景下广告学创新应用型人才培养
生态型体系的探索与实践

陈思达

（闽江学院　新闻传播学院）

一、新文科背景下地方高校广告学人才培养面临的主要问题

相对于传统文科，新文科是以全球新科技革命、新经济发展、中国特色社会主义进入新时代为背景，突破传统文科思维模式，以继承与创新、交叉与融合、协同与共享为主要途径，促进多学科的交叉与深度融合，推动传统文科更新升级，从学科导向转向需求导向，从专业分割转向交叉融合，从适应服务转向支撑引领。[①] 因此新文科之"新"不仅是形容词的新旧、新老的"新"，更是动词的创新的"新"。[②] 在新文科背景下地方高校的广告学应用型人才的培养无疑面临新的挑战，显得有些滞后于形势。例如新文科特别重视将现代信息技术融入文科课程，文理交叉，为学生提供综合性的跨学科学习，促进知识拓展和创新思维的培养。而目前大部分地方高校的广告学专业课程的架构还是基于传统的文科体系，鲜有理工类课程的交叉融合；对人才培养的理念和路径还是围

[①]　王铭玉、张涛：《高校"新文科"建设：概念与行动》，http://news.cssn.cn/zx/bwyc/201903/t20190321_4850785_1.shtml，2019 年 3 月 29 日。

[②]　徐飞：《新文科建设："新"从何来，通往何方》，https://m.gmw.cn/baijia/2021-03/20/34701706.html，2021 年 3 月 20 日。

于传统的思维模式，缺乏创新，未能突破边界，做到跨界协同。

地方高校广告学应用型人才的培养应按照教育部新文科建设要求，以应用型本科高校人才培养目标为导向，强化应用型特色与内涵建设，需要结合各高校的办学定位、服务面向、发展规划、教学教育水平等各项条件综合考量，科学谋划。当前地方高校在广告学应用型人才培养的过程中，面临的主要问题突出表现在以下几个方面：立德树人与专业教学如何有效结合；师资队伍的专业实操能力如何与广告行业的发展相匹配；广告学人才如何开展跨学科、跨专业培养；如何推进产教融合、教学与科研协调发展；如何避免学生理论学习与专业实践训练相脱节；创新应用型广告人才培养质量如何进行科学的监控与评价。

闽江学院是福建省重点建设高校、一流学科建设高校，福建省示范性应用型本科高校、首批深化创新创业教育改革示范高校。广告学专业作为"福建省人才培养模式创新实验区""福建省服务产业特色专业"，是闽江学院较早成立的应用型专业，一直秉持习近平总书记"不求最大，但求最优，但求适应社会需要"的办学思想和理念指导，践行着为福州市及福建省社会经济发展培养创新应用型人才的职责。聚焦新文科对人才培养提出的新要求，广告学专业紧扣如何培养创新应用型广告人才这个根本，进行了积极的探索和实践。以"全媒体""大传播"和"跨学科"为理念，积极与新媒体传播产业对接，服务地方经济发展，致力于打造一个适合广告创新应用型人才培养的良好生态体系。

二、广告学创新应用型人才培养生态型体系的内涵与创新

（一）体系的内涵

在新文科背景下，广告学人才培养如何进行学科跨界融合以及如何更好地适应区域经济发展成为当前急需解决的问题，学科交叉和产教融合已经成

为推动学科建设与人才培养的重要手段，同时新技术的应用也推动着教学模式的革新，原有的人才培养模式及教学方法在新形势下都需要进行新的调整。新文科建设的出发点和落脚点是提升人才培养水平，闽江学院广告学专业为此构建了一个较为成功的创新应用型广告人才培养生态型体系。

该体系以促进学生的发展为根本遵循和最终目标，全方位、多维度围绕相关关键要素指标开展建设，以专业、学科、师资、平台、课程等建设为体，以项目、课题、实践等为用，打破学院和行业社会的交流壁垒，互为支撑，文理交叉融合，协同育人，为培养具有创新创业能力和跨界融合能力、人文情怀与科学精神相统一的新时代广告专业创新应用型人才营造一个良好的生态型体系，为学生成长高效赋能。（如图1所示）

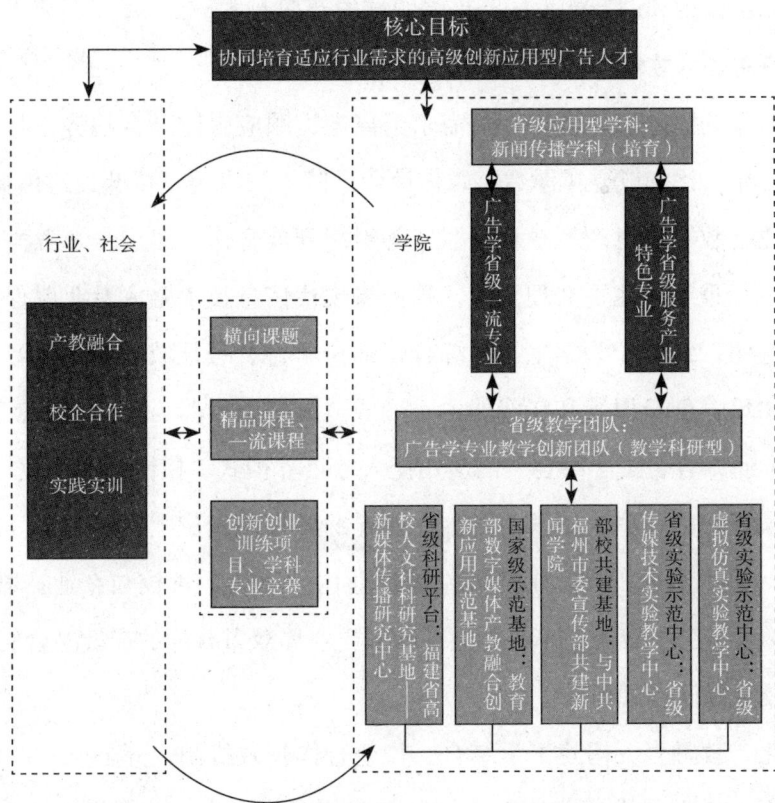

图1　广告学创新应用型人才培养生态型体系

（二）体系的创新点

1. 专业、学科建设思路创新

数字媒体新技术不仅影响了媒介信息分享，也改变了知识创新与传播，甚至引发了新一轮的教育革命。对于广告学学科而言，既要对新媒体时代的累累硕果进行专业观察和深度分析，也要思考自身如何利用技术条件，盘活育人思路，提升教育质量，培养卓越人才。以媒体融合的深度发展为代表，在新一轮科技革命和产业革命的影响下，我国广告事业已经从高速增长阶段转向高质量发展阶段，创新驱动成为主要动力。本成果将新媒体、新技术课程融入专业人才培养，从打造一流课程入手，在基础课程与专业技能课程上下功夫，立足交叉学科，建设新型平台，重视技术引领，强化创新驱动，培养具有创新精神和创新能力的跨界跨领域的新型人才。

2. 应用型人才培养模式创新

以服务国家战略、满足行业需求为导向，顺应媒体融合趋势，与业界展开深度合作，比如成立凤凰数字媒体产业学院、与市委宣传部共建传播学院、与"福建省数字创意产教融合联盟"等组织开展合作，对广告学学科中各专业课程进行重组，注重文理交叉，积极将现代信息技术融入专业课程中，拓展育人空间，致力于为学生提供综合性的跨学科、跨领域的专业学习，在实际项目中培养创新思维和实践能力，形成"以能力培养为宗旨，以就业为导向，产学研结合、工学结合"的应用型人才培养模式。横向打通产业、教学、科研三大板块的壁垒，让学生直接在业界的各相关岗位上开展工作，边工作边学习、边学习边工作。走上课堂与企业内外融合、学校与企业产教一体、实验教学设备公私资源共享、学生导师学界业界双重叠加的产教融合的道路。

3. 校企协同模式创新

深化产教融合，构建工学结合、校企合作长效机制，开创服务产业发展的新局面。借助业界单位或产业园区等各级各类平台，以资源共享为重点，搭建了校内和校外两大实习实训基地，其中校内实习实训基地有演播厅、导控室、新媒体创作坊、摄影摄像、非线性编辑、VR 创客空间、工业级影视编辑制作等十余个实验室。校外实习实训基地有广告人才培训基地（已培训上千人）、"校企来"学生工作室（进驻国家级广告产业园区——闽台 AD 创意产业园）、成都凤凰数字媒体实践基地等。在与各个单位和产业园的合作中，积极开展服务产业的建设工作，建成了多个校企合作、产教融合的创新平台，以平台作为支撑应用型人才培养的着力点，将教学、科研优势与企业的资源优势结合起来，实行校企结合的双导师制，为学生提供真实的实践教学环境，让学生在做中学、在学中做，创新创业能力显著提高。

三、培养体系的解决之道

基于前述人才培养过程中遇到的主要问题与矛盾，闽江学院广告学专业以课程改革为基础、以产教融合为突破，从以下六个方面入手，多管齐下加以解决。

（一）强化思政，融入社会主义核心价值观，全方位立德树人

首先，要求教师做好学生的表率，当好学生的人生导师。其次，立足价值引领、意义架构与情感丰沛，将社会主义核心价值观融入人才培养全过程，强化爱国主义情怀，培养社会责任感，通过课程思政、理论教学、专业实践等各环节引导学生树立正确的世界观、人生观、价值观，形成"课程＋实践＋技能"的育人格局。再次，用好"课堂教学"主渠道，从小而具体的"痛点"出发，问题驱动，将专业课程的思政教育元素、思政知识与专业知识有机融合，专业知识与专业技能无缝链接。最后，创建导师制、班主任、辅导员三位一体的学生培养机制，在学生成长的每个阶段都有教师陪伴，及时掌握学生的学习、心理动态，有针对性地帮助学生解决学习生活中的各种困难。

（二）内培、外引改善师资队伍结构，打造双师型师资队伍

教师是立教之本、兴教之源，教师的学科背景、从业经历、实践能力都会影响学生跨界跨领域应用能力培养的效果。应用型人才的培养特别需要教师密切关注行业动态，把握行业发展趋势，使专业教学能紧密联系实际。学院通过内培、外引不断改善和优化师资队伍学源、学历、职称、年龄等结构，尤其注重发挥双师型教师的优势。学院鼓励支持年轻教师报考博士，协助对接相关博导；安排教师到业界顶岗上班、挂职锻炼，提升业务能力；积极引进具有高级职称的业界专家、台湾教师、优秀博士加入教学团队；聘请中国传媒大学、人民大学、复旦大学等高校专家担任客座教授。

（三）学科融合、文理交叉，优化培养方案，打造一流课程群

课程是人才培养的基础。根据新文科要求及广告传媒行业的变化，及时优化课程教学体系，将计算广告、数据库应用、大数据处理等相关理工类课程纳入人才培养方案，促进科学精神与人文情怀的有机统一；增加大量跨学科跨专业选修课，鼓励学生选修其他专业的课程，拓展学生的知识广度。以供给侧改革为抓手，将"互联网＋"、AI、大数据、区块链等信息技术与广告学专业教学深度融合，打造智能化、专业化、精品化、融合化专业课程群，推进广告教育结构优化，提升广告教育供给质量，助力广告教育"双一流"建设。

（四）搭建产教融合平台

整合行业优质资源，搭建产教融合平台共同培养人才。与凤凰数字媒体产业教育集团共建产业学院；与国内十余家知名企业建立实习实践基地，打造长期战略合作关系；将企业实际项目、案例引进课堂，开展项目教学，让学生在参与中得到实战训练，通过真实的案例锻炼学生的动手操作能力；校

企联合开设专业课程，将行业的技术、方法、工具融入专业教学；实行双导师制，聘请行业专家担任校外导师，业界师资成为教学团队的重要补充。

（五）以赛促学，构建多层次多环节的"大实践"教学体系

训练学生的动手操作能力是应用型人才培养的重要环节。除了项目教学外，积极组织学生参加大广赛、学院奖、短视频大赛、网络编辑大赛等行业比赛，以赛促学、以赛促能。构建专业见习、专业实习、毕业实习等多元实践教学体系。基于虚拟仿真技术，构建基础实验平台、综合实训平台、开放性研究平台、双创平台等；建立创业训练模式和环境，建立多样化创业载体、双导师队伍、递进式的创业指导课程。

（六）不断优化人才培养质量评价和监控体系

改变单一的学习评价方式，开展综合评价、分类评价、多元评价、过程评价、学生互评，使成绩评价更为全面、合理、公平。运用大数据技术，对广告学本科生培养过程进行质量监控，从培养的关键环节入手，对入学考试、培养方案、课程学习、专业实践、开题报告、论文写作、毕业答辩等各个环节实施动态化跟踪、信息化管理，保证监督监测的连续性，确保培养质量。

四、培养体系的应用成效

（一）综合改革成效凸显

近 6 年来学院在专业、学科、教学团队、科研平台、部校共建、一流课程等方面，均取得了较为丰硕的成果。其中较为突出的有：

（1）广告学获得两个省级专业称号：福建省服务产业特色专业（2016 年）、省级一流专业（2019 年）；

（2）获批一个省级应用型学科：新闻传播学（培育）（2019 年）；

（3）获批一个省级本科教学团队：广告学专业教学创新团队（教学科研型）（2019年）；

（4）获批一个国家级示范基地：教育部数字媒体产教融合创新应用示范基地（2019年）；

（5）获批一个部校共建基地：与中共福州市委宣传部共建新闻学院；

（6）建成一个省级科研平台：新媒体传播研究中心（福建省高校人文社科研究基地）；

（7）获批四门省级精品/一流课程：《广告创意》省级精品在线开放课程、《品牌管理》省级精品资源共享课程、《历史文化古街广告创意传播》省级虚拟仿真实验教学项目、《新媒体广告策划与营销》省级线下一流课程，另有5门课程成为校级精品课，多名教师在校级教学竞赛中获奖；

（8）获批两个省级实验教学示范中心：省级传媒技术实验教学中心、省级虚拟仿真实验教学中心（2019年）；

（9）获得两个国家级创新创业训练项目、五个教育部产学合作协同育人项目。

（二）学生整体创新实践能力明显提升

据不完全统计，近五年学生在全国大学生广告艺术大赛、学院奖、全国网络编辑大赛和双创项目等各类大赛中屡创佳绩，获奖作品的数量累计已超过200项，其中国家级金奖五项、银奖五项、铜奖五项，省级金奖十项、银奖28项、铜奖25项。获奖等级和数量逐年提高。例如，2017年一件作品获得大广赛全国一等奖，当年福建省高校仅有三件作品获此殊荣；2019年获得学院奖全国一等奖一项，2020年获得学院奖全国金奖一项；新闻传播学院多次被中国广告协会和福建省广协授予优秀组织奖；两项成果获第一届福建省商业创意营销策划大赛一等奖、二等奖；2015级广告学专业学生陈炎辉获第三届福建省"励志先锋"提名奖。

学生就业率100%，对口就业率达到70%以上，业界认可度高，社会影响力不断提升。不少学生自主创业，创新实践能力明显提升。例如，2010级广告学专业学生朱坤林创办的公司2020年营收超7000万元；2015级广告学专业学生于孟仟创办的公司2020年营收超1亿元。

（三）社会认可度高，示范辐射作用明显

专业社会影响力持续提升。广告学专业2017、2018连续两年入围全国专业十强。据2018年《中国大学及学科专业评价报告（2018—2019）》显示，闽江学院广告学专业在全国200多所开设此专业的院校中位列第七；另据中国传媒大学高教传播与舆情监测研究中心发布的"2018本科专业社会影响力排行榜"，广告学专业名列第五；2019年广告学专业入选福建省一流专业；已成功跻身中国知名、区域一流专业的行列。

专业认可度不断提高。一是增强了对优秀人才的吸引力，纷纷寻求加盟，近年来成功引进台湾教授、尖端人才、985高校优秀博士近十位；二是在同行中建立了良好口碑，吸引了北京联合大学、山西财经学院、北部湾大学等多所省内外高校前来考察取经；三是得到业界的高度认可，吸引纽约广告节、省市广告协会、知名广告公司、凤凰数字教育集团主动前来洽谈合作；四是生源质量不断提升，历年高考中第一志愿选择本专业的考生超过90%，录取分数线在本校各专业中位居前列。据不完全统计，有一半以上学生的高考分数超过本一线；五是在校内拥有很高的知名度，每次转专业考试都吸引了很多其他专业的优秀学生。

（四）科研成果丰厚，社会影响力进一步提升

近五年学院共获得国家级课题两项、省部级课题24项、市厅级课题10余项，累计科研经费达400.55万元。发表学术论文129篇，其中核心（含权威）43篇，2019年发表的核心论文数量约占当年全校文科核心论文发表数量

的一半。出版学术著作十本，大部分为国家一级出版社。优秀科研成果累计获得省级以上等级奖十余项。同时与福州市委宣传部共建新闻传播学院。为中共福州市委宣传部、福州市文化和旅游局、福州群众艺术馆、福州市电子信息集团等单位提供横向课题服务十余项，累计到账经费超过 100 万元，为地方经济建设提供了支持。

三螺旋理论下经济学专业创新创业教育研究

——以闽江学院为例

林　文[1]　曾岚婷[2]　陈王盈[3]　邱如荫[4]

（1.闽江学院海峡学院，闽江学院海峡两岸高等教育合作与交流研究所，闽江
学院互联网创新研究中心；2.福建技术师范学院；3.4.闽江学院海峡学院）

创新创业是引领风尚的时代标杆，是实现经济升级、缓解社会就业压力的重要渠道，更是增强科技创新的战略导向。新经济时期，社会进步和经济发展不仅需要一大批思想先进、富有冒险和创新精神的创新人才，更需要一大批积极进取、勇于担当、富有企业家精神的创业人才。兼具"双创"实力的人才即是时代发展的需要，也是时代发展的产物，更是各高校人才培养的核心。创新创业教育培养是全国高校各专业教育改革的指导，学科教学改革需立足双创，以推动应用型改革的深化为主旨，着力培养既有创新精神也有创业能力的新时代人才。教育改革则需要思考如何借助各方力量协同推进构筑创新思维、创业能力的培养体系建立。在"十四五"开篇之初，动员社会各方发挥各自功能和效用，推动高校创新创业教育的协同发展，是当前教育改革中极为迫切的方面。

一、三螺旋理论发展及经济学相关专业创新创业教育现状

（一）三螺旋理论协同思路

20 世纪 90 年代，国外学者将生物学领域的三螺旋（Triple Helix）模型应用于社会学领域，主要用于开展对"政府—产业—大学"三者协同关系对创新影响的研究，并形成了以大学、市场、政府为主体的"三螺旋"理论。"三螺旋"理论认为，在创新活动中，学术核心、知识创新与技术转化是高校的三大主要功能，也是"三螺旋"模型运转的基础和前提。[①] 企业是推动创新、实现创新转化、激发创新的主体。政府作为链接创新需求、提供创新配套政策的主体，既是催化剂的投放者，更是资源合理配置的发动者。三螺旋理论是研究政府、企业、大学协调、互动关系的基础。依托三螺旋理论，应用型学科教学改革需要发挥企业、政府的参与作用。创新创业教育的发展更需要充分研究政府、企业、大学协同关系，才能构建出符合现实需求的培养体系。

（二）闽江学院经济学相关专业创新创业教育现状

基于经济学学科基础，闽江学院经济学专业创新创业教育充分体现时代特色。由应用经济、工商管理、管理科学工程三个一级学科组成的经济类专业，下设有国际贸易、财务管理、税收、电子商务等若干专业，既有校级特色学科，也有福建省本科院校重点建设学科。经济类专业基础好，发展平台扎实。相关的创新创业教育体系主要依托大学生创新创业服务中心为平台，设立创新创业学院，以孵化、培育创业人才为主，形成了创新创业教育与其他专业教育相辅相成的格局。

闽江学院在创新创业教育与具体专业结合过程中，通常以鼓励专业学生

---

① 傅田、赵柏森、许媚：《"三螺旋"理论下创新创业教育与专业教育融合的机理、模式及路径》，《教育与职业》，2021 年，第 4 期，第 74-80 页。

参加赛事的方式推进。学校设创新创业竞赛奖，针对"互联网+"大学生创新创业大赛，"挑战杯""创青春"等赛事设立了不同层级的师生奖励，将专业建设和创新创业实施成效绑定，在一定程度上刺激师生积极参与双创主题的赛事，促进创新创业思维意识的培育。

由闽江学院的二级学院新华都商学院、经济与管理学院、海峡学院所设的经济学相关专业学生所获得各项省级专业比赛及双创比赛的数据显示，省级获奖可见图1所示。由图中可知省级层面，经济相关专业学生参与创新创业竞赛的次数呈逐年上升趋势，获奖比例也不断提高。

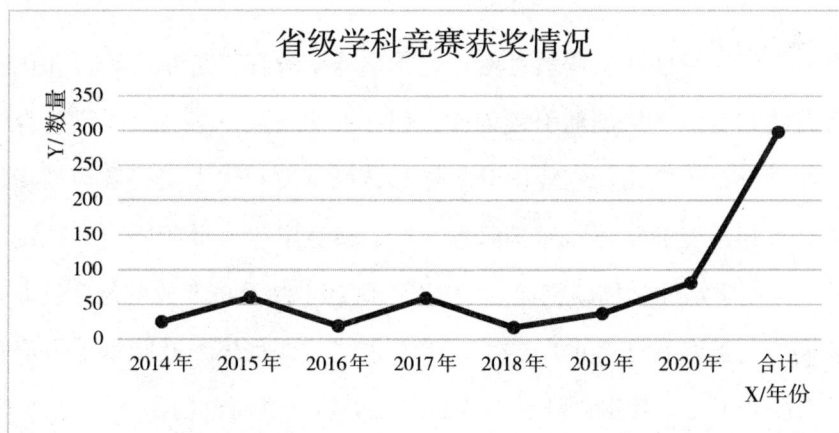

图1　闽江学院经济学相关专业学生所获得各项省级专业比赛及双创比赛图

参加的国家级学科竞赛获奖情况可见图2。由图2可知，从国家层面来看，闽江学院的经济学相关专业学生所获得国家级专业比赛及双创比赛项目数自2014年来呈上升趋势。这进一步说明了，依托学科建设，闽江学院经济学相关专业充分发挥了创新创业培养模式的优势。

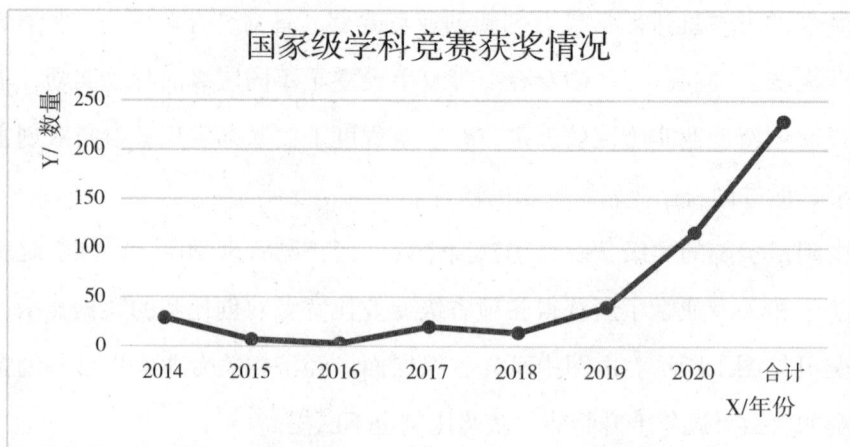

国家级学科竞赛获奖情况

图2　闽江学院经济学相关专业学生所获得各项国家级专业比赛及双创比赛图

高等学校要将创新创业教育融入人才培养全过程，将专业教育和创新创业教育有机结合，坚持创新引领创业、创业带动就业；各高校要设置合理的创新创业学分，建立创新创业学分积累与转换制度；优先支持参与创新创业的学生转入相关专业学习；实施弹性学制，放宽学生修业年限，允许调整学业进程、保留学籍休学创新创业。[①]然而，闽江学院经济专业的创新创业人才培养体系中仍然存在诸多的问题，在培养模式、课程体系及师资等方面存在一定的欠缺和不足，使得创新创业体系建设仍然任重而道远。

二、研究设计

（一）调查问卷设计

根据三螺旋理论以及闽江学院现阶段对于创新创业体系建设现状为理论基础进行问卷设计，参照专家和现有的博士论文中成熟的调查问卷，对问卷的问题项进行整合和修正。由于问卷的目的在于分析现阶段闽江学院经济学专业中创新创业教育现状，以及通过从政府、企业以及学校三方面分析现阶

---

① 曹云野：《大学生就业创业视角下应用型本科经济类专业〈经济法〉课程教学改革探讨》，《法制博览》，2020年，第10期，第163-166页。

段教育中所存在的问题，因此问卷的内容主要涉及学生的创新创业意识、学校创新创业课程体系、学校对学生创新创业提供的平台以及学校对学生创新创业教育的师资配备等方面，希望通过问卷调查情况为创新创业教育建设提出指导性的建议。

（二）发放与整理问卷

问卷发放对象主要为闽江学院新华都商学院、闽江学院经济与管理学院以及闽江学院海峡学院三个学院大一至大四不同年级的学生，对他们随机抽样调查，数据获取日期为 2021 年 3 月 10 日至 2021 年 3 月 31 日，其中共发放问卷 220 份，有效回收问卷 209 份，问卷有效回收率为 95%。

（三）数据整理与结果分析

1. 信度检验

表 1　Cronbach 信度分析

名称	CITC 值	已删除的 α 系数	Cronbach α 系数
发布的创业相关信息	0.715	0.875	
创新、创业活动	0.554	0.887	
创新、创业指导课	0.552	0.887	
创新创业教育的教师	0.664	0.879	
创新、创业相关教材	0.672	0.878	0.892
创新、创业课程设置	0.643	0.88	
创新、创业教学设施	0.611	0.883	
创新、创业基地或园区	0.7	0.876	
政策、资金保障	0.74	0.873	

从表 1 可知：信度系数值为 0.892，大于 0.8，因而说明研究数据信度质量高。任意题项被删除后，信度系数并不会有明显的上升，因此说明任意题

项都不应该被删除处理。①分析项的 CITC 值均大于 0.4，说明分析项之间具有良好的相关关系，同时也说明信度水平良好。综上所述，研究数据信度系数值高于 0.8，综合说明数据信度质量高，可用于进一步分析。

2.效度检验

表 2　KMO 和 Bartlett 的检验

KMO 值		0.827
Bartlett 球形度检验	近似卡方	1016.485
	df	36
	p 值	0

使用 KMO 和 Bartlett 检验进行效度验证，从上表可以看出：KMO 值为 0.827，KMO 值大于 0.8，研究数据效度非常好。

3.路径分析

为了能够从量化角度分析闽江学院经济学专业开展创新创业的影响，本文基于收集到的问卷进行变量间的影响关系的分析，模型回归的系数如下表 3 所示：

表 3　模型回归系数汇总表格

X	→	Y	非标准化路径系数	SE	z(CR 值)	p	标准化路径系数
政策、资金保障	→	创新、创业活动	0.138	0.065	2.121	0.034	0.169
创新、创业基地或园区	→	创新、创业活动	0.209	0.057	3.673	0	0.262
创新、创业教学设施	→	创新、创业活动	-0.045	0.061	-0.749	0.454	-0.059
创新创业教育的教师	→	创新、创业活动	0.236	0.065	3.655	0	0.303
创新、创业指导课	→	创新、创业活动	0.043	0.056	3.775	0	0.053

备注：→表示路径影响关系

① 周俊:《问卷数据分析——破解 SPSS 的六类分析思路》，北京：电子工业出版社，2017 年。

从表 3 可知：政策、资金保障对于创新、创业活动影响时，标准化路径系数值为 0.169 > 0，并且此路径呈现出 0.05 水平的显著性，因而说明政策、资金保障会对创新、创业活动产生显著的正向影响关系。创新、创业基地或园区对于创新、创业活动影响时，标准化路径系数值为 0.262 > 0，并且此路径呈现出 0.01 水平的显著性，因而说明创新、创业基地或园区会对创新、创业活动产生显著的正向影响关系。创新、创业教学设施对于创新、创业活动影响时，此路径并没有呈现出显著性，因而说明创新、创业教学设施对创新、创业活动并不会产生影响关系。创新创业教育的教师对于创新、创业活动影响时，标准化路径系数值为 0.303 > 0，并且此路径呈现出 0.01 水平的显著性，因而说明创新创业教育的教师会对创新、创业活动产生显著的正向影响关系。创新、创业指导课对于创新、创业活动影响时，标准化路径系数值为 0.053 > 0，并且此路径呈现出 0.01 水平的显著性，因而说明创新、创业指导课会对创新、创业活动产生显著的正向影响关系。

三、闽江学院经济学专业开展创新创业面临的问题

（一）创新创业平台效力不足

研究结果表明创新、创业基地或园区以及政策、资金会对创新、创业活动产生显著的正向影响关系，学校构建了创新创业中心及实践、实习、研究院等机构，邀请校外导师参与到平台的运行和实践教学工作中，力图依托相关平台，完善创新创业教学体系的建设，丰富实践教学环节。

然而，仅凭校内资源整合发展的创新创业平台面临诸多的困难，比如平台欠缺的管理、风险应对等能力不利于平台的常规运营及突发危机的处理。同时，平台在学生进行创新创业时也无法提供足额资金支持和扶持政策等，也是造成学生创业难、创新难的瓶颈。

这都需要校方发动政府部门及企业，三方联动，校内设立专门的创业指

导部门，校外机构的资助是资金、政策等主要来源地，建立有效的培养机制、优化创新创业环境，积极发挥创新创业平台的实际效力。

（二）创新创业课程体系不完善

目前，大部分经济类专业在开设创新创业教育时注重将其作为一门课程糅合到现有的课程体系中，作为和通识公共课程、专业课程等相互独立存在的单独一门课程，但创新创业教育并没有贯穿于整个课程体系。调查结果显示创新创业的指导课对于学校开展创新创业具有显著的影响，这就意味着创新创业课程体系会影响大学生对创新创业本质的认知。国外教育中从小学到大学均设有创新创业的相关课程，而国内缺乏完整的双创教育专业课程体系。

普遍而言，创新思维和创业能力的培育和培养是循序渐进的，无法从单一的课程学习中直接获取。这种单一课程设置的方式会影响双创思维和能力的培养。经济学类专业创新创业教育推进及改革的成效取决于创新创业课程的质量，更关系到未来学生的创新思维和创业能力的获得，会直接影响学生的就业和创业的成功。因此，要重视创新创业课程和专业课程的融合，改变经济类专业课程体系设置，避免创新创业教育课程的单一形式。

（三）创新创业师资力量薄弱

师资是校企合作创新创业教育中最重要因素，教师的创新创业知识水平和能力直接关系到课程的教学质量。[1] 调查结果也表明创新创业教育的教师对于学校创新创业具有显著的影响作用，创新创业教育的深入和实施依赖创业导师和承担该体系内课程的教师。

现有校内大部分教师在固有的专业培养模式下重理论教学，重理论知识

---

[1] 中华人民共和国教育部:《教育部关于启动高等学校教学质量与教学改革工程精品课程建设工作的通知》，http://www.moe.gov.cn/s78/A08/gjs_left/s5664/moe_1623/s3843/201010/t20101018_109658.html，2003 年 4 月 8 日。

传授，较少能够对接实际，无法进行有效的实践性创业和创新教学。大部分教师并不具备企业的运营管理及业务经验，对于市场运行规则及创业等方面缺乏实际行动力，在指导学生实践课程或进行创业实践时会有很大的障碍；尤其青年教师教学经验不足，缺乏对事物发展和社会现象的洞察力和总结力，极不利于校内创新创业课程的教学和实践指导。而尽管配备了创新创业领域的校外导师团队，也尽管有聘请的企业高管、成功创业创新人才等参与教学，也会因时间或精力等限制，无法在教学方式、内容上进行有效打磨，在进行校内教学时会产生诸多缺陷。

四、三螺旋理论指导下经济学专业创新创业协同教育的建议

创新创业人才培养是一个比较庞大的社会工程，需要国家、学校、企业多方协作，共同努力。[1] 因此，三螺旋理论指导下，从创新创业培养模式、课程体系设置及师资储备等方面激励各方合作，协同育人，培养社会、市场需要的应用型人才。

（一）加强多专业领域的交叉培育与参与，构建多元化培养模式

我国传统教育是以发展智力和传授专业科学知识为中心，忽略了非智力因素的作用及综合化的教育理念、创新精神和创新能力的培养。[2] 对于经济类专业人才的创新创业精神和能力的培养，基于创新创业教育完整体系的基础上，创新交叉专业培育模式。经济管理类专业实践性强，专业人才培养需要与市场需求紧密结合，毕业生才能符合社会需求。[3]

试行"经济学专业＋创新能力＋创业素质"的综合型培养模式、"两岸创业教育＋闽台互动＋创新创业实验室"外向型培养模式。借助互联网＋平台，

---

① 张孝强：《民办院校经管专业创新创业教育课程体系研究》，《文化新论》，2020 年，第 92-93 页。

② 吴树青：《深化高等教育改革增强创新能力促进创新型人才培养》，《清华大学教育研究》，2007 年，第 28 卷，第 5 期，第 1-7 页。

③ 陈立山：《高职高专人才培养评估系统》，吉林大学博士论文，2007 年。

以市场需求和经济转型升级为导向，打造大学、政府、产业三者联合的"三螺旋模型"创新创业教育平台。利用政产学研的"互联网+"信息共享平台，鼓励创新创业教师团队借助互联网便利于实践操作中开展教学。开展全方位的理论教学和实践教学相结合的培养模式，推动政府—学校—产业携手共育符合市场需求的创新型和创业型人才。

（二）开发创新创业课程，完善创新创业课程体系设置

完善创新创业课程体系，使之与专业、通识等两大课程体系并驾齐驱，将创新创业教育融合到专业培养的整个过程。

一方面，完善理论课程的设置，将一门课程扩展成既具有创新创业能力和意识培养的课程内容，也具有创新创业伦理教育内容。突破大部分学校以就业指导课、职业生涯规划及其他创业教育指导课程为主的辅助性课程形式，以闽江学院团委和双创学院负责的学生创新创业活动积累的经验为基础，将创新创业当成经济学本科专业课程的重要分支。

另一方面，课程设置必须注重理论和实际相结合，推动经济学创新创业专业课程的理论和实践学习。依托各类社会活动，以竞赛为载体，推动创新创业教育的开展，在专业教学上注重培育学生综合素质；以创业培训机构、小企业开发中心、风险投资机构、孵化器和科技园、创业者校友联合会等机构及创业大赛、风险资本和私人直接投资俱乐部、商业俱乐部、创业社区、财经论坛等与创业相关的学生团体为载体，开展社会活动和竞赛等强化学生创新思维和创业能力。

（三）创新创业教育师资库的储备

进行创新创业教育师资库的储备是以校内校外相结合的方式开展。校内以提高在任教师创新创业教学能力为主推动转任教师综合发展，鼓励教师半脱产甚至全脱产方式走向企业实际岗位，积极参加社会实践。以任务分配方

式激励教师在实际教学和实践中突出创新创业理念。加大对教师指导的学生团队参加双创比赛的奖励，并将此项活动作为日常考核的常规项目，提升教师的双创教学的实践指导能力。

同时，以本校经济学专业教授为主聘请经济学领域资深专家、风险投资家以及相关企业家、创业者、财经等部门的政府官员等组成的专职和兼职教师队伍，建立创新创业专家库，打造创新创业课程的师资团队，打造以理论和实践结合开展理论阐述、案例分析和仿真模拟等模式结合的创新创业课程的教授团队。

五、总结

大学是实施创新创业教育的沃土，而三螺旋理论指导下进行的校政企合作模式是各方携手共育实用性和适用型人才的重要途径和有力保障。闽江学院双创教育的实施实践表明，经管类专业要培养市场需要的人才，则更需要强化专业学生的实践能力，夯实校内校外合作模式，将创新创业教育融合到专业培养体系，培养社会需要的有创新力、有冒险力、有承担力的综合实践型、应用型人才。

应用型涉外法治人才培养之"普法式"教学法探索

陈　雄

（闽江学院　法学院）

　　贯彻落实习近平法治思想中的涉外法治理念，做好涉外法治工作的关键在于人才培养。[①] 涉外法治人才培养是一项分阶段、分层次的系统工程，应当基于涉外法治工作的客观需求，明确专业人才的培养定位。[②] 当今世界经济全球化的趋势不可逆转，国际贸易的持续发展是可预见的。即使在以美国为首的西方国家基于遏制中国发展的霸权主义而发动的贸易制裁，加之 2020 年初至今全球范围内的疫情影响，均无法阻扰我国的进出口贸易实现逆势增长。伴随"一带一路"倡议的推进，以及我国致力于区域经济合作的战略方针，今后经营外贸业务的企业将逐年增多。而熟知国际贸易规则的涉外法律人才必将具有广泛的社会需求。

　　由此可见，在以培养应用型国际商贸人才为目标的经济管理、国际经济贸易、商务英语等本科专业中开设"国际商法"课程尤其必要。以商贸＋法律的复合型人才为培养目标的应用型本科专业教学中的法学类课程，其培养

---

① 谢宇：《习近平法治思想中的涉外法治理念——时代背景、实践需求与具体路径》，《云南社会科学》，2021 年，第 5 期，第 42-48 页。

② 张法连：《涉外法治专业人才培养需要厘清的几个问题》，《新文科教育研究》，2021 年，第 4 期，第 5-15 页。

定位不是要求学生全面、系统地掌握法学理论知识，而是让学生在一定程度上掌握国际贸易实务技能并养成基础的法律思维能力和法律风险意识，笔者认为这些将成为涉外法治理念下对于国际商贸人才素质养成的基本要求。

国际商法源于欧洲国家的商人习惯法，是为规范国际商事活动，经各国协调国内商法的差异而局部形成国际商事统一法规范，并保留本国国内民商法的部分适用，体现很强的实用性。[①] 而国际商法的实用性特征决定此类课程应当注重应用教学，而非单一的理论讲授，符合应用型人才培养的需求。

一、非法学专业学生的"国际商法"课程教学困境

笔者是作为外聘的法学专任教师连续多年为外语学院的商务英语专业学生讲授"国际商法"课程。教学初期，经笔者观察了解，发现非法学专业的学生到课率较低，即便有来上课的，认真听课的学生也不多。随着法学理论讲授逐渐深入，学生愈发对课程失去兴趣；普遍不爱听课，而是在课堂上做其他学科的作业，甚至玩手机游戏；课上教师提前布置的预习任务，课后学生基本没有完成；提问上节课的重要内容，多数学生"一问三不知"。无论是平时作业还是期末考试，学生的整体表现均较差。即使教师调整教学方法，采用案例教学法，结合各教学单元配套的案例讲解理论知识，也是收效甚微，无法改变学生对课程排斥的状态。

此种情形下，任课教师的授课热情逐渐耗尽，出现教师不按教学计划上课，随意删减、变更教学环节，为迎合学生的喜好播放长视频却没有设计互动环节等违规教学的行为。结果是，教师上"水课"，学生"混课堂"。非法学专业的学生在"国际商法"课程教学中收不到应有的"教"与"学"相匹配的效果。此为笔者在教学实践中经非正式调查了解而感悟到的最大困惑。

---

① 屈广清:《国际商法第五版》，大连：东北财经大学出版社，2018年，第1-7页。

二、造成教学困境的主要原因

国内本科院校在经济管理、国际经济贸易、商务英语等专业中开设法律类课程时，通常会将课程设置为非专业课，供学生选修，作为考查课，采用较为简单的考核方式，因此学生不重视课程学习是可预见的。开课单位基于成本及人事安排考虑，一般不设专任教师，多依赖于外聘法学专业的教师讲授"国际商法"课程。[①] 笔者基于自身的"国际商法"教学实践，从以下几个方面分析造成教学困境的原因。

（一）教学方法缺乏专业针对性

法学专任教师惯常用传统的教学方法讲授法学类课程，偏向于理论教学。法律知识的运用需要有扎实的理论基础，此种专业惯性思维始终指引法学专业课程教学。然而，非法学专业学生，原本对法学类课程不够重视，对他们采用重理论教学的传统教学方法，会导致学生直面抽象的理论知识时，无法正确理解，进而产生畏难情绪并逐渐对课程失去学习兴趣，导致学生厌学、不想听课、甚至逃课的现象时常发生。也因此，任课教师的积极性受打击而陷入倦怠，结果则出现学生为了获得学分趋于功利应付老师，老师为了完成教学工作量而无奈"放水"导致异常教学，效果不佳实属必然。究其原因，主要是任课教师缺乏能动性，未考虑学生的专业背景，未针对非法学专业学生研讨更为适合的教学方法，从而无法有效激发学生的学习主动性。

（二）应用教学环节实训方法缺失

因教学条件受限，开课院系通常无法为非专业课配置专门的实训设施，作为替代措施，任课教师多以分组案例讨论模拟实训。但实训一般为"国际

---

① 付五平:《非法学专业"国际商法"课程教学改革理论与实践》,《中国电力教育》, 2014 年，第 23 期，第 199-120 页。

商法"课程教学中的关键环节，在依托真实（或自设）案例的模拟仿真场景下，学生充当相应角色实际参与，动手操作，使理论知识通过独立思考乃至切实应用，逐步形成近乎实战的经验，是实现由知识向技能转变的重要途径，这是案例讨论始终无法达到的效果。综上所述，在实训环节，仅安排案例讨论，终究无法实现国际商法的应用型人才培养目标。

（三）课程考核方式单一而无实效

无法在实训环节对学生的综合应用能力进行考核的情形下，通常"国际商法"课程考核主要以期中和期末考核为主，主要集中在概念定义、法律名称、基本原则、行业规则等识记方面，题型相对简单且难度较低，多以开卷考试或综合作业的方式进行。只要学生在临考前一周至两周充分复习即可获得较高分数，此种做法无法客观评价学生的知识掌握程度。国际商法的应用教学内容在每个教学单元中均有体现，仅靠一、两次的测试无法形成合理的评价。现实中存在学生成绩普遍良好而课程本身却不受学生欢迎的现象，而且此类评价"水分"较多；教与学收效如何无法获得真实评价，不利于教学改革与提升。笔者认为，忽略教学过程动态多元的评价机制，仅以学生一两次书面考试成绩作为主要评价依据，此种课程考核方式的确缺乏合理性乃至客观性。

（四）缺乏教学团队合作的高效教研教改途径

众所周知，院系的教学团队组建及合作乃是高效的教研教改途径。非专业课的"国际商法"课程通常是由外聘法学专业教师任教。外聘教师只负责授课，平时较少与其他专业课教师交流或参与教研活动，很难与其他专业教师形成资源共享，导致在课程教学过程中，无法准确把握学生的专业背景，难以探索形成有针对性的教学方法。因开课单位对非专业课的不重视，外聘教师几乎不可能获得教学所需的其他资源，例如实训设施、教研平台等。在缺少外援作用下，如若任课教师本就缺乏教学改革的主动性与能动性，在教学方法上势必无法推陈出新，这样就无法达到预期的教学效果，更不用提教研教改效果了。

三、针对非法学专业学生"普法式"教学方法应用建议

针对上述问题，笔者通过多年的课程教学实践并参研"国际商法"相关的教改论文，总结以下几点教学改革措施；倘若这些措施切实经由相应实践验证，相信能够有效提高"国际商法"课程的教学质量。笔者希望这些改革措施能成为同行交流的素材，助力"国际商法"课程建设。

（一）推行真实（或设置）案例"普法式"专业化教学

如前述，非法学专业学生缺乏法学基础，多数学生对抽象的法学理论存在畏难情绪，被动学习是常态，导致学习效果不佳。解决问题的关键在于改变学生对法学类课程的思维定式，变被动为主动；因势利导，自然可成就良好的教学效果。实践证明，培养学生对课程学习的兴趣且持续保持一定的兴趣度是改变学生被动学习状态的有效途径。为此，任课教师应当适当降低教学难度，将非法学专业学生视同普通民众，从社会生活中收集、选取适合不同课程单元的真实案例或拟设贴切案例，举案说法，推行全案例"普法式"教学模式，向学生清楚地展现法律规则在具体案件中的应用过程，可适时让学生充当相应角色，设身处地思考法律问题并进行简要文字梳理乃至答辩发表等，促进学生理解掌握。

例如在讲授合伙制度时，首先明确本单元的重点内容为合伙的概念与特征。在课程导入环节，教师向学生抛出合伙与婚姻的类比话题，让学生脱离抽象思维而充当相应角色步入现实生活，兴趣油然而生。在讨论过程中，教师可以穿插介绍夫妻之间承担共同债务的真实案例，引发学生的共情反应，产生探索求知的欲望，学习兴趣进一步提升。接着借助移动教学平台，以投

票或弹幕发送的方式让学生发表各自的看法，畅所欲言，激发学生主动深入讨论，鼓励学生在深度思考的前提下书写简要报告乃至答辩发表等，形成良好的课堂互动气氛。[①] 讲解案例时，教师应避免介绍不易理解的法学原理，应以讲故事的方式，身临其境般地让学生感悟结婚的现实意义与法律意义，以及夫妻间共同利害关系的道德问题与法律问题。随后，教师再介绍律师事务所的合伙人之间共担风险的真实案例，让学生理解"合伙"的法律定性是具有共同出资、共同经营、共享利润、共担风险的本质特征。最后，教师通过移动教学平台向学生投送案例分析题，测试学生对知识点的掌握程度。整个教学过程如同"普法教育"，生动有趣，由浅入深，依托情境，使学生主动思考。教、学两主体间的互动频繁，学生易于接受此种教学方式，从而激发其对课程的兴趣。学生爱听课，爱上课；同时，任课教师的教学积极性也可被带动起来，形成良性循环，最终达到良好的教学效果。

其他的教学单元如商事代理，可以结合网红主播带货的真实案例讲解商事代理的法律关系；国际货物买卖可以结合"西安奔驰女车主维权事件"展开讨论，引出卖方品质担保责任这一关键知识点。任课教师应当结合每个教学单元从日常社会生活中取材，逐一精选合适的案例，并设计让学生主动思考或讨论的话题等。在编排课程教学计划时，教师应归纳每个教学单元的知识要点作为课堂理论讲授的重点内容。在课堂环节设计方面，教师应缩短理论讲授时间，尽量多安排学生切实参与互动。在实际教学过程中教师应把握课堂节奏，适时穿插讲解理论知识，最后将整理好的知识要点通过移动教学平台传送给学生，方便学生课后复习。

---

① 　张凯功：《移动信息技术在国际商法教学中的应用研究》，《法制博览》，2019 年，第 18 期，第60 页。

（二）通过院系协调寻求课程应用环节的资源共享

法学专业院系，通常配有模拟法庭或模拟仲裁庭，有条件的院校甚至设置国际商法实验室。非法学专业的"国际商法"课应当注重实训，完善课程教学环节。院系之间可以搭建资源、设施共享机制，让非法学专业的学生也有机会了解法学类课程的实训过程。例如，由任课教师组织安排选修"国际商法"课程的非法学专业学生观摩庭审过程，了解程序规则，学习辩论技巧，这也体现"普法式"情境教学的特色。

院系间可联合举办模拟仲裁竞赛或辩论赛，组织法学专业学生与已选修"国际商法"课程的非法学专业学生同台竞技，以竞赛促教学，通过任课教师的深入辅导和学生的参赛与观摩进一步提升学生的知识掌握程度。

条件允许的，任课教师可安排选修"国际商法"课程的非法学专业学生与法学专业学生一同到校企合作的实践基地参加校外实习，在实习过程中安排实训环节。例如，让学生独立起草买卖合同，参与交易谈判，任课教师从旁把关、指导，由学生完成正式签约前的所有法律事务工作。

（三）重视课程教学过程的多元动态学习效果评价机制

课程考核的目的是检验学生对知识的理解和掌握程度，也是评价课程教学效果的重要依据之一。传统做法是以考试作为课程考核的主要方式，但仅凭学生成绩无法客观反映课程教学的质量水平。[①] 有些学生成绩优秀，但一段时间后再问及相关知识点时却已遗忘。为了考试拿学分的被动式教学方式，无法让学生形成牢靠的知识架构，一旦达到分数目标后，所学知识将被"选择性遗忘"，因为识记这些知识并不快乐，难以留下记忆痕迹。学生是教学的主体，但对任课教师而言学生是受众，学生对课程的接受程度能够直观反映出课程教学的效果。一门课程能够被学生普遍认可，成为学生喜欢听的

---

① 许文峰：《浅析〈国际商法〉课程教学内容与教学方法的改革》，《智富时代》，2017年，第12期，第184页。

课，爱上的课，这对于任课教师而言是最为理想的教学状态。即使学生的考试成绩不理想，但老师讲过的精彩内容可能让他印象深刻，这些记忆也许在将来的某个时刻他可以用得上，这也是推行"普法式"教学可期待的效果。

因此，课程考核应当重视学生学习过程的评价。例如，学生在教学过程中：态度是否端正，是否积极参与教学，是否主动学习，是否具备独立思考问题的能力，是否具有创新思维的能力，是否提升书面总结乃至口头表达的能力，是否养成团队协作意识等，这些多元多维度评价指标应当在课堂教学设计中予以体现。例如，学生每堂课在移动教学平台上的弹幕发言、投票等均可通过量化计分，列入过程性评价体系中。学生在课堂上的积极表现能够反映在考评中，这无疑会激发学生的学习积极性与主动性，学生与教师之间自然形成良好的互动氛围，有助于提高每堂课的教学效果。

（四）搭建跨院系的应用型教学协作团队

针对不同专业乃至具体知识点间的联系与区别，院系间还可定期举办联合研讨会，形成通识的教学内容及方法，达到高水平教研教改上的交流互进效果。

具体而言，为了避免非法学专业"国际商法"课程的任课教师陷入"孤军作战"的困境，可以通过搭建精品课程平台，在不同院系之间抽选骨干教师组成联合教学团队，团队成员包含但不限于：法学类专任教师、经济管理类专任教师、国际经济贸易类专任教师、商务英语类专任教师等。定期举行跨院系的联合研讨会，以法学专任教师为主导，其他成员一同参与课程教学大纲（包含实践教学大纲）的编制，以及课堂教学设计的研讨。各成员可利用自身的专业背景，在"普法式"教学设计中的案例选材、教学重点提炼、实训等方面分别提出可行性建议，经过整合、梳理后在教学大纲及教案中予以体现。一旦形成比较成熟系统的教学方式，则可以实现模块化教学，由具有不同专业特长的教师承担不同的教学模块，达到优化教学的目的。

同时，不同院系的教师聚集在同一个教学团队中，可以实现院系之间的资源、设施的有效共享，提高设施利用率，既让广大师生受益、又能为学校节省开支。

四、结语

在当前复杂的国际环境下，进行国际商事活动的企业与个人需善于运用国内与国际两套规则。培养精通国际商事行为规则的涉外法律人才是"国际商法"课程的教学目标之一。理应结合国家的对外经济发展战略，适时更新并细化教学内容。例如伴随《区域全面经济伙伴关系协定》（RCEP）的签署与实施，熟知原产地规则且能合法合规运用，将有助于提高我国外贸型企业的竞争力。

另外，法学专业院系可以增设辅修专业，招收具有经济管理、国际经济贸易、商务英语等专业背景的学生。在辅修专业的培养方案里可以将"国际商法"课程作为前期导入课程，推行"普法式"教学法，以培养非法学专业学生的学习兴趣为导向进行教学设计。在师生之间构建亲和感，不但能够使"国际商法"课获得较好的教学效果，还可以提高辅修专业其他法学类课程的教学质量，实现教学目标，培养符合时代需求的复合应用型人才，提升国内企业合规化经营的整体水平。

财税专业应用型人才培养的教学模式改革研究

尹利军 李 文 邱 强 罗会武

（闽江学院 经济与管理学院）

一、财税应用型人才培养教学模式需要变革

目前，我国培养财税专业人才的专业主要为财政学类本科专业，包括财政学和税收学两个专业（以下简称财税专业）。截至 2016 年，我国共有 100 个院校开设财政学专业，47 所院校同时开设税收学专业，包括"985 工程"高校、"211 工程"高校和一般院校。2016 年，我国各类高校财政学专业本科毕业生 7721 人，招生 5163 人，在校生 25638 人。[①]

自 1999 年高校扩招以来，许多地方一般院校财税专业招生规模超过了市场需求数量，导致该专业毕业生就业困难现象不断加剧；也有部分毕业生的就业岗位与专业的关联度不大，财税专业的第一志愿报考率不高，财税专业面临严重的生存发展等问题。

市场化改革对高校财税专业主要形成了以下两个方面的冲击：一是财税专业学生就业去向发生重大转变与就业渠道多元化，对财税专业学生综合素质提出了更高的要求。二是知识结构更新加快，对财税专业学生的知识传授

---

① 中国财政年鉴编辑委员会：《中国财政年鉴（2017 年卷）》，北京：中国财政杂志社，2017 年，第 757-758 页。

要求更加注重基础和能力的培养。

因此，如何根据市场需求，按发展的需要培养人，从提升学生职业能力的实际需要出发，通过课程体系的调整和教学方法的改革，优化人才培养教学模式，提升专业培养导向与社会需求的吻合度，就成为财税专业改革面临的主要问题。

二、对财税专业人才市场需求调查分析

（一）不同层面对税务人才需求分析

当前，中国的税务、商业、环境都正经历着前所未有的重大变化和转型，无论是经合组织和 G20 联合发布的税基侵蚀和利润转移项目，还是当下我国全力倡导的"一带一路"建设，都对税务人才提出了新的要求。

从政府部门需求层面来看，税收是国家治理体系和治理能力的重要基础，国际税收合作加强对政府征管人员的要求越来越专业化，税务主管部门在综合管理、国际税收管理、税务稽查、税收分析管理、税收信息化管理方面需要大量高、精、尖的税务征管人才，而不只是从事政策研究方面。比如，中国的税务机关对转让定价问题越来越重视，这就需要更加专业化的税务人才。

从企业需求层面来看，一方面，跨国企业专设税务职务的现象很普遍，有专门的税务部门，有主管税务的副总裁，有分管国内、国外的税务经理。另一方面，对于国内需要走出去的大型企业，我国的企业也开始大力发展海外业务，税务问题已经不再是简单地和税务局对话，需要从专业角度进行研究，制定符合企业发展需要的税务计划，如此复杂的环境下，对企业的涉税工作人员提出了新的要求。

从税务师事务所等中介机构需求层面看，随着我国现代服务业的发展，在税收环境逐渐复杂化的背景下，对税务代理行业的需求也更加强烈，企业可以通过税务代理获得税收缴纳、税收筹划、税务咨询等服务。

总之，随着中国经济的快速发展和税务复杂程度的加剧，无论是政府、企业还是咨询服务机构对税务人才的需求都呈现出强劲的增长态势。多方面的税务人才需求，导致中国目前高级税务人才相当抢手。这些需求都迫切需要高等院校培养出大量能够承担税收业务重任的高级专门人才。

（二）福建省税务人才需求规模调查

1. 税务部门的人才需求调查

表1　2011—2016年福建省国家税务局招录人数与应届毕业生统计[①]

年份（年）	招录人数（人）	大学毕业生人数（万人）
2011	99	660
2012	197	680
2013	132	700
2014	187	727
2015	133	749
2016	269	770

根据表1，福建省国家税务局招录人数，由2011年的99人逐渐增加到2016年的269人，其中，2013年、2015年招录人数比前一年的招录人数有所减少，但整体趋势都是在增加，2011—2016年的招录人数平均增长速度为11.42%。

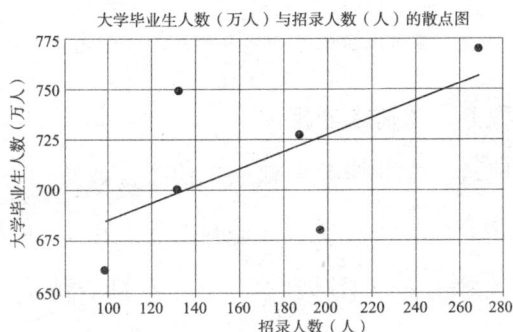

图1　招录人数与大学毕业人数散点图

① 福建省国家税务局.人员招录.http://www.fj-n-tax.gov.cn/portal/jsp/portal/category_frame.jsp?categoryId=1029319&siteName=fj&styleName=blue&portletStyleName=menu.

设招录人数为 X，大学毕业生人数为 Y，根据图 1，福建省国家税务局的招录人数与大学毕业生人数呈现正相关关系，即录用人员数随着毕业人数的增加有增长趋势。

2. 福建省税务师事务所等中介机构的人才需求调查

到 2016 年 3 月底，福建省税务师事务所有限公司共 144 家，合伙制税务师事务所 8 家。[①] 据对部分税务师事务所调查统计，每年吸收 1—5 名税务人才的企业占到了 90%，仅有 10% 的企业吸收 5 人以上，见图 2。福建省税务师事务所近几年发展较快，内部分工精细化，还有持续不断的新税务师事务所成立，因此税务人才的需求也会持续增长。此外，税务师事务所不仅需要税务人才，而且也需要具备各种能力的复合型人才。

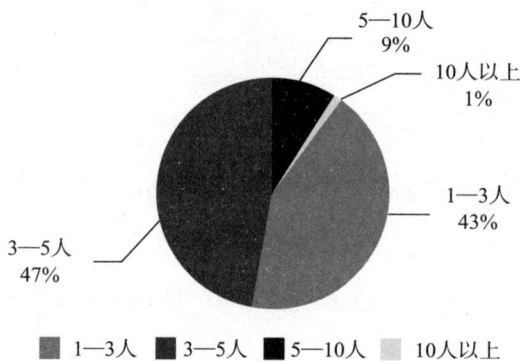

图 2　不同规模税务师事务所对人才需求数量

3. 企业单位对税务人才需求分析

根据闽江学院财政学专业毕业生就业单位跟踪调查，每年吸收 1—3 名财税专业人才的企业占到 81.3%，有 16.7% 的企业选择 3—5 人。从数量角度来分析，市场对税务人才的需求总体还是乐观的。随着国家经济的发展，用人

---

① 福建省国家税务局. 福建省税务师事务所情况表. http://www.fj-n-tax.gov.cn/admin/vfs/fj/content/contentTemplate.jsp?ContentId=1099302&siteName=fj&styleName=blue&portletStyleName=menu&menuID=1.

单位在财务税收方面有更高的需求，需要更多的综合性税务人才来完善自身的人员结构。

（三）福建省税务人才能力和综合素质调查分析

1. 用人单位问卷调查分析

用人单位对税务专业人才能力和综合素质需求进行分析。发放问卷，分别对福建省国家税务局、福州市鼓楼区国税等税务部门，有代表性的华成税务师事务所等以及企业等用人单位进行问卷调查，发放问卷100份，回收78份。综合分析发现，不同用人单位对税务专业人才能力和综合素质的侧重点不同。在职业能力方面，税务部门侧重税收管理，税务师事务所更看重税收筹划、税务代理，企业更注重税法以及会计知识的应用；在综合素质方面，税务部门侧重灵活应变、责任心，税务师事务所更看重团队合作、抗压能力及主动性，企业更注重组织协调与工作热情。

调查结果显示，用人单位认为高校在教学中存在一些不足，例如，高校的人才培养和用人单位对人才的需求存在较大差异，且用人单位普遍认为高校教学中理论性强，缺乏一定的实际操作能力。可见，用人单位对人才的专业能力和操作能力要求越来越高，且要求个人具备快速适应岗位和掌握信息的能力。

2. 我校财税专业学生问卷调查分析

对我校财税专业在校生发放问卷100份，回收90份。80%的学生不知道自己的核心竞争力是什么，对自己的就业特长没有一个清晰的认识。剩下20%的学生仅从大众的角度认为核心竞争力是专业知识、实践经验之类的，但并不认为自己已具备这一方面的优势。可见，现阶段毕业生的综合素质与企业要求还存在一定差距。

接近四分之一的同学通过各种渠道了解到一些用人单位的实际要求，对未来进行规划，进行相应的学习，并为之做出准备，提升了自己的专业素养和综合素质。但还有七分之一的同学受限于课堂，对所学专业、就业去向、职业规划、用人要求等一系列问题都没有进行深入了解与思考，思维视野受到局限，很可能造成就业时与用人单位实际需求相背离的情况。

三、财税专业比较优势与劣势分析

（一）财税专业比较优势分析

首先，全国开设财政学专业的院校只有101所，相对属于偏少的，因而毕业生供给量与金融学、会计学热门专业相比属于相对偏少的，这也在很大程度上可以起到缓解供需矛盾的作用。

其次，财税专业原先主要是为政府财税等相关部门培养高级财税管理人才，尽管市场化改革致使原先专门为政府培养财政、税务工作人员的财税专业面临着较大挑战，但多年以来与财政税务部门之间形成的密切联系仍然能为财政学专业办学提供了一些便利和支撑。

再次，学科内容具有广泛性。财政学类专业内容包括"财政经济学"和"财政管理学"两大模块，前者属于经济学科性质，而后者则属于管理学范畴，财政学科从其本质上就是一个综合性学科。[①] 因此，财政学专业学科内容具有其他学科无法比拟的广泛性和综合性。

（二）财税专业劣势分析

首先，财政学专业原先主要是对口公务员系统，毕业生有稳定的就业去向。公务员制度改革之前，财政学专业毕业生多数都进入到政府部门或事业单位，这些部门的职工队伍得到较大的充实。现在，财政学专业毕业生报考公务员时，可供选择的对口职位大都是在财政局、税务局、海关以及公检法等部门，主要是从事财政管理、税收规划和财务核算等方面的职位。由于这

---

① 高培勇：《论公共管理学科和财政学科的融合》，《中国高教研究》，2003年，第2期，第84-85页。

些单位工作稳定、收入较高，而且非常体面，因而也倍受考生青睐，竞争非常激烈。另外与之同时，财政、税务等政府部门招收公务员也并不局限于财税专业，一些职位需求被会计、金融、法律和计算机等专业肢解。

其次，财政学专业理论性偏强、技能劣势相对突出。伴随着市场化进程加快，市场投资主体多元化和资金来源渠道多样化，创业型或小型企业明显增加，对于会计、财务管理和金融等专业人才的市场需求量大，而这其中主要是因为这些专业毕业生的知识结构具有技能性与应用性，从而也致使这些专业的学生就业率高。与之相对，由于财政学专业理论性偏强，许多课程侧重于基础理论，其中一些事务性课程又主要面向政府部门，例如《政府预算》《税收管理》等，显然与就业市场的技能型和应用型需求存在较大差距。

再次，财税专业在国外高校并不存在与之相对应的专业设置。在国外，一般设立公共经济学专业或政府管理等专业。因此，国内高校在财政学专业设置、专业发展与人才培养等方面无经验可供借鉴，主要是靠自己"摸着石头过河"，这也导致一些高校在市场化改革冲击下，财税专业仍然按照旧的思路进行，毕业生明显难以适应市场需求的变化。

四、完善税收学专业应用型人才培养的教学模式改革思考

（一）优化税收学专业人才培养方案

围绕我校税收学专业人才培养目标的新定位，针对此次学生问卷调查反映的问题，对税务专业人才培养模式进行深度研究和改革，修订财税专业人才培养方案和教学计划，主要贯彻以下三大原则。

第一，压缩理论教学总学量，给学生留出更多的时间开展实践创新活动。目前理论教学总学时为1930，占总学时比为71.8%，理论教学课时减少约200学时，为学生自主学习和创新实践留出时间。

第二，精简公共基础课，给专业课程留出空间。目前公共基础课占总

学时比为 30.1%，专业基础课与专业课的占比超过 37.2%（分别为 14.6%、22.6%），这样做更有利于夯实专业基础。

第三，提高实践教学的比例，注重实践创新能力培养。目前实践教学占总学分比例由 19% 提高到 26.5%，其中专业课程的课内实践教学时数和课程门类都有所增加，进一步拓展实习的领域，设立大学生创新项目并配备专业指导教师。通过增加课内外和校内外学生实践，培养学生社会实践和创新能力。

（二）推进课程体系和教学内容改革

1. 创新能力培养教学模式改革

第一，税收学专业培养方案中开设了《创新思维》《创新实践》课程，还开设与双创教育相融合的专业课程，如《税务管理》《涉税服务实务》。

第二，围绕"互联网+"技术及创新能力培养目标设置课程体系，设置《计算机应用基础》等互联网相关课程，使学生能熟练运用大数据、云计算甚至是智能技术；同时，充分利用学校网络开放课程和精品课程等互联网教育资源，将其纳入专业教学计划，优化教学计划和课程体系。[①]

第三，成绩评价体系以创新能力培养为重点。它是开放的、多元的、动态的评价系统，而不是传统的 30% 平时成绩加 70% 期末成绩（或者其他比例）。它注重课程形成性评价，包括学生的平时作业、测验、教学实践活动、课题学习、专题讨论、平时学习、学习笔记等。教师可以直接利用网络评价，也可以综合多种因素进行重新评价，给出学生的学习成绩。[②]

---

① 吴菊、武丽：《"互联网+"视域下税收学专业人才创新能力培养的教学模式研究》，《黑龙江工业学院学报》，2019 年，第 1 期，第 15-21 页。

② 肖育才、谢芬：《关于财政学专业人才培养与课程体系、教学方式改进的思考》，《金融教育研究》，2012 年，第 4 期，第 65-69 页。

2. 探索课程教学"组合式"教学模式[①]

第一，针对理论教学课程，建立专业课程体系改革紧密嵌合的"税收教学团队"，打破"一门课完全由一个教师承担"的格局，不同章节由不同的、在相关领域擅长的教师教授，充分发挥各位教师的特长与优势，打造真正意义上的税收教学团队。在税收学专业中，由《税收学专业导论》《财税专题讲座》这两门课开始试行。

第二，针对实践教学课程，校内实验实践课程教学也可试行上述改革方法，《税务管理》等课程不同的实验实践项目交由不同的教师承担。校外的《专业认知教育》《专业实习》等集中实践课程，分别是校内老师和实践教学基地的校外指导老师共同指导学生提高综合运用财税知识处理实务问题的能力。

3. 重视税收学专业案例教学模式

企业需要既具有扎实的理论知识基础又具备解决实际问题能力的应用型税务人才，比如企业对纳税申报、税收筹划、税务代理、涉税审计等人才的需求不断增加。

为了满足人才培养的客观需求，一方面，建立闽江学院经济管理案例教学中心，购置了全球案例发现系统——工商管理案例库，用于教学相关课程；另一方面，税收学专业重视"专业教学案例库"建设，拟开设"专业教学案例分析"等相关课程，通过与税务师事务所、税务局、会计师事务所等校企合作单位合作，共同筛选在税务实践中的典型案例，以及国际避税与反避税案件，而且要与理论课程内容和社会税务实践紧密联系，并且要定期更新、替换，做到与时俱进。

---

① 李永刚:《应用型税务人才培养课程体系优化策略——以上海立信会计金融学院税收学专业为例》，《连云港师范高等专科学校学报》，2017年，第4期，第74-77页。

4. 构建"以赛促教，以赛促学"教学模式 ①

通过"以赛促教，以赛促学"教学模式，激发师生教与学的积极性。除了常规性的校内税法知识竞赛外，还与福州市司法局、税务局等联合举办榕城高校税法知识竞赛。2011 年开始，每年参加德勤税务精英挑战赛，获得 2015 年德勤税务精英挑战赛优异奖。2018 年获得"福斯特杯"会计税务技能创新大赛三等奖。实践证明，竞赛不仅能够提高学生学习专业知识技能的积极性，也极大地调动了指导教师主动学习业务技能的积极性。

（三）加强税收学专业教学创新团队建设

1. 加强"双师型"教师队伍建设

师资队伍是提高应用型税务人才培养质量的基础。就当前的实际情况分析，税收业务实际操作能力不足是师资队伍最大的短板。为此，一方面，引导中青年教师加强对税收实际操作业务知识的学习，选派中青年教师定期参加税务部门、行业协会组织的税收业务培训，多渠道获取税收实际业务知识。有两位教师到英国、美国等大学进行为期一年的访学交流，三位教师参加教育部财政学教学指导委员会组织的暑期师资培训班。另一方面，鼓励中青年教师积极到税务机关、大中型企业、税务中介机构等部门挂职锻炼或学习。有三位教师在教学基地锻炼学习。聘请税务部门或税务中介机构的专业人士六人担任兼职教师或实习指导教师，弥补专任教师税收实践能力不足的短板。

2. 教学创新团队取得一批标志性教学成果

税收专业教学团队建设需要产生一批标志性成果，这些标志性成果将直接影响教学水平和税收人才培养质量的提高。税收学专业创新团队现有十人，近年来，获得省级教学成果奖两项，省级高校教育教学改革研究项目一项，校级教学创新团队建设项目一项，校级青年教师竞赛二等奖一人。

---

① 董根泰、沈玉平、司言武：《税收学专业人才培养模式改革的思考与探索》，《吉林广播电视大学学报》，2019 年，第 1 期，第 108-110 页。

3.税收专业教学团队建设要重视团队协作精神的培养

教学团队是一个不可分割的整体，需要团队成员通力协作。团队负责人应该重视合作平台的搭建和合作机制的建构，明确团队成员的责任和分工，使团队成员为了共同的利益和一致的目标而奋斗，保证每一位团队成员各尽所能，为团队建设贡献力量。优良的教学团队不仅有利于专业课程的动态调整，完善税务专业人才培养方案，还有利于申报并完成相应的教学项目和科研项目，实现税务专业教材的更新，从而促成合作教改、合作研究、合作育人、合作发展。[①]

---

① 刘成龙:《新形势下提高税收学本科专业人才培养质量的思考》,《经济研究导刊》, 2015 年, 第 12 期, 第 197-199 页。

《服装材料学》课程在线教学探索与实践

吕 佳 赵 莉

（闽江学院 服装与艺术工程学院）

《服装材料学》作为国家级精品资源共享课，从"以学生为中心"出发，改革创新教学模式，已连续多年开展了线上线下混合式教学改革，积累了大量的教学资源和一定的线上教学经验。2020 年春季学期按照上级部署，在疫情防控的特殊时期，课程团队结合以往混合式教学的经验做法，开展了线上教学实践，以求做到线上教学与线下课堂教学质量的实质等效。

一、服装材料学的地位及授课情况

服装材料学是服装设计与工程、服装与服饰设计两个专业的学科基础课，也是我校纺织服装专业群的重要基础课。主要讲述服装用纤维、纱线、织物等各类服装材料的品种、结构、形态及性能，同时讲述服装辅料的品种、性能和选用方法以及各类服装材料的鉴别方法和选用要求等，并对服装材料的养护知识进行介绍，对学生后续课程的学习和以后的工作都有着重要意义。

多年来，我院服装设计与工程、服装与服饰设计两个专业的《服装材料学》课程使用一个教学大纲，在授课内容上，既有对纤维结构的学习，又有对织物各项性能的评测，其中涉及很多物理和化学知识，艺术类学生接受起来有一定难度。

在授课形式上，以老师单方面讲授为主，学生获取的知识大多停留在理论层面，对艺术类学生来说，掌握各种服装材料的性能并能正确选用是非常重要的。因此，单纯的理论授课而缺乏实际的面料接触，很难实现课程目标的要求，再加上艺术类学生自由的天性，久而久之，会出现缺勤、上课走神、玩手机等现象，大大影响教学效果，因此针对艺术类学生的培养要求，对服装材料学进行课程改革十分必要。[1][2]

课程团队在 2017—2018 学年第一学期、2018—2019 学年第一学期分别针对服工专升本班进行了线上线下混合式课程改革实践，学生专科专业均为艺术类，班级规模均为 40 人，教学反馈和结果显示改革后的课程取得了较好的学习效果。本学期在此前混合式教学的基础上，进一步探索线上教学实践。

二、线上教学的特点

线上教学是一种基于网络的学习行为，通过应用信息科技和互联网技术进行内容传播和快速学习。线上教学打破传统模式下的课堂教学模式，使学习的时间和空间都得到极大拓展。特别自 2020 年新冠疫情的大面积爆发以来，受到疫情的影响，学生无法回到学校上课，因此，线上教学的优势更加明显。"停课不停教、停课不停学"，教师通过网络授课，学生在家中完全可以接受同样的教育，整个课堂的节奏和气氛更加轻松。

1. 内容特点

线上教学打破了时间和空间的限制，因此内容更为丰富，除基础知识外，还可以加入大量拓展知识作为补充。如《服装材料学》线上资源除基础知识内容外，还包含服装材料学实验、服装材料的二次再造、服装材料的应用实

---

① 王旭、冯向伟、朱宏达：《新形势下面向不同专业的《服装材料学》教学改革》，《轻工科技》，2015 年，第 31 卷，第 2 期，第 178-180 页。

② 陈东生：《论应用型本科院校的课程建设》，《纺织服装教育》，2014 年，第 2 期，第 141-144 页。

例等拓展知识。同时教学资源更为丰富，集教学课件、授课视频、热点链接、练习题、讨论话题等于一体，内容丰富，形式多样。

2. 形式特点

传统教学是在学校或机构进行教学和学习，以教师和课堂为中心，教学方式比较单一。而线上教学是通过网络进行交互式学习，教师与学生、学生与学生之间，通过网络进行全方位的交流，拉近了教师与学生的心理距离，增加了教师与学生的交流机会和范围。并且对学生的提问类型、人数、次数等进行的统计分析可以使教师了解学生在学习中遇到的疑点、难点和主要问题，更加有针对性地指导学生，教学方式更加多样化。《服装材料学》由于其专业知识的特殊性，许多知识的讲解需要配合图片或动画共同完成，学生可以通过 QQ 群、雨课堂、钉钉、学习通等线上学习平台，给教师留言，做到了及时互动、及时答疑解惑。

3. 互动特点

在线教学中学生的活动行为更为自主化，教师更多的是在线答疑、辅助指导。此外，线上教学的互动响应更为及时，也可以帮助老师快速把握学生反应和检验学习效果，也是教师反思活动效果的有力佐证，线下也可以随时回放，方便学生随时展开自主学习。

4. 机会成本

线上学习成本相对比较低，能够被更多的渴望学习的人接受。当前是互联网高速发展的时期，各种直播平台、自媒体不断涌现，早已实现了知识的付费共享。互联网教育企业，正是抓住了这种机会成本。不影响学习人员的日常生活，也减少了其出差、住宿的开销。相同的成本，线上教育相比于线下教育，可以获得更高的回报。

三、《服装材料学》线上教学实施方案

1. 课前精品资源自学

为配合国家级精品资源课的建设，《服装材料学》课程团队较早开始探索线上、线下混合式的教学模式，既发挥教师监督、引导教学过程的主导作用，又体现学生作为学习活动主体的积极性、主动性与创新性。[1][2]《服装材料学》线上与线下教学模式的混合，能够实现课堂的翻转，更好地实现教学效果，也体现了学生自主学习的能力。

利用现代信息技术，《服装材料学》的课程已完成主讲教师所有理论授课视频上网、实验指导视频上网，并整合各主讲教师的 PPT 课件，制作成专业性强、技术含量高、内容丰富的授课教案，目前课程资源已上线高教司"爱课程"中国高等教育课程资源共享平台，实现资源共享，学生可以随时随地自主控制式的"即时学习"。通过教学视频资源的共享，也能够促进授课教师不断完善授课质量，提升教学水平。

借助已建设的《服装材料学》精品课资源，课程团队设计了适合的线上教学方案，并将教学计划提前发送给学生，使学生能够了解如何开展线上学习及每次课的学习任务。所有发布的任务都在课下完成，以被动的形式激发学生学习的潜在动力。

在每次上课前，均要求学生在"爱课程"上完成对应课程资源的自主学习，掌握相关的知识点，并完成每个知识点后的习题，以任务驱动的形式加强学生课前自主学习的能力。上课时，在系统平台完成课堂的签到任务，便于教师对学生的管理。

---

① 陈东生:《〈服装材料学〉精品课程建设的实践》,《纺织教育》,2006 年, 第 3 期, 第 61-62 页。

② Jia L, Chen D SH :*Construction and practice of online resource sharing courses in Chinese university—take clothing material as an example, 2nd International Conference on Education and Social Development*, 2015.

2. 线上授课解答自学疑惑

为解答学生在自学过程中出现的相应问题，并检验自学效果，老师通过班级 QQ 群直播和雨课堂推送测试小题的形式，答疑和检测学习效果。[①②] 答题完成后，系统会显示学生的答题情况，教师根据学生的回答效果，有针对性地讲解出现错误频率最高的问题。

《服装材料学》线上授课时，老师先用 QQ 直播对该次课的重要知识点进行梳理，并加入部分拓展内容帮助学生理解。此外，不定时通过雨课堂发送测试小题，包含客观题和主观题，一方面可以实时检验学生的自学效果，加深学生对知识点的理解；另一方面可以掌握学生的关注度，避免学生上课注意力不集中。

学生也可以发送弹幕参与涉及服装、纺织、材料、T 台走秀、当今流行服装的色系、服装色彩搭配等话题讨论，也可以由老师给定一个主题，学生自由讨论，既可以有效改善学生想说不敢说、不爱发言的情况，同时也彰显了艺术类专业学生的个性，增加了师生之间的互动效果。弹幕还可以缓解课堂的气氛，实现无声下的活跃课堂。

3. 课后巩固学习效果

课后学习效果的巩固主要通过五种形式：一是 QQ 群答疑，实时解答学生各种服装方面的问题，也能够让更多的学生看到其他同学最关注的问题。二是雨课堂发送一些最新的服装材料资讯作为拓展阅读资料，使学生了解服装材料日新月异的变化。三是布置课后作业，督促学生课后复习和课前预习，主动探索、调研服装材料的相关知识。四是要求学生回看授课视频，对知识点进行梳理，融会贯通，更好地增加对理论知识的理解。五是组织学生参加各类面料设计比赛，增强学生的理论水平与实践技能。

---

① 孙晔：《浅谈混合式教学工具雨课堂的使用》，《教学研究》，2016 年，第 11 期，第 197-198 页。

② 屈国靖、侯东昱：《翻转课堂在"服装材料学"课程教学中的应用》，《纺织服装教育》，2018 年，第 33 卷，第 6 期，第 483-487 页。

四、《服装材料学》线上教学效果

1. 课堂出勤率大幅提升

由于课前签到、限时答题的制约，加上授课形式的改变，学生上课积极性大幅提高，课堂注意力集中，课堂氛围活跃。从已结束的课程来看，平均出勤率为98%，这与以往传统线下课堂授课相比有显著改善。

2. 课堂气氛异常活跃

由于增加了大量的课堂互动部分，改变了以往老师讲授、学生被动接受的教学模式。以学生为中心的教学模式的转变，使得学生的参与度更高，学生不仅参与答题，甚至会通过一个小的知识点引发一系列讨论，师生互动热烈，课堂气氛非常活跃。线上授课有效地激发了学生的学习兴趣和潜能，使之成为主动且高效的学习者。

3. 教师教学能力逐步提高

《服装材料学》线上教学给教师提供了新的教学途径和模式，线上教学涉及许多教学平台、教学资源、计算机软件等。对教师来说，线上教学可以促使老师不断丰富完善教学资源、设计各个教学环节的互动，也提高了教师的教学能力和综合素质。

4. 学生学习效果更加明显

通过已推送课堂小题的正确率来看，学生知识点掌握情况良好。此外，由于该专业班级人数较多，在线下传统课堂中由于受制于空间和时间的限制，无法兼顾每位学生的问题，而线上课堂使得每位学生都像坐在前排，都可以和老师直接互动，解惑答疑，可以较好地满足大部分学生的学习需求。

服装表演、服装设计等艺术类学生学习主观能动性偏弱，线上授课方式也带动了学生的自主学习能力，激发了学生的学习潜力，进一步提升了学习效果。

五、结语

《服装材料学》在线课程教学在"停课不停教、停课不停学"时期发挥了积极作用。从教师和学生的角度来讲，都有很明显的优势，既保证了教学效果、增加了师生互动，也实现了线下教学模式无法完成的教学效果，为线上线下混合模式、实现课堂翻转，提高教师的教学水平，提升学习效果，为《服装材料学》教学改革的创新奠定了基础。

但是在实践的过程中也发现，为实现在线学习与线下课堂教学质量的实质等效，还需要在教学方案设计、师生互动等方面进行改革创新，如：授课资源和答疑形式还需要进一步设计完善，特别是需要增加更多过程性考核的内容，此外，针对不同的知识点，授课形式还需要灵活多样，尽量避免模式化。

基于雨课堂的翻转课堂模式教学改革探究

——以《理论力学》课程教学为例

洪锦泉

（闽江学院　物理与电子信息工程学院）

《理论力学》课程传统教学以教师讲、学生听为主，对学生课前是否完成预习、学生课堂学习效果如何、课后知识复习与巩固是否进行等方面教师无法实时掌握，同时在课堂上师生高效互动、学生在课程的学习轨迹自动记录与学习行为量化等方面也比较薄弱。因此，改进《理论力学》课程教学方法，创新教学方式，丰富教学手段，促进学生自主、高效学习成了当前研究的热点。

当前随着信息技术的发展，翻转课堂、慕课等新型教学方式的兴起，以及"雨课堂"的出现，[①] 给教师教学理念革新与教学手段变革注入新鲜血液，也使教师掌握学生学习动态、了解其知识掌握程度、提高学习效率、促进良好自学习惯养成成为可能。本文结合本校《理论力学》课程教学现状，采用基于雨课堂的翻转课堂教学模式进行相关的教学改革。

---

① 王帅国：《雨课堂：移动互联网与大数据背景下的智慧教学工具》，《现代教育技术》，2017年，第27卷，第5期，第26-30页。

一、《理论力学》课程教学现状

理论力学是各门力学课程的基础，同时也是一门对工程对象进行静力学、运动学、动力学分析的技术基础课，为实际工程问题的抽象、简化与建模分析提供了很必要的理论依据，在诸多工程技术领域有着广泛的应用。同时，理论力学的方法在科学研究中具有一定的典型性，通过课程学习，有助于学生提升自学能力、逻辑思维、分析能力、建模能力，其重要作用不言而喻。但由于理论力学课程具有理论性、抽象性较强，概念、定理较多，解题方法灵活多样等特点，学生学习效果往往与预期差距较大，学习过程中存在一些问题，主要表现在：

1. 有限的教学时间与多元的教学内容之间的矛盾

以闽江学院为例，我校机电专业理论力学课程采用清华大学李俊峰、张雄主编的《理论力学》教程，授课时间为 40 学时，在一个学期内完成教学。虽然课时比较少，但学习内容涵盖运动学、静力学、动力学等三大模块的内容，学生学习"减时不减量"。在有限的教学时间内要完成相应多元的教学内容，教学节奏快，任务重，完全采用传统的夸美纽斯教学方式效果差，学生学习兴趣不高。

2. 教师"专制性"教学与学生"自主性"发挥之间的矛盾

在传统教学过程中，过分强调教师"专制"，实际上是以教师为中心进行。虽然在有限的教学时间里，教师能尽最大限度完成教学实践活动，但学生是否掌握教师所传授的知识，对知识的理解与了解程度如何，教师无法较为全面了解。学生只是习惯于知识"灌输"模式，但是自我学习与思考、问题批判、见解表达等能力得不到充分发挥。

3. 教材资料单一与信息资源复合多样之间的矛盾

在实际的教学过程中，教师往往是围绕选定的教材体系展开教学实践。而信息化背景下，特别是 MOOC 平台的兴起，可获取的资料信息非常丰富。

教师希望学生具备"取百家之长"的能力，能博览群书，而学生一方面更倾向于"实用"主义，只掌握教师所传授的知识与期末考试的知识范围；另一方面即使能自主获取信息，也无法深刻理解各知识点之间的相互关联与用法。

4. 较为传统的教学策略与智慧课堂信息化技术之间的矛盾

信息技术的发展与完善，基于利用大数据和云计算技术的智慧课堂教学，教师能够较客观地了解学生的学习情况，因材施教成为可能。传统课堂教学模式下，教师教学策略较为简单、落后，即以课堂面授、作业批改等方式进行。这样的教学策略下，智慧教学平台面临"英雄无用武之地"的尴尬境遇，教师只能在一定程度上反应学生的学习效果，无法全面掌握学生"课前—课堂—课后"的学习行为。

二、基于雨课堂的智慧教学模式的优势

雨课堂是由清华大学在线教育办公室和学堂在线共同推出的、旨在连接师生的新型智慧教学工具，是教育部在线教育研究中心的最新研究成果。它将复杂的信息技术手段融入 PowerPoint 和微信，通过网络技术将"课前—课堂—课后"的每一个环节有机串联，形成一个轻量级的翻转课堂：课前教师能够将慕课资源、习题、语音课件推送至学生手机；课堂实现师生实时问答互动与信息反馈，实现课堂教学翻转；课后教师分析学生学习行为相关数据、量化了解学习效果、把握学生的学习轨迹，为传统课堂教学改革提供了新的方法。基于雨课堂的智慧教学模式具有众多优势，主要体现在：

1. **教学反馈实时化**

教师使用雨课堂能够实时统计学生对于客观题的选择情况，有助于教师了解学生对知识概念的掌握情况，而弹幕功能的开启与投稿功能的实现，使得主观题答题情况的实时反馈成为可能。同时，学生能够针对教学资源中的重难点及时选择"不懂"或"收藏"，有意识地重复学习。这些功能的合理使

用，不仅有助于教师及时调整教学进度、改进策略，也有助于学生及时反馈学习盲点，做到较为有效地双向沟通，以提高效率。

2. 教学形式新颖化

对于教师课堂提问，学生不仅能及时看到全体同学对客观题答题情况的统计分布、参考答案及解析，而且能够通过弹幕形式发表自己的见解与观点。同时，教师可通过随机提问的形式抽查部分学生解答的问题，而被抽到的学生"心甘情愿"，感觉"中奖"一样，教师还可以以"红包"的形式进行奖励。"弹幕""抽奖"式提问、"限时回答""课堂红包"等形式，将学生喜闻乐见的"网络化"形式应用于课堂教学中，极大增强学习乐趣，也有助于提高课堂效率。

3. 教学记录全面化

雨课堂能够自动记录覆盖"课前—课堂—课后"全方位的教学信息。课前，学生是否完成了教师指定的预习资料；课上，学生是否认真参考教师设定的问题，答题情况如何；课后，学生还存在哪些知识盲点，是否能提出相应的对策，雨课堂均能一一给予记录与体现。这些学习行为的全方位记录，能较客观地还原学习者的学习过程，有助于教师科学、合理地利用信息技术，促进教学由"经验驱动"向"数据驱动"转变。

4. 教学手段便捷化

雨课堂平台基于大众熟悉的社交工具——微信和办公软件——PPT 重点进行研发，使用十分便捷；雨课堂教学支持学堂在线上所有慕课资源，以及来自腾讯、土豆、优酷等主流视频网站的网络视频，使得教师充分利用互联网资源、活跃教学氛围成为可能，而基于传统方式授课的课件仅需稍作修改即可实现课堂互动，操作十分便捷；对于课堂内外所有的师生互动信息与统计结果，教师不仅可以实时观看，而且还可以发送至指定邮箱以便日常统计，教学行为数据获到渠道十分便捷。

5. 教学方式智慧化

信息化与大数据背景下应运而生的智慧教学平台——雨课堂，对使用者与学习者的信息素养以及软硬件设备要求较低。基于互联网思维的界面设计，仅依靠操作简单的雨课堂软件，传统课堂可瞬间化为智慧课堂，能全面实现实时互动、全面记录、高效反馈等功能为一体的全能教学平台。雨课堂实现了教学资源与手机终端实时同步，使得教师分享课前预习资料与课件复习资料，以及学生课堂上巧妙做笔记、专注听课、及时反馈成为可能，基于学生学习行为的数据信息自动统计与分析，使得教学设计与改进有理、有据、有节。

三、基于雨课堂的翻转课堂教学模式

1. 翻转课堂

翻转课堂，是一种通过颠倒教师知识传授与学生知识内化过程的新型教学模式。在此模式中，教师与学生在教学过程的角色发生转变，教师不再占用绝大部分课堂时间讲授知识，而是在课前将部分知识以视频、课件、习题等形式传递给学生预习；课上学生也不再被动地接受知识传输，而是有意识地主动参与知识理解、内化。这种教学模式有助于"教师主导，学生主体"的充分发挥，有助于利用学生课堂以外的"碎片化"时间进行学习，在时间与空间上延伸了课堂活动。

2. 基于雨课堂的翻转课堂教学

当前翻转课堂教学与传统课堂相比，在教学方式、教学手段、教学效果上有显著不同。如何有效了解学生学习行为特色与学习能力，进而对学生学习过程进行有效干预与指导，是翻转课堂成功、有效实施须解决的难点。雨课堂的出现，学生所有的学习行为数据能被自动完整采集，有助于教师系统分析学生学习的时间与学习活跃度，了解学生线上学习的特点、习惯与效果以及线下学习存在的问题与困难，探索线上与线下教学活动的有机融合。

3. 基于雨课堂的翻转课堂教学设计

基于雨课堂的翻转课堂对教师高效完成教学活动提供了机遇，也提出了挑战。教师在教学设计上不仅要全面把握教学重难点，预判学生学习过程中可能面临的问题，而且要充分挖掘学生学习潜力，发挥其主观能动性，更好地促进教学相长。

（1）把握适度原则

翻转课堂虽然有助于促进教学的良好互动，但并不是"灵丹妙药"，并不能"一招鲜，吃遍天"。课程时空教学上，由于教学活动涵盖课前、课堂与课后，所以教学内容若均采用翻转形式，学生的学习精力与压力较大，可能产生逆反心理；课程内容选择上，什么样的内容采用翻转教学能够实现事半功倍的效果；在教学形式上，翻转程度如何选择：是全翻转还是半翻转。教师需要把握适度原则，预先做好教学设计，并在实践中不断改进教学方案，一切为学生更好地实现知识内化服务。

（2）平衡"加减运算"

基于雨课堂的翻转课堂教学，学生的学习活动涵盖了课堂前后。这就要求教师要着眼教学设计，合理安排课堂内外的教学内容，课堂内外的教学适当做"加减法"。部分知识传授可以前置于课前，课堂上注重学生主体地位的发挥。只有课堂教学内容做减法，教学手段与方法才能做加法，课外学习活动与课堂教学效果才能做加法。

（3）注重"数据驱动"

雨课堂的使用，除了使教学形式新颖化、教学手段丰富化、教学互动高效化外，还有助于教师优享大数据红利。雨课堂平台能够记录相关的教学数据，并能自动统计、智能分析。在教学过程中，教师应该注重相关的统计数据，分析学习者行为，转变"经验驱动"模式，注重"数据"驱动，关注学生行为数据，分析学生学习习惯，实现个性化培养，因材施教。

（4）衔接线上线下教学

当前教学翻转课堂大部分都注重教学形式上的翻转，而忽视学生线上线下的学习行为，缺乏线上线下的有机互动。基于雨课堂的翻转课堂教学活动，要注重依托雨课堂工具所具有的交互系统，打通线上与线下教学渠道；依托大数据所蕴含的学生学习行为轨迹信息，促进线上与线下教学活动深度融合；改进教学评价方式，注重过程性评价、形成性评价与终结性评价等多元评价方式的合理运用。

4. 基于雨课堂的翻转课堂教学模式

基于雨课堂的翻转课堂教学模式构建如图1所示。该模式从教师与学生两个维度出发，教学过程从传统课堂教学延伸至课前与课后。雨课堂作为翻转课堂的实施平台，有助于教师课前完成教学设计与资料推送，并能通过平台上学生所反馈的信息及时调整教学设计；有助于学生获取预习信息，完成教师所布置的相关预习要求。课堂上，雨课堂有助于师生完成全方位互动，帮助学生更好地内化知识。课后，教师通过雨课堂发送复习资料，并注重相应的教学数据收集与分析；学生进一步完成知识体系的梳理与提升，实现个性化学习。值得注意的是，雨课堂有助于实现师生交互的实时性与立体化、学习行为与教学效果的数据化，为教师调整教学策略提供了客观、可靠、必要的事实依据。

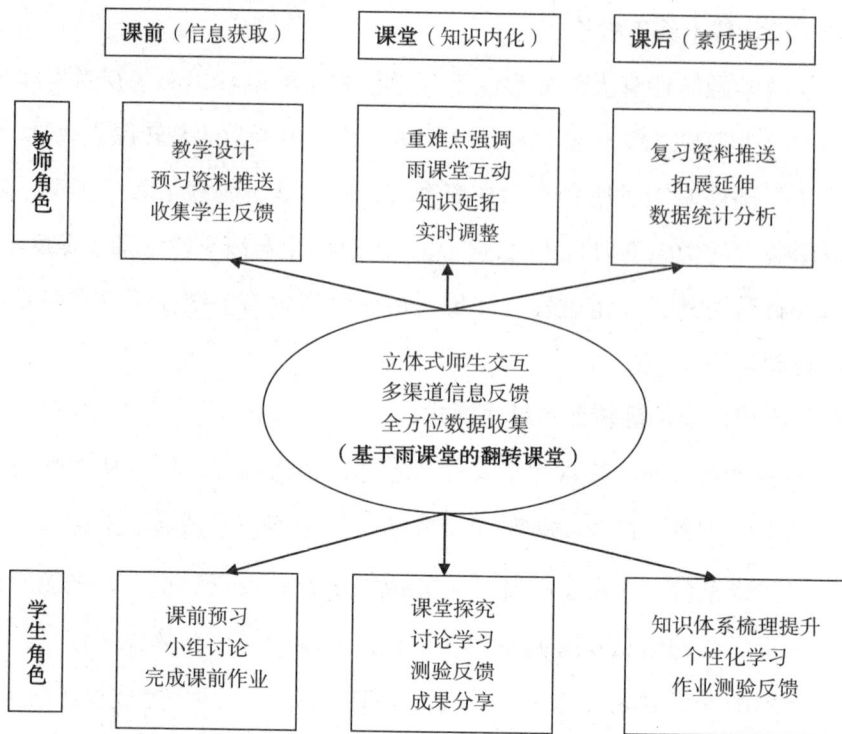

图 1　基于雨课堂的翻转课堂教学模式

四、基于雨课堂的翻转课堂教学实践

以清华大学李俊峰、张雄主编的《理论力学》第二章刚体运动学第三节刚体平面运动为例，以闽江学院 17 级机械电子专业（1）班为对象，开展基于雨课堂的翻转课堂教学实践。根据教学大纲的要求，本节要求学生重点掌握用基点法、瞬心法和速度投影定理等方法求解刚体上任意一点的速度。而基点法、瞬心法和速度投影定理的理论推导或证明比较简单，本节重点在于教师通过举例与计算题等加强学生对上述三种方法的理解。通过教材与学情分析，教师采用完全翻转方法完成相应的教学工作。

1. 课前准备

（1）小组探究

以学习小组为基本单元，每组七人（共八组），以分组研究的方式完成相应的学习任务。一方面，小组学习方式有助于朋辈互助学习，发挥每位成员的优点，集思广益；另一方面，团队学习方式有助于成员相互监督，有助于课堂上使用头脑风暴法解决问题，实现更高效地学习。

（2）预习资料

预习资料中的微课资源，教师不再单独录制，而是直接使用雨课堂工具插入学堂在线平台上清华大学高云峰教授主讲的慕课视频——《理论力学》（国家级精品课程）。由于该慕课视频与匹配的参考书目与我校学生所使用的教材完全一致，与教师所使用的课件匹配程度极高，学生更易于授受。同时，教师插入六个与本次授课相关的视频，总时长约 16 分钟。视频长度适中，有益于学生观看学习。

同时，课前教师把相应的课件修改后发给学生预习，包含了五道课堂上需要掌握的相关例题。

（3）课前作业

为了解学生自主学习的效果，同时也为课堂翻转教学的实施，以最普遍的曲柄滑块机构为例，教师在布置的预习作业里，首先介绍了曲柄滑块机构在日常生活中的应用，并插入部分滑动机构的 Flash 动画，同时要求学生完成相应的预习作业。

预习作业题目：如图 2 所示，已知曲柄滑块机构一端绕 O 点转动，其角速度为 ω，另一端 B 点可沿水平方向滑动。OA 长度为 R，在某一瞬间 OA 杆与 OB 杆与水平方向的夹角分别为 45° 与 30°，求此瞬时（位置）B 点

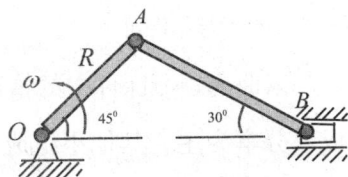

图 2　曲柄滑块机构

的速度 V_B 与 AB 杆的角速度 ω_{AB}（要求使用基点法、瞬心法和速度投影法等求解）。

（4）课前预判

以雨课堂作为学生信息反馈渠道，通过对学生预习作业完成度的分析，

了解到学生本节内容的相关知识均有初步掌握，学生除了用基点法、瞬心法和速度投影法完成预习作业外，还使用了求导法进行求解。教师从中各选一组作为课堂知识分享与探究对象。同时，对于课件里最多学生点击"不懂"的知识点作为课堂强调的重点，对没有做好预习工作的同学教师及时跟踪提醒。

2. 课堂教学

（1）知识回顾

知识回顾环节，教师不再是对新知识的重复介绍，因为清华大学的慕课视频已经较全面地阐述了相关知识。课堂上新知识以学生自己讲授为主，其他学生可进一步补充，教师注重发挥主导作用，主要针对学生理解误区进行知识点拨，并适当延拓。

（2）主线串联

教师以预习作业答案解析为串联主线，通过雨课堂"投屏"功能，按照用基点法、瞬心法、速度投影法、求导法等四种解题方法，邀请代表成果分享，着重介绍解题思路与解题过程，其他小组成员进行提问与补充。同时，结合解题过程中所包含的部分知识点，教师对主讲学生进行提问，其他小组成员进行互评与补充。

（3）习题巩固

以课前预习课件中的精选习题为载体，以小组代表课堂探究、成员讨论、成果分享为主，其他小组成员点评补充为辅，通过教师适时引导，学生完成知识重塑与内化。在此教程中，教师要注重调动学生学习的积极性，挖掘其潜能，防止以团队进行学习时个别学生滥竽充数，促进成员共同进步。

（4）知识总结

除了对本次课堂的主要知识点进行总结外，教师通过生动翔实的工程实例与动画演示，介绍本次学习要点在生产实践中的应用，加深学生对知识的理解与巩固。

3. 课后提升

学生除了完成习题作业外，还可以针对不懂的课件进行知识的梳理和总结；教师通过雨课堂发送其他复习资料，帮助学生进一步提升水平。同时，基于雨课堂工具所具有的数据反馈优势，教师及时进行分析统计，以备下次教学及时调整教学方案。

五、结论

基于雨课堂的翻转课堂教学采用"线上＋线下"的教学模式，不仅保留了传统教学的特点，而且发挥了线上学习的优势，同时翻转课堂模式能够极大地激发学习者的主观能动性，体现了"以学生为中心"的教学理念。雨课堂使得课堂内外师生立体式互动成为可能，且其"全景式"学习行为记录，有助于教师量化学习效果，制定个性化培养方案。当然，在实践中也存在一些问题，比如如何开展科学、有效的多元评价体系，将学生课前与课后的学习行为与效果纳入评价范围，仍有待进一步思考与探索实践。

以规范精准为导向的本科毕业论文（设计）信息化管理

林文如　林叶郁

（闽江学院　数学与数据科学学院·软件学院）

一、引言

毕业论文（设计）是高校人才培养中极为重要的实践教学环节，也是反映教学质量的重要评价内容。[①] 在国际工程教育认证标准中指出，毕业设计是学生在校期间为数不多的能体现学生解决复杂问题培养效果的材料，并将对毕业论文（设计）的评估作为工程教育认证最重要的评判之一。[②] 目前，尽管有不少学者将研究聚焦在毕业论文（设计）工作中存在的问题及改革对策、过程管理、质量监控等方面，[③] 仍不乏部分高校的现行管理模式存在工作量大、效率低下等情况。而信息技术与管理模式创新的融合是毕业论文（设计）管

---

① 翁艳琴：《基于本科生毕业论文过程管理效能提升的系统设计》，《湖北师范大学学报（哲学社会科学版）》，2018年，第1期，第138-141页。

② 翟红、宗望远：《高等农业院校工科专业本科毕业设计的研究与探索》，《教育理论与实践》，2017年，第12期，第24-26页。

③ 刘波粒、刘泽军：《浅析本科生毕业设计（论文）质量滑坡的原因及其对策》，《中国高教研究》，2007年，第7期，第89-90页。

理工作的发展趋势。规范、精准管理是本项目改革的目标导向，也为严格过程管理、构建质量监控体系奠定基础。因此，本文结合闽江学院对毕业论文（设计）的管理规定，分析目前毕业论文（设计）管理过程中存在的主要问题，提出以规范、精准为导向的信息化管理改革举措，借助自主研发的"毕设通"系统实现对毕业论文（设计）的科学管理，提升教学质量。

二、目前毕业论文（设计）工作流程中存在的问题

高校毕业设计的工作流程基本包括：确定指导关系、论文选题、开题报告、制定任务书、中期检查、论文指导、论文评阅、论文查重、论文答辩、成绩评定等环节。这些环节环环相扣，其中任何一个环节出现问题都将无法进入后续环节；同时，在毕业设计过程中还存在学生中途换题目和换导师等情况，需要更改相关环节，随之带来的工作量较为繁琐。通过分析本校毕业论文（设计）管理现状，发现效率低下的问题主要包括如下几个方面：

1. 确定指导关系的流程繁琐

传统做法是直接分派或线下互选。直接分派即由各专业负责人（或教研室主任）直接手工分配师生指导关系，然后师生之间确定选题。其优点是简单省事，缺点是未能充分表达师生意愿。线下互选的流程主要有：（1）院系通知教师填写指导方向说明；（2）教师将指导方向说明发 QQ 或邮件给教学秘书；（3）教学秘书手工汇总导师名单（包含姓名、指导方向说明等信息），然后下发给各班学习委员；（4）学习委员将导师名单下发到每位同学，学生将选导师信息发给学委汇总，之后发给教学秘书再汇总；（5）教学秘书将汇总好的学生选导师信息表下发给教师，教师再从中选择学生；对于未被选中的教师或学生，需要重复以上部分步骤进行第二轮、第三轮……然后师生之间确定选题。这种做法的缺点同样明显，师生积极性低、效率低，该项工作的完成周期较长。

2. 题目审核方式不理想

传统做法是各导师先汇总自己学生的题目审批表给专业负责人（或论文

指导小组），专业负责人（或论文指导小组）汇总本专业（或全院系）的题目，开会讨论审核。这样做的缺点是：即使讨论时打印了近几年的题目作为审核参考，人工也很难从中准确找出拟开题题目与历届题目之间的关系（重复程度、数量），从中也反应出电子档毕业论文的归档管理问题。因缺乏数字化管理，造成检索不便，利用率低下。

3. 文档填写与排版规范性差

毕业设计过程要求填写多个表格型文档，传统做法是学生使用 Word 根据文档模板进行填写。在这些表格中基本信息（姓名、学号、专业、班级、指导老师姓名、职称、题目、选题类型、论文方向等）容易填错或不一致，甚至同一种名称的表格模板，不同院系（甚至不同专业）也不尽相同，同院系同专业也存在不同年份版本的问题。若不加以有效管理，容易出现错误，一旦错误，一传十传百，造成大面积出错。长文档排版也存在类似问题，虽然会给学生提供排版要求及模板，但学生是否已按要求整理文档只能依靠导师根据经验判断。

4. 成绩评定环节效率低下且易出错

传统做法中，导师在 Word 软件中打开"指导教师成绩评定表"模板文件，填写基本信息（学生姓名、学号、院系、专业、班级、题目等），然后输入各评分小项得分，并亲自合计总分，最后填写评语。在评阅教师评定成绩环节，导师（或教学秘书）将学生的论文收集打包，通过 QQ 或邮箱发给评阅老师；评阅老师收到后，下载并在 Word 软件中打开，然后在评定表中输入各评分小项得分，并亲自合计总分，最后填写评语，全部评完后打包发给指导老师。在答辩成绩评定环节，答辩组老师在 Word 软件中打开每个学生的答辩成绩评定表，输入成绩、填写评语，全部完成后打包发给指导老师。到了最后的总评成绩评定环节，导师须根据指导教师成绩评定表、评阅教师成绩评定表、答辩成绩评定表这三份成绩按权重比例计算出总评成绩，然后在 Word 软件中打开"总评成绩评定表（答辩委员会决议书）"，填写学生基本信息、三类成绩、总评得分，并将统一行文的答辩委员会决议内容填写进去。

以上四个成绩评定环节，都存在缺点：基本信息的填写容易出错且浪费时间、合计总分容易出错、调整分数要重复计算。且这种人工的方式进行文件收集分发，不但繁琐，而且效率低。

5. 不利于进度管控与材料归档

以前，各院系若要了解各环节进展情况，只能通过老师上报了解；教务处若要了解各院系进展情况，只能通过各教学秘书上报了解。在材料归档上，导师与学生之间、导师与教学秘书之间、教学秘书与教务处之间均通过 QQ 或邮箱的方式，收集归档材料（各种表格、长文档、报表），其缺点在于：收集分发繁琐，版本很难控制，文档完整性难以保证。

三、信息化管理改革举措

针对以上毕业论文（设计）工作流程管理中出现的主要问题，结合闽江学院对毕业论文（设计）的管理规定，以规范、精准为导向，通过自主研发的"毕设通"系统实施信息化管理改革，解决以往管理过程中的种种效率低下问题。系统包括基础数据管理、工作流管理、选题管理、过程管理、答辩管理、统计报表、系统管理等主要功能。

1. 师生线上互选

具体流程如下：（1）教师在系统中申报指导教师资格（填写指导方向说明、指导人数等信息）；（2）专业负责人审核导师资格；（3）学生在师生互选时间段进系统选导师，可以进行自我推荐；（4）导师在师生互选时间段进系统选学生（可以查看学生基本信息、照片、成绩、自我介绍等），未被导师选中的学生或导师48小时内未做出选择的情况下，学生可以转投其他老师。这样循环（3）（4）两步直到全部确定师生关系。使用该措施能提高师生的积极性（在抢人的思维推动下），让完成该项工作的时间大大缩短。

2. 题目线上审核

开题报告会前，导师在系统中申报题目（可以是导师出题或学生自拟），通过系统提供的"历届题目检索"功能，导师就可以初步把关可能存在的重复性。论文指导小组开审核会时，在系统中打印出每个题目及相似度最高的 5 个往届题目（通过分词搜索引擎技术匹配相似度），作为审核讨论、修改建议的强有力依据。这种系统相似度匹配结合人工审核的做法大大提高了审核的精准性，降低了工作难度。

3. 在线填写毕业文档

对于各种毕业文档，学生可利用系统的 Web 表单进行填写保存，基本信息则从数据库读取自动填入。对输入域有要求的字段，系统可进行数据校验。学生填写好表单后，通过系统内置的各专业标准表格模板，一键生成对应的 Word 表格文档。该举措使该类文档得到规范化管理，基本信息前后一致，可按各院系标准模板规范生成正确的表格文档。在长文档排版方面，学生只要将各章节的内容从 Word 中复制粘贴在系统提供的"长文档生成工具"中保存，然后一键生成排版格式规范的文档。该举措使该类文档得到规范管理，同时大大减轻导师指导文档格式的负担，把大量时间放在指导学生文档的内容本身。

4. 线上答辩分组、评阅分配

改革举措是:（1）答辩分组：教学秘书在系统中首先新建各个分组，为每个分组添加教师姓名（从系统中勾选），然后为每个分组勾选答辩学生（可通过按导师、按专业班级、按姓名学号三种方式快速过滤得到欲添加的学生姓名），并提供导师回避策略，即：当前组教师的学生不能被添加到当前组。全部分组完成后，可一键生成答辩分组名单的文档。（2）评阅分配：教学秘书在系统中首先添加一个评阅教师，然后勾选被评阅的学生（可通过按导师、按专业班级、按姓名学号三种方式快速过滤得到欲添加的学生姓名）。通过勾选操作就能快速完成大量学生姓名的输入，也能避免遗漏，减轻教学秘书的工作量。

5.线上评分

改革举措是：指导教师、评阅教师、答辩组教师的评定工作均在系统中完成，系统中显示所能评定的学生列表，选择某个学生姓名，系统从数据库中读取基本信息自动填写，各评分小项得分输入后实时自动合计总分，提交保存，并可一键生成对应的 Word 表格文档用于打印。其优点有：基本信息自动填写精准规范、合计总分准确无误、调整分数方便。教师在评定成绩前，在系统中就可以查看相应学生的论文，告别了人工收集分发文件的繁琐工作。

6.进度掌控与材料归档

在系统的"进度总览"模块中，教学秘书可以看到本院系的进展情况；专业负责人可以看到本专业的进展情况；教务处可以看到各院系的进展情况，这些进展情况均以进度条、数值、百分比的形式展现，各级管理人员对所管辖范围的进度情况一目了然。

通过信息化管理改革后，所有文档均在系统中根据权限分配和业务流程进行流转，需要这些文档的时候利用系统的 Word 生成功能，根据标准模板自动生成对应的文档，其优点是：格式规范，省去了人工收集分发的繁琐工作。

四、关于"毕设通"管理系统

为实现以上改革举措，加强对毕业论文（设计）过程的监控和管理，作者作为项目负责人于 2016 年 6 月起进行了初步系统研发，并在所在单位闽江学院计算机与控制工程学院进行试用（2016 年 9 月—2017 年 6 月），取得了一定的积极成效；2017 年获校级立项《面向多主体参与的高校毕业设计（论文）新型协同平台研究（MYS17027）》，将原系统升级为"毕设通"的毕业论文管理系统。系统功能如表 1 所示：

表1 "毕设通"系统功能列表

主功能项	子功能项	主功能项	子功能项
基础数据管理	学院/系部管理	工作流管理	校工作流管理
	专业管理		系部工作流管理
	教师管理	公告管理	通知管理
	专业负责人管理		下载管理
	教学秘书管理	过程管理	任务书管理
	教务处人员管理		开题报告管理
	学生管理		中期检查管理
选题管理	申报指导老师		论文初稿
	师生互选		论文定稿
	申报题目		指导过程记录
	题目师生互选		指导老师评分
答辩管理	批次管理	统计报表	选题情况汇总表
	分组管理		Word导出
	查看老师分组	系统管理	日志管理
	查看学生分组		系统用户管理
	评阅老师评分		数据字典管理
	答辩老师评分		数据库备份/恢复
	答辩小组评分		工作流节点管理
	答辩记录填写		工作流模板管理
	论文成绩评定		Word导出模板管理
	论文评优管理		表格扩展属性管理
	成绩公布设置		菜单管理
			角色权限管理

该系统使用集成开发工具Eclipse，数据库采用Oracle，项目运行在Tomcat服务器。系统实现对学生论文设计进行跟踪、引导一体化的管理。学生和导师可以根据系统发布的工作流，执行每一阶段的任务，管理人员可以高效地检查每个人的论文设计进度，并做出相应的督促。相比传统的模式，"毕设通"系统在管理、检查和引导方面具有明显的优势。同时，该系统具有有效的验证机制，显著提高了系统的安全性，减少被攻击的几率。该系统有着良好的算法和优秀的架构，可以提供稳定、高效的服务体验，其自适应界面简洁大方，极大地方便用户操作。

五、小结与展望

《教育信息化"十三五"规划》中指出，要聚焦教育改革发展过程中困扰教学、管理的核心问题和难点问题，将信息技术融入教学和管理模式创新的过程中，以创新促发展，推动教育服务供给方式、教学和管理模式的变革，形成中国特色的教育信息化发展路径。[①] 为提升高校毕业论文（设计）管理工作的效能，由我们自主研发的"毕设通"毕业论文（设计）管理系统于 2017 年 9 月开始在闽江学院大部分院系进行了实际应用。截至目前，部分院系已实现通过本系统对毕业（论文）设计过程进行规范、精准管理，且师生对系统的使用满意度普遍较高。其他院系也在积极推行此项改革，期待再经过一年的改革，在全校范围内实现对毕业论文（设计）工作的全面规范、精准管理，并将改革成果推广到其他院校，达到群体示范的意义。

[①] 佚名：《教育部颁布〈教育信息化"十三五"规划〉》，《中国教育网络》，2016 年，第 7 期，第 8 页。

应用型高校学生社团管理"课程化"模式构建

邹文通　薛　琳　何　伟

（闽江学院　创新创业创造学院）

《关于加强和改进新形势下高校共青团思想政治工作的意见》进一步指出，"贯彻落实《高校学生社团管理暂行办法》，加强对学生社团的管理、引导、服务和联系，促进学生社团规范有序发展"。[①] 当前，如何建立符合应用型高校发展要求的学生社团管理模式，是我国应用型高校思想政治教育的关键要求。本文拟将"课程化"模式引入高校学生社团管理，旨在突破传统高校学生社团管理模式，通过实施学生社团活动"课程化"来进一步丰富高校通识教育的内容，逐步构建以"课程化"为核心的应用型高校学生社团管理新模式。

一、应用型高校学生社团管理"课程化"的重要意义

学生社团管理"课程化"模式主要是基于第二课堂活动课程化的理念，将一切有利于大学生成长成才的学生社团活动视为"课程"，通过科学筛选、有效设计其基本的教学大纲和教学计划，以相应课程记录换算，将学生社团

---

① 共青团中央、中华人民共和国教育部:《关于印发〈关于加强和改进新形势下高校共青团思想政治工作的意见〉的通知》，http://gqt.yznu.cn/2f/7f/c2427a77695/page.psp，2017年6月5日。

活动体现为学分的一种运作模式。从本质上看，它是充分利用第一课堂教学的基本理念和经验，对学生社团活动项目进行有目的的规划、实施、管理和评价。在全面推进大学生素质教育的新时代，学生社团管理"课程化"逐渐成为应用型高校综合改革的一个重要内容，真正将第二课堂活动融入第一课堂教育教学的全过程，实现第一课堂、第二课堂协同作用，逐步提升课程育人的质量和水平。

（一）有利于增强学生社团育人功能

《高校思想政治工作质量提升工程实施纲要》指出，"把组织建设与教育引领结合起来，强化高校各类组织的育人职责，增强工作活力、促进工作创新、扩大工作覆盖、提高辐射能力""发挥学生社团等组织的联系服务、团结凝聚师生的桥梁纽带作用""支持各类师生社团开展主题鲜明、健康有益、丰富多彩的活动"。[①] 高校学生社团管理"课程化"建设，旨在发挥学生社团组织育人功能，充分借鉴第一课堂教学模式和要求，把学生社团的发展和活动纳入学校总体课程教学体系之中，"使学生社团不再只是以自我管理和社团联合会管理为主的'民间组织'，而是有专业教师的全程指导，并且需要在活动方案的制定、活动的组织开展、活动的评价考核等方面遵循学校教学和管理部门的相关规定"。[②]

一方面，学生社团管理更加规范。教学部门将学生社团的建设和活动纳入学校课程教学计划，统筹学生社团的课程设置、教学规范和授课教师，尤其加强学生社团开课选择、教师评价和实践活动监督和管理。通过学生社团活动课程化，学校主动介入学生社团活动的组织运行，坚持建设和管理并重，既有积极扶持，又有规范运作，在机制的建设上促进学生社团健康发展。

---

① 中华人民共和国教育部：《中共教育部党组关于印发〈高校思想政治工作质量提升工程实施纲要〉的通知》，http://education.news.cn/2017-12/06/c_129758619_2.htm，2017 年 12 月 6 日。
② 周小骥、侯盛炜、秦晶：《高校学生社团课程化建设探究》，《学校党建与思想教育》，2014 年，第4 期，第 87-89 页。

另一方面,学生社团自身发展更加有活力。根据"课程化"的规划,学生社团不再是以往单纯的自发组织,学生社团活动将有明确的教学计划和教学要求,真正成为培养大学生能力和拓展大学生素质的有效途径,不断增强了大学生参与学生社团活动的积极性和主动性,不断增强了学生社团的组织力、凝聚力和战斗力。

(二)有利于提升高校教育教学水平

学生社团是连接高校、学生和社会的桥梁和纽带。新时代高校学生社团管理"课程化"建设,既是提升学生社团自身发展的创新举措,又是提升高校教育教学质量的关键路径。近年来,学生社团活动课程化作为高校人才培养体系的重要组成部分,不仅可以直接凸显高校育人的理念和特色,而且进一步加强和改进高校教育教学的有效性和针对性。

《关于加强和改进新形势下高校共青团思想政治工作的意见》指出:"正确发挥学生社团的应有作用,支持开展主题鲜明、健康有益、丰富多彩的课外活动。鼓励支持理论学习等思想政治类社团,积极倡导学术科技类、创新创业类、志愿公益类、自律互助类社团,正确引导文化体育等兴趣爱好类社团,规范管理网络新媒体社团。"[①] 在学生社团管理"课程化"建设中,既需要有坚固的理论知识作支撑,又需要有更多专业指导教师的积极参与。通过高校学生社团管理"课程化"建设,明确把学校课程教学管理与相关学生社团活动有效结合起来,实现学生的认知、情感和行为"三位一体",最终达到提升高校教育教学质量的目的。

---

① 共青团中央、中华人民共和国教育部:《关于印发〈关于加强和改进新形势下高校共青团思想政治工作的意见〉的通知》,http://gqt.yznu.cn/2f/7f/c2427a77695/page.psp,2017 年 6 月 5 日。

（三）有利于提升高校共青团服务质量

《高校共青团改革实施方案》指出："高校团委履行对学生社团的主要管理职能，支持引导学生社团规范发展；学生会组织配合团组织加强对学生社团的引导、服务和联系，校级学生会组织须明确 1 名主席团成员负责学生社团工作。校级团委应设立专门机构，指导和管理学生社团工作；已成立校级学生社团联合会的，其主要负责人须由校级学生会组织负责学生社团工作的学生兼任。"[①]

依托学生社团管理"课程化"，充分发挥高校共青团在学生社团建设中的指导作用，积极引导学生社团健康有序发展，提高共青团服务育人的根本目的。根据"课程化"要求，着力发挥高校共青团的组织优势，建立健全高校学生社团管理体系，为高校学生社团活动提供制度保障，为大学生成长成才提供有效引导，为高校学生参与第二课堂活动拓宽平台。

二、应用型高校学生社团管理"课程化"的基本思路

学生社团管理"课程化"主要是强调学生社团活动开展的有序性和计划性，着力解决学生社团活动的随意、质量不高、成员知识欠缺以及能力弱等问题。应用型高校学生社团管理"课程化"实施主要是基于"社团功能定位、合理计划活动、有效培训成员"，[②]围绕"制度保障、组织保障、量化考评、激励保障和经费保障"等方面，进一步阐述应用型高校学生社团管理"课程化"的基本思路。

---

① 共青团中央、中华人民共和国教育部：《高校共青团改革实施方案》，https://baike.baidu.com/item/%E9%AB%98%E6%A0%A1%E5%85%B1%E9%9D%92%E5%9B%A2%E6%94%B9%E9%9D%A9%E5%AE%9E%E6%96%BD%E6%96%B9%E6%A1%88/20223842?fr=aladdin，2016 年 11 月。
② 彭巧胤、张科：《高校学生社团活动课程化探析》，《教育与职业》，2014 年，第 6 期，第 179-181 页。

（一）从制度设计层面，将学生社团活动纳入高校人才培养方案

在高校人才培养方案中，明确"学分制"的要求，这是学生社团管理"课程化"的基本前提。通过科学论证和规划，将学生社团活动"课程化"划分为"直接课程化""间接课程化"和"变相课程化"①三种形式。根据学生社团的性质、学生社团活动的类型以及学生参加活动的不同情况，制定科学规范的"课程化"学分、课程化实施标准和细则，进行审核、评价并授予学分。比如，一些公益性、服务性、与专业学习结合度不高的学生社团活动，在与教务部门和实施部门充分沟通协商的基础上，作为通识选修课予以认定并组织开展相应的学分认定。一些与专业学习相关度高的学生社团活动，建议作为专业选修课程，或者作为专业课程的一部分内容，统一纳入学生专业学习的范畴，等同于第一课堂教学。另外，一些实践性比较强的学生社团活动，比如义务到中小学开展第二课堂活动，对于师范类学生来说，这是一种专业实践，也可作为专业社会实践的学分。

（二）从组织保障层面，实行部门归口管理和职责分工

学生社团管理"课程化"需要涉及校团委、教务处、学生社团管理中心及学生所在单位等多个部门，厘清各部门的职责，明确学生社团活动课程化的具体要求。目前，大部分高校已将学生社团管理权限下放到二级学院（系），其中，二级学院（系）社团联合会开始扮演越来越重要的管理角色。当然，哪些学生社团活动可通过"课程化"来认定相应的学分，需要充分尊重二级学院（系）的要求，二级学院（系）社团联合会必须认真依据所管辖社团的具体诉求，明确规范要求和具体流程，从提出申请—审批—备案，都必须严格要求，教务部门则应做好学生社团活动"课程化"的监督和学分审核，具体事务由学生社团活动的主要成员完成。众所周知，学生社团负责人

---

① 陈晓丽：《高职院校社团活动课程化实施对策分析》，《广东水利电力职业技术学院学报》，2015年，第1期，第42-45页。

是学生社团的"灵魂"，要注重选拔和培养社团负责人，要让其全面负责社团各项活动的设计和组织工作，制定该社团课程化的具体实施方案，在学生社团指导老师的帮助下，做好课程化的具体实施。

（三）从量化考评层面，制定明确的学生社团活动总体考核方案

如前所述，不同的学生社团管理"课程化"形式，需要制定不同的考核方案和学分折算办法。根据高校现行的教育教学评价体系，学生社团活动课程化考核需要充分综合学生参与活动的出勤情况、完成情况及完成效果等，制定符合各高校实际的考核办法和实施细则。如果不严格按照要求执行，势必会影响学生社团课程化的效果，导致学分泛化，失去其应有的价值，并给教学管理带来混乱。

当然，在制定学生社团活动课程化考核方案时，要充分考量多方因素，尊重多元主体的意见，明确考核责任人为学生社团活动主办方和指导老师，其中，学生社团负责人需扮演关键角色。不过，对于一些学生社团活动尚不能构成独立学分的，可借鉴"学分银行"的做法，零存整取，即学生参加多个学生社团活动，根据其参加活动的出勤率、贡献度折算成学时，学时数达到一定数量，再根据学生社团活动的性质和要求，进行二次转换成不同课程性质的学分，确保不同类型的学生社团活动在具体实施时均有依据。

（四）从激励服务层面，制定学生社团活动指导老师工作量及考核办法

缺乏教师的系统性指导和帮助是目前部分学生社团活动质量不高、流于形式的重要原因。学生社团管理"课程化"，需要学生指导老师的大力支持。根据以往的经验来看，高校可以通过各种激励政策和优惠措施，鼓励更多的专业教师参与到学生社团课程化建设之中。

因此，从激励服务层面来看，学生社团管理课程化需要配套相应的指导老师管理制度，其中，教师指导学生社团活动应予以认定为具体的工作量，

明确为教师年度工作的重要内容，在条件允许的情况下折算成工作量计算工作报酬，并作为业绩记录档案。再者，要适时制定学生社团管理"课程化"指导教师的考核办法，明确指导教师的具体工作要求和工作职责，强调指导教师的指导要适而有度，万不可越俎代庖。

（五）从经费扶持层面，给予充足的学生社团活动经费支持

学生社团管理"课程化"建设涉及一定的活动经费支持，大多高校学生社团活动经费主要依靠会员会费和活动赞助费用，会费一般比较有限，并且标准也不是很高，活动赞助不是每个学生社团都有。因此，根据学生社团管理"课程化"建设的目标要求和所提供的课程供给情况，高校应给予学生社团必要的经费支持和保障。建议高校尽快出台相关的学生社团活动经费管理办法，明确社团活动经费的使用要求。当然，我们可适当参考第一课堂课程建设经费的标准予以资助，或者根据学生社团人员数量予以资助，具体的资助经费不需要统一的标准，各高校可以量力而为，确保学生社团管理"课程化"有充足的经费支持。

三、应用型高校学生社团管理"课程化"的具体模式

应用型高校学生社团管理"课程化"模式涉及多重主体行为关系（如图1），一是课程的采购，包括课程论证和可行性分析等；二是课程的筛选，结合学生社团职责或服务内容范围，甄选出优质的素质教育特色课程；三是课程的实施与评估，依托第二课堂平台，并在学校团委指导下实施，以及独立第三方评估机构对课程实施的实时监控，并将实施过程中存在的问题和实效反馈给相应的三方。

图1

第二课堂管理系统平台

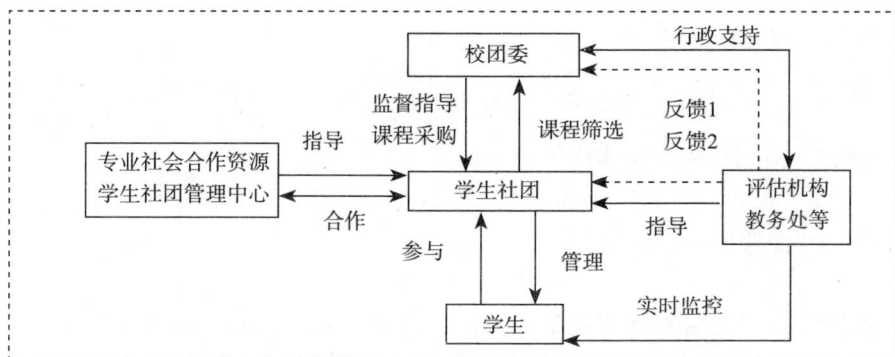

图 1　应用型高校学生社团管理"课程化"模式

　　教务处作为最主要的第三方评估机构，对于结果反馈路径的选择对于"课程化"模式的自我修正、持续改进有重要作用，具体评估反馈的性质和内容包括：

　　反馈 1：在"课程化"模式中，课程来源于校团委的采购，是校团委出于提升课程质量等原因做出的决策，学生社团开设的这些课程具备一定的公益性质，可以看作是高校职能部门授权下的课程服务行为。在开班模式中，第三方评估机构保持"相对独立"的状态，联合第二课堂管理系统平台的课程质量跟踪，及时向校团委反馈课程体系实施的结果及产生的社会实效，并归纳总结课程实施过程中出现的各类问题，提出改进意见。同时，与校团委保持良好的支持关系，提供必要的课程资金、师资匹配等，在课程实施过程中，如果遇到需要校团委行为干预和介入时，第三方评估机构可以反映以保证项目的顺利开展。

　　反馈 2：在"课程化"模式中，第三方评估机构是与社团组织属于同一级别而发挥不同职能的组织机构，其需要基于自身对以往课程实施的经验，对社团组织购买、分析、筛选和实施课程进行规范和一定的技术指导。在具体实施时，第三方评估机构在充分发挥实时监控职能的基础上，客观地向社团反馈课程实施的具体实效。在实施结束后，征询学生社团对于课程实施的看法和建议，并向校团委进行反馈，形成合理化建议，再反馈给社团组织，以便更好地开展课程工作。

完整的"课程化"模式运行主要包含四个阶段："课程化"运行的前期阶段、中期阶段、后期阶段和评估反馈阶段。

（一）"课程化"运行的前期阶段

前期阶段的参与主体主要是校团委，负责课程的选取、筛选和采购。

校团委采取针对性的调研，获取当前职能辐射的人和群体的具体需求，确定相当数量的可能交由学生社团来实施的课程项目清单。根据课程本身的性质、难度和实施成本，对课程进一步严格筛选。课程实施成本也是筛选课程的重要指标之一，其主要包括显性成本和隐性成本，显性成本主要体现在课程执行过程中耗费的行政资源和行政成本，隐性成本容易被我们忽视，但其往往比显性成本更高昂，如课程执行过程中师生意见危机时所背负的高校公信力的损失。隐性成本往往成为课程选取的一个重要标准，如果课程交予社团组织来实施，能够显著降低人力物力财力，发挥社团的优势，取得更理想的教学效果，又能确保高校公信力的平稳提升，那就可以筛选出来进入下一个环节。校团委在确定交由学生社团来实施课程的项目清单后，对掌握的学生社团资源进行考察，权衡学生社团间资质、经验等因素的优劣势，甄选出最合适的开课对象。

（二）"课程化"运行的中期阶段

中期阶段的参与主体包括校团委、社团组织。其中，社团组织扮演着重要角色，主要负责课程的二次论证、可行性分析、专业社会合作资源的选择。

首先，学生社团在从校团委的课程采购中获得课程实施的权利后，要结合自身组织职责或工作内容范围，对服务课程进行二次论证和可行性筛查，甄选出在校师生主体参与的"纯课程项目"和适时实现转介的"专业机构课程项目"。

"纯课程项目"依托一位或几位校内专家担任社团导师，聘请优秀老会员为助导，其顺利实施离不开对参与课程的特定老会员进行必要的课程技能培训，同时对其做好人员档案管理，建立起合适的物质、精神激励制度，其中，校团委的积极配合显得尤为重要。

"专业机构课程项目"是在服务对象要求提供的服务内容或表现出来的个人异常情况超出社团职责或工作内容范围时，学生社团需要依托专业社会合作资源来寻求更为专业化课程服务的产物。学生社团对于目标合作专业机构的选择以最大化地有利于课程实施为前提，主要考虑到课程实施技术、师资要求等因素，引入市场机制，实现自身快速发展，推进课程建设。

其次，学生社团着手制定完整的课程计划，确保理论学习和活动实践的计划、内容与组织明确、合理、有序，并报送教务处备案。

（三）"课程化"运行的后期阶段

在"课程化"模式运行的后期阶段，涉及的主体包括社团、高校学生、学生社团管理中心和第三方评估机构。具体来说主要有课程的具体实施、课程的全程管理和第三方评估机构对课程实施的实时监控。

首先，课程进入具体实施阶段后，学生社团应当着重从优化服务课程内容、课程重难点预测、信息的及时反馈收集、隐/显性成本控制、课程内容调整等方面严格规范操作，确保整个课程开设过程的顺利开展。比如常见的参与课程学生能力与课程实施难易程度的不匹配，学生管理不当产生纠纷、权责不清等现象，要及时察觉并妥善解决。

其次，在具体实施过程当中，第三方评估机构虽然不会参与具体的课程，但其需要对课程质量进行全程监控；评估机构人员的参与意识、专业水平、对项目了解程度的差异，都会通过影响监控结果的客观性，来影响评估反馈的效果。

最后，考虑在学生社团管理机构中建立专门的课程组织和督导部门，全面负责指导和督查学生社团管理课程化的实施情况。尝试在实施课程化的学生社团中，赋予教学组织和实施的职责，负责日常课程化教学班的具体事务。

（四）"课程化"的评估反馈阶段

"课程化"的评估反馈阶段所涉及的主体包括第三方评估机构、社团和校团委，其中，第三方评估机构在这一个阶段扮演着重要角色。

首先，第三方评估机构首要的职能就是对课程实施实时监控，向校团委、社团及时反馈课程的运行现状、存在的问题以及取得的实效。评估机构作为一个非常设机构，采用"矩阵管理"模式搭建，成员一般源自教务处、学校社联和第二课堂平台技术支撑力量，有着不同技能、不同知识和不同背景，在课程实施的时候组建来发挥团队的职能，提出合理、专业和客观的反馈意见。

其次，第三方评估机构需要接受校团委的监督和指导。在该模式下，课程的诞生源自校团委需求的延伸，课程运行的好坏对于校团委公信力的影响是显而易见的，校团委在开课模式中确立的指导性的监督地位不能动摇。

再次，第三方评估机构需要与开课社团进行必要的沟通。一个课程实施完毕后，评估机构内资深的工作者就实施过程中存在的问题和经验与社团内的工作人员展开讨论，在研究和总结阶段工作的同时，传授专业服务的知识和技术，以增进其专业技巧，进而促进他们成长并确保课程服务质量的提升。

最后，第三方评估机构需要借助校团委进行一定的协调，发挥自身优势，在诸多参与主体间获取必要的行政支持和指导。

基于成果导向的新闻采写课程模式改革探析

李　馨

（闽江学院　新闻传播学院）

《新闻采写》课程是新闻传播学专业的核心基础课程之一，其教学目标是让学生掌握新闻采写的基本方法和规律，提高采访与写作能力，这门课的教学效果直接关系到准新闻传播从业人员的职业技能水平。随着网络传播技术的快速发展，传媒行业正向着媒体深度融合演进，引发新闻传播业在内容生产理念、方式等方面发生巨大变化，也使得对从业人员的要求不断更新。

成果导向教育（Outcome-based education，简称 OBE）这一概念由美国教育家斯巴迪（Spady）提出，他将其内涵界定为："'成果导向教育'意味着清楚地关注和组织教育系统中的每件事，围绕着一个根本的目标，让所有学生在学习活动结束时能够获得成功。"[1] 引入这种革新性的教育范式，把 OBE 理念应用于课程设计中，对于当下正处于改革探索中的《新闻采写》课程有较强的指导意义。

---

[1]　窦玉英、张璠、黄宏捷：《OBE 理念下全媒体新闻采写课程教学改革与实践》，《新闻知识》，2020年，第 8 期，第 62-70 页。

一、媒体融合对新闻采写提出新要求

媒体融合颠覆了传统的新闻采集方式与传播流程，对新闻人才的基本素质和能力、技能也提出了诸多新的要求。基于这些变化，高校对于传媒专业人才的培养理念和培养方式也需同步做出响应和改变，其中的核心理念就是培养具备融媒体思维和技能的应用型人才。这一核心理念映射到《新闻采写》课程，主要表现为以下几个方面。

（一）从线性传播思维到互联网思维

进入网络时代，传统媒体多年来的"一对多"线性、单向传播模式被打破，取而代之的是网络化的"多对多"交互式传播。报纸、电视的"受众"迅速转化为新媒体的"用户"，相应地，"传者本位"不复存在，用户拥有了更大的主动权和选择权。传播模式的变革，要求新闻从业者树立以用户为中心的思维，根据用户的需求和特征提供新闻信息一体化服务。比如，对于事关国计民生的重要政策的新闻采写，不能仅仅停留于新闻发布，还应提供完整的解决方案以留住用户，即除了信息展示之外，要有充分地解读判断、分析预测，还应该联动相关部门，在新闻报道中提供链接或者设置通道，用户只需点击就能获取相应的服务。

（二）从一维呈现方式到多维呈现方式

媒体融合引发了传媒业的"范式转换"，搭建了融合新闻"出场"的总体语境和底层逻辑。[①] 融合新闻生产过程中，记者要善于运用新技术以更加多元化的表现方式来呈现新闻，比如 H5 新闻、VR 新闻、新闻游戏、短视频新闻、数据新闻、动画新闻、直播新闻等。因此，除了传统意义的采访写作基本功之外，融媒体记者还要具备跨媒体综合思维能力，懂得运用数字技术对图、

---

① 刘涛、黄雅兰、谷虹等：《融合新闻学》，北京：高等教育出版社，2021 年。

文、声、画等新闻素材进行创造性地加工，调用和调整多种媒介元素，通过不同的表现形式，在不同传播渠道分发，满足不同用户群体的需求。

（三）从掌握单一技能到多种技能

传统媒体时代，新闻工作者开展新闻采写的形式比较单一，职业能力强调的主要是交流沟通能力、信息收集能力和文字表达能力，具体技能方面则几乎没有特别要求。随着网络技术和移动终端越来越广泛地应用于各种社会场景，媒体的边界逐渐模糊，社会化媒体逐渐深入新闻采编流程，媒体从业人员必须学会应用各种现代传播技术，从掌握单一技能走向多种技能。此外，在"人人都有麦克风"的时代，用户生产内容进行判断、选择，进而吸收、整合、提炼或者进行补充采访，生产出有见地、有深度、有温度的新闻，这也成为当今记者必备的素养之一。

二、传统理念下《新闻采写》课程存在的问题

面对快速更迭的各种媒介技术和不断发展变化的新闻传播行业，当前《新闻采写》课程对学生采写技能的培养及思维判断能力的训练，尚不能很好地对接传媒实践的需要。

（一）缺乏新媒体采写理念的培养

当前《新闻采写》课程教学的重心仍以传统的文字新闻，特别是纸质媒体新闻报道的采写能力培养为主，缺乏跨媒体的综合能力培养，与新媒体新闻采写实践要求明显不相适应。比如，按照消息、通讯等新闻体裁安排教学内容，强调不同新闻体裁的不同格式、规范等，仅仅局限于采写最基础能力的培养。然而，当前新媒体的写法灵活多样，完全突破了传统新闻体裁的界定范畴，很多新闻报道已经很难区分属于何种体裁，但这并不影响其传播效果，甚至比传统的报道更受新媒体用户的欢迎。

（二）缺乏对培养对象变化的洞察

现在大学生多数已经属于"Z世代"，从小就生长于互联网高度发达的时代，新媒体是他们了解世界、传播信息、展示自我的唯一选项。然而，传统的新闻采写课程无论是教学设计、案例内容还是教学方式，都是基于传统媒体的线性思维，对网络传播的时效性、交互性缺乏体现，缺乏前沿性，难以符合"Z世代"对新闻传播的理解与期望，难以激发他们的学习兴趣和创新意识。[①] 因此，教授《新闻采写》课程的教师自身必须具备新媒体思维，掌握最新案例，才能与学生同频共振，从而落实以学生为中心的教育理念。

（三）缺乏跨媒体采写的实践锻炼

《新闻采写》作为新闻实务课程十分强调实践性，但对于实践性的理解往往陷入让学生多采访、多动笔就是实践性强的误区，忽略了实践的时代性和有效性。传统的新闻采访与写作课程实践，往往建立在平面媒体的思维模式之上，传播向度是单向的，训练场景较为程式化，实践作品的形式和评价标准也比较机械，显然无法很好地培养跨媒体采写能力。

（四）缺乏真实场景下的成果评价

《新闻采写》课程的传统评价方式多为考试成绩加上实践成绩，这种方式对于学生实际应用能力的评价明显体现不足，尤其是如果课程实践设计安排不当，那么这种评价方式就几乎完全脱离了真实的新闻传播活动场景。如果未能参与真实的新闻传播活动，不亲身体验真实的问题情境，学生的学习目标模糊、积极性不高、成就感不强，实践能力显然无法得到全面锻炼。同时，仅凭学生提交的作品，教师也无法评价其新闻采写过程实施情况及应对真实情景中各种问题的能力。

---

① 刘娜：《关于网络与新媒体专业新闻采写课程教学的思考》，《西部学刊》，2018年，第5期，第56-58页。

三、成果导向下新闻采写课程模式重构

OBE 理念是以社会或行业需求为依据，反向设计高校人才培养目标的教育模式，OBE 强调如下四个问题：第一，我们想让学生取得的学习成果是什么？第二，我们为什么要让学生取得这样的学习成果？第三，我们如何有效地帮助学生取得这些学习成果？第四，我们如何知道学生已经取得了这些学习成果？[①] 将 OBE 理念引入《新闻采写》课程，就是以媒体融合时代的新闻传播行业需求为导向，围绕培养学生融媒体新闻采写实践能力这一根本目标，在教学目标、教学内容、教学方式、教学评价等方面进行重构。

（一）教学目标：培养媒体融合环境下的新闻采写能力

基于当下媒体深度融合的行业发展趋势及其对从业人员能力要求的变化，作为学科基础课的《新闻采写》课程，教学目标也应该做出相应调整，总体方向是：在培养新闻采写各项基础技能的同时，紧盯行业变化和业界需求，注重媒体融合背景下新闻采写能力的培养，并加强学生政治素养、理论素养、职业道德素养等综合素养的提升。

具体可分解为三方面教学目标：一是思政目标——使学生能坚持以马克思主义新闻观为指导，具有较强的社会责任意识和新闻职业道德素质；二是知识技能目标——理解和掌握新闻采访与写作的基本原理及方法、技巧、规范，准确把握媒体融合环境下各类新闻报道的采写特点，具备较强的新闻敏感性和新闻价值判断能力，能够独立开展融合新闻的报道选题、采访策划和写作呈现；三是能力素质目标——具备良好的沟通、观察、思考与判断能力，能够根据不同媒体的特点灵活运用新闻采写方法、技巧，高质量完成融合新闻的采访与写作。

调整后的《新闻采写》课程教学目标遵循了 OBE 的"反向设计"原则，

---

① 李志义、朱泓、刘志军等：《用成果导向教育理念引导高等工程教育教学改革》，《高等工程教育研究》，2014 年，第 2 期，第 29-34 页。

一是强调了与现实需求的同步性；二是突出了能力输出重于知识输出的重要性。[①] 以这一教学目标为导向，把促进学生媒体融合背景下新闻采写技能和专业综合素养的协调发展作为课程设计理念，可实现学生能力素质有效对接当下新闻传播人才的能力要求。[②]

（二）教学内容：渗透融合新闻采写知识与技能

OBE 理论教学课程体系的构建，坚持"实用、够用、好用"的基本原则，强调学生专业知识的应用性、复合性和现时性。[③] 基于这一原则，《新闻采写》课程教学内容，应突破现有教材局限，根据当前新闻传播工作最经常面临的场景和最常用到的知识、技能来进行取舍，即以是否有助于学生融媒体新闻采写能力达成为标准。

1. 提高理论讲解效度

《新闻采写》作为实践性很强的课程，教师在教学过程尤其应该提高理论讲解的效度。比如，重点讲解那些能够产生直接效果的实用理论，精心选择典型案例加以阐释，激发学生的课堂兴趣；压缩理论课时比例，把更多时间安排给课程实践，针对实践中遇到的问题结合理论知识进行指导，使学生在实践中深化对理论的理解认识。

2. 渗透融合新闻采写知识与技能

目前新闻采写教材大多仍以传统媒体的文字采写技能为主要内容，介绍不同体裁新闻报道的写作技巧，培养的目标比较扁平、单一，无法适应网络新媒体时代传媒行业对人才能力的要求。因此，《新闻采写》课程应该重构框

① 窦玉英、张璠、黄宏捷：《OBE 理念下全媒体新闻采写课程教学改革与实践》，《新闻知识》，2020年，第 8 期，第 62-70 页。

② 黄峥：《媒介融合背景下新闻采写课程教学目标重构和建设思路探析》，《新闻研究导刊》，2015 年，第 7 期，第 24-26 页。

③ 刘衍聪、李军：《基于 OBE 理念的应用技术型人才培养方案的设计》，《中国职业技术教育》，2018年，第 14 期，第 72-96 页。

架，更新知识模块，全程渗透融合新闻采写相关知识和技能。在具体的教学过程中，可通过教材内容培养学生的新闻采写基础能力，在此基础上，在每一个知识模块都增加一些新媒体新闻的采集、制作知识与技能，比如"两微一端"新闻写作技巧、微信公众号新闻标题制作技巧等，帮助学生掌握跨媒体新闻采写规律。

3. 广泛开发学习资源

课堂之外，应培养学生的自主学习意识和能力。新媒体时代每天都会产生海量的新闻报道，为《新闻采写》课程提供了源源不断的新素材，授课教师应充分利用好这一学习资源。可挑选具有典型意义的新闻作品，借助社交媒体、课程群等新媒体平台和智慧教学工具，及时推送给学生学习、评析；也可以课程作业的形式，让学生收集新闻作品案例开展比较、讨论，了解新闻采写背后的故事，在提升学生专业能力的同时，亦可培养他们关注政情国情，培育职业情怀和自主探究学习能力。

（三）教学方式：强调"学生为中心"，提供多元化实践平台

OBE 理念下，《新闻采写》课程所有教学环节应遵循两大原则：一方面，理论讲授上摆脱以"教学主体"为中心的传统模式，充分发挥"学习主体"能动性，强调"以学生为中心"；另一方面，实践锻炼上注重打造丰富而真实的新闻采写情境，立足新闻实务类的学科基础课定位，通过全程化、多元化实践平台开展教学，培养学生的全媒体新闻采写技能和应对问题的能力。

1. 教师"精讲"引导学生探究

媒体融合背景下学生新闻采写技能的培养，建立在强化传统采写技能的基础之上。《新闻采写》课程理论授课的内容一般按照新闻选题、报道策划、素材采集、新闻写作这一普遍的业务流程展开，主要是针对新闻采写实践的一些经验、技巧、规范的归纳与阐释，理论性、抽象性都不强，教学重点在于帮助学生明确学习目标，激发学习积极性，有目的地开展自主学习。因此，

可以采用教师"精讲"重点知识点的方式，鼓励学生发现问题、发表见解，构建"对话式"课堂，按照课程知识模块引导学生在探究中深入理解、掌握新闻采写的基本原理。可以组织课堂案例研讨或者设置演练项目等，有侧重地帮助学生理解知识点、训练能力点、找到薄弱环节，比如模拟突发事件新闻发布会、新闻观察、消息导语速写、新闻标题制作等。

2. 构建实战化、多层次的实践教学体系

实践教学在《新闻采写》课程中起着至关重要的作用，实践环节设计的好坏直接决定着课程效果。OBE 理念下，新闻采写教学应该将实践环节贯穿教学全过程，突出实践教学情景的真实性，建立实战化、多层次的课程实践教学体系。

构建实战化的课程实践情景，主要是从社会生活尤其是大学生的学习、生活中发掘实践题材，设计实践项目，搭建实践平台。比如校运会、艺术节等大型活动时组织学生进行新闻观察及深度报道策划、跨媒体综合报道；知名学者到校举办讲座或学校取得重大科研成果时，可开展消息报道、人物专访等训练。校报、校园网站、微博微信、视频号、抖音号、客户端等院系和学校的多媒体平台，则为新闻采写提供了多样化的实践载体，课程实践时鼓励学生将优秀新闻作品投到上述平台，让学生体验新闻工作的成就感与价值感，激发职业热情。

实践教学的多层次，则体现在设计实践项目时从当前新闻采写的行业要求和学生的实际情况出发，由浅入深、循序渐进地针对不同知识模块内容开展实践训练。比如，在校运会这一大型实践训练项目中设置若干小型实践项目，校运会召开之前，可结合新闻选题策划这一知识模块，设置新闻线索获取和采访提纲撰写两个小型实践项目；校运会召开期间，设置新闻观察、现场短新闻采写、导语写作等小型实践项目；校运会结束后，教师可结合教学内容，将学生自己的作品作为案例，开展新闻标题拟定、不同媒体报道改写等综合练习。总之，结合校园学习生活创造新闻实战情景，让项目内容和类型多样化，使学生能广泛参与，教师也能在教学反馈和持续改进中提升教育质量。

（四）教学评价：创建过程导向与目标导向的立体式评价体系

OBE理念强调培养学生能够"带得走"的关键能力，要实现这一目标也需要对学生的学习效果评价由单向的专业技能转向综合素质的多维度评价并真正落到实处。[①] OBE导向下的《新闻采写》课程最重要的教学目标是培养学生实战化的新闻采写能力。相应地，在教学评价上也应该遵循过程导向和目标导向，让课程实践情况和实践成果取代考试成绩成为主导，构建立体化的教学评价体系。

过程导向体现在通过学生在各个知识模块学习、实践中的表现情况来考查不同方面的实践应用能力，考查重点是与媒体融合背景下开展新闻采写活动相匹配的各种能力和素质。比如，新闻发现这一知识模块，可以通过情景模拟、采访实战等项目考查学生的应变能力和新闻敏感性。教师可根据不同知识模块设置评分指标，测评各个实践项目中学生的表现，把累积的评分作为期末总评的一部分。

目标导向则体现为将新闻采写实践成果发表作为一个重要评价指标。具体而言，就是把学生在学院、学校的报纸、网站、微信、客户端、杂志等媒体平台及其他专业新闻媒体发表作品的情况作为重要加分项，以此引导学生在实践过程中主动发现身边新闻，自觉对接行业标准，体验真实情景，培养实战能力。此外，学生参与学院、学校各个媒体平台日常采编、运营的情况，也是很好的媒体实战情景体验，亦可作为课程评分的加分项。

[①]　窦玉英、张璠、黄宏捷：《OBE理念下全媒体新闻采写课程教学改革与实践》，《新闻知识》，2020年，第8期，第62-70页。

四、结语

OBE 理念下的《新闻采写》课程模式改革涉及一门课程的教学全流程改造，不是任课教师、教学团队甚至一个学院能够独立完成的，需要科学的顶层设计和充分的资源支持，也需要学生、教师、教学管理者的全力配合。当然，任课教师作为教学的主导者和实施者，在课程改革中发挥着关键性作用，除了教学理念的转变、教学能力的提升之外，更重要的是保持和业界的密切联系，洞察行业需求，动态性地调整课程建设目标，才能做好人才培养规划和课程教学的设计与实施。

多维驱动下的广告学专业课程教学改革探析

彭丽霞

（闽江学院　新闻传播学院）

广告业是现代服务业和文化产业的重要组成部分。在国家政策鼓励扶持、稳中向好的宏观经济支撑、企业主品牌意识的增强以及科技进步带来的发展机会等背景下，广告行业的整体发展趋势稳步增长。同时，互联网和新媒体成为我国经济高质量发展的核心动力，数字媒体也成为广告行业强劲发展的主要驱动力。广告行业的蓬勃发展与互联网传播格局的重构为广告专业的人才培养工作带来许多严峻挑战，例如，技术的革新使得原有广告专业的教学内容和培养方式跟不上时代需要，业界迫切需要具有开放和多元化视野的专业人才；教育理念的不清晰导致的师资结构困境等问题。[①] 对广告专业人才培养的高要求，使广告专业的课程教学改革工作迫在眉睫。

---

① 胡家保：《"新文科"视域下高校广告教育教学创新改革研究》，《艺术与设计（理论）》，2019年，第2卷，第11期，第142-144页。

一、广告学专业课程教学改革的多维驱动因素

（一）"新文科"的教育理念

"新文科"概念首先由美国希拉姆学院提出，即将新技术融入文科类学科课程从而为学生提供跨学科融合的学习模式。[①] 我国的新文科建设始于2018年教育部印发的《教育部关于加快建设高水平本科教育全面提高人才培养能力的意见》文件中提出的"六卓越一拔尖"计划2.0。其中，新文科建设就是要推动新的科学技术进步与哲学社会科学的结合，进而优化高校的专业结构，激发学生的学习潜能和兴趣，加强学生的知识体系，提高人才培养的质量。

一些发达国家比如美国、日本在如何开展新文科建设方面已做出一些尝试，主要可以分为三种方式：（1）实力较强的综合性高校一般通过整合已有的学科资源来推动新文科建设；（2）有的高校在已有学部基础上重新设立相关的机构来建设新文科；（3）同一所高校不同学院之间甚至不同所高校之间的学科合作，尤以文理合作较为常见。[②]

"新文科"的教育理念是在全球信息科技进步、社会产业结构升级发展进程中的一场教育理念的变革和创新，其蕴含的技术融入文科、学科交叉融合等理念对于解决现实问题、满足现实需求具有重要价值。广告学作为一门具有交叉学科特征、高度依赖信息技术的应用型学科，其专业本身的教育理念与"新文科"的教育理念高度契合。[③]

首先，广告专业的知识结构主要来自于传播学、营销学、心理学、社会学、统计学等学科知识，专业本身所具有的明显交叉学科特征与"新文科"

---

① 麦可思、王慧：《一场新文科的尝试》，《北京日报》，2018年9月19日，第1版。

② 赵新利：《新文科背景下广告学科变革与发展——以中国传媒大学广告学院的实践为例》，《青年记者》，2020年，第1期，第67-68页。

③ 曹丹：《"新文科"视域下广告学专业创新创意人才培养路径探析》，《艺术与设计（理论）》，2020年，第2卷，第6期，第139-141页。

要求的学科交叉融合特性相似。其次，广告形态的发展随着媒体技术的变化而变化，这与"新文科"要求的技术融入相符合。最后，广告学重视服务市场需求、满足行业需要，与"新文科"致力于服务当地社会经济发展的目的同样相符合。

（二）课程思政的引领作用

根据教育部《高等学校课程思政建设指导纲要》文件精神，落实立德树人根本任务，全面推进课程思政建设，就是要寓价值观引导于知识传授和能力培养之中，帮助学生塑造正确的世界观、人生观、价值观。课程思政即在尊重学科发展和专业培养目标的情况下，发挥每一门课程的协同育人作用，与传统的思政课程一起构建高校"全员、全过程、全方位"的育人合力。

课程思政的本质是立德树人，注重传道授业解惑和育人育才的有机统一；其理念是协同育人，目的是培养德智体美劳全面发展的社会主义合格建设者和接班人；其结构是立体多元的，要求教师积极关心学生的日常生活和学习，将教学与学生认知、人生困惑、生活问题等相结合；其方法是显隐结合的，利用课堂教学这个主渠道隐蔽地发挥马克思主义的领航作用；其思维是科学创新的，强调在思政课程之外将思政教育融入公共课、专业课、实践课等。①

广告的影响力不仅仅在于消费行为，还在于其传递的价值观。而广告行业的快速发展却滋生了很多潜在问题，比如网络广告中的流量数据造假、贩卖焦虑的广告内容、为了追求转化率而忽视品牌形象、过度强调广告效果而缺乏核心价值内涵等。这不仅有损广告业务的健康发展，也传递出不符合社会主义核心价值观的思想。

因此，在专业教育过程中，帮助学生构建专业信念和理想价值具有重要

---

① 王学俭、石岩：《新时代课程思政的内涵、特点、难点及应对策略》，《新疆师范大学学报（哲学社会科学版）》，2020年，第41卷，第2期，第50-58页。

意义。通过将习近平新时代中国特色社会主义思想、社会主义核心价值观、中华优秀传统文化教育、宪法法治教育、职业理想和职业道德教育等思政内容融入课堂，潜移默化地完成对学生的价值引领，帮助学生构建专业信念，是课程思政建设全面提高人才培养质量的重要任务。

（三）广告学专业课程教学改革的必要性

作为一门实践性强、与市场结合密切的应用型学科，广告学专业教育如果能够与行业发展保持同步甚至超前于行业发展步伐，被认为是比较理想的情况。但正如许多专业教育总是滞后于行业发展一样，传统的广告教育总体上也是滞后于广告行业发展的，[①] 这是广告专业课程教学改革的一个较难突破的方面。另外，在大众传播逐渐走向网络传播的过程中，过去的许多传播和营销方式逐渐被技术代替，出现了全新的新媒体广告、互动营销、数字营销等服务和经营模式，形成了广告业务的新趋势。显然，无论是广告教育的一贯痛点，还是传播模式的迭代更新，都呼唤着广告教育的改革和创新。

新媒体时代，传统的硬广逐渐被不易于发现的各种软广所取代。新媒体广告成为当前广告学各门专业课程的主要教学内容，这也使得广告学专业课程在教学的内容、模式、评价方面也存在一些待解决的问题：（1）新媒体的快速发展使得其形态一直发生着变化，网站、论坛、微博、微信、抖音等都曾"代表"着新媒体，而相关的知识从业界到学界需要经过时间的积累，这使得广告学专业教材中涉及新媒体广告内容的部分较少。也就是说，陈旧的教材跟不上新媒体的发展步伐。（2）广告学专业课程的教学需要结合业界的最新实践经验开展，一方面教师的实践经验较少使得广告教学滞后于行业发展，另一方面学生兴趣广泛而无法满足于课堂教学内容，这使得学生自学完成教师指导下的课外内容成为必要。（3）新媒体的典型特征是互动性，当前互联

---

① 陈刚：《北大模式：广告教育的新文科建设与数字化创新》，《中国广告》，2020年，第12期，第18-22页。

网上的各种广告也多存在着实时互动的特点。然而，传统课堂的讲授法习惯采用单向灌输的方式而忽视学生的主体地位，这一点也要求广告学专业课程在教学方法上的改革。

"新文科"的教育理念、课程思政的引领作用以及广告学专业课程教学实践中的问题共同为广告学专业课程教学改革提出了更具体的要求和方向。

二、广告学专业课程教学改革的具体思路与举措

通过对广告学专业课程教学改革的多维驱动因素进行分析，本文提出广告学专业课程教学改革的三个主要方面，分别是融通"新文科"理念更新课程定位、融合思政内容改进教学全过程、坚持产教创一体化育人模式，其主要思路和具体措施如下：

（一）融通"新文科"理念更新课程定位

文科是人文科学和社会科学的统称，人文科学主要研究人的思想、观念、情感等，社会科学主要研究各种社会现象及其发展规律。文科能够帮助学生养成恰当的思考方式、独立的个性思维及良好的人际交往能力。新文科是比较于传统文科而言的，其不仅具有人文社会科学的一般特征，还具备了一些新特征。这些新特征包括价值特征、属性特征、学科特征、动态特征四个方面，分别是服务我国经济社会领域全面深化改革的战略性、对传统学科进行转型升级的创新性、多个学科的交叉和渗透的融合性、实践过程中不断摸索和调整的发展性。[①] 广告学是一门社会科学，理应将"新文科"教育理念作为当前专业课程教学改革的指导思想。

首先，新文科建设的价值在于为我国经济社会领域的全面深化改革服务、为我国应对当下所处的复杂国内外形势服务，在这一价值特征上新文科建设

---

① 王铭玉、张涛：《高校"新文科"建设：概念与行动》，《中国社会科学报》，2019年3月21日，第4版。

具有战略性。广告学教育需理清其教育目的在于培养能够从事新媒体为核心的广告产业、适应信息与数字技术为核心的经济发展模式、解决产业革命和技术浪潮中突出复杂问题的人才。根据广告学科教育定位和国家创新驱动战略定位，将"新文科"教育理念融入广告学专业课程目标，把握适应社会需要的教育定位，以培育与时俱进、紧贴市场、熟悉行业标准的广告专业人才，服务地方社会经济发展和国家产业革命升级为课程使命。

其次，新文科建设通过对传统学科教育方式的改革来探寻人文社会科学领域的新突破，力求实现在院系、学科、模式等方面的创新，在这一属性特征上新文科建设具有创新性。在院系创新方面，广告学教育应以专业为导向，淡化现有的院系归属，通过采用超越行政编制的学分制来实现学生的自由选课。在学科创新方面，广告学教育应以问题为导向，以培养学生多方面、多角度的问题解决能力为目标，而不是把广告学专业局限于文科学科门类下。在模式创新方面，广告学教育应以整合为导向，旨在强调广告专业人才能力的综合性，淡化策划、创意、文案、设计等不同角色和分工，培养学生全方位从事广告业务工作的整合能力。

再次，新文科建设包含了多个学科的交叉融合，不仅包括人文社会科学领域内部的学科渗透，还包括不同学科背景下的文理融合、文工融合等，在这一学科特征上新文科建设具有融合性。广告学教育在融合性方面需要将跨学科知识创新地融入课程教学设计中，把"新文科"理念中的"多学科协同"的逻辑框架在课程教学实践中开展，既做到"新技术"与课程教学方式的结合，还做到"多学科协同"的文理融合。比如将《大数据分析与应用》《网页设计》等新媒体技术类课程与《消费者行为学》《互动营销》等理论类课程进行知识联动，从而将新传播技术、大数据技术等知识巧妙地引入教学过程中。

最后，人文社科领域的许多问题会随着社会发展而不断变化，需要在实践过程中不断探索和补充解决问题的方法，在这一动态特征上新文科建设具有发展性。一方面，人工智能、区块链、虚拟技术等大量新兴技术不断更新，使得与之相关的规章政策、问题研究都在持续发展状态。另一方面，人文社会科学正在经历研究范式的转变，过去基于抽样方法的小样本研究方式逐渐被基于编程、大数据等方式的全样本研究方式所替代。广告学教育面临着信息技术和社会发展的不断进步，因此需要不断调试教育方式。

（二）融合思政内容改进教学全过程

广告学专业课程进行思政改革的要点首先在于找到适合的思政融入点。

一方面，广告具有广泛的社会影响力，广告策划、创意、发布、互动等业务环节必须严格把控传播内容的正确性，思考创作什么样的内容能给社会带来正面积极的影响。广告学专业课程上需大力弘扬核心价值、传统文化、公益话题等内容，引导学生创作符合时代需要的主旋律作品。

另一方面，以收视率、点击量、转化率、用户活跃度等唯数据论的行业生态，使得广告从业者容易迷信这些技术指标，助长了流量至上、放弃塑造品牌形象等不良倾向。广告学专业课程可以通过挖掘大量的品牌案例，帮助学生建立广告媒体和营销传播策略的价值认定标准，树立正确的科学态度、职业道德和社会责任感。特定的时代背景下，各种形势日新月异，广告行业也呈现出具有时代特征的新问题，通过学科专业知识与课程思政的结合、强化，借助专业知识的客观实用性调动学生思政学习的主动性与有效性，从而更好地发挥专业课程思政的作用。

为了将思政内容全过程、全方位地融入专业课程教学，可以从以下几方面进行教学安排：（1）教学过程重在实现育德目标，从教学设计到教学实施到课后延伸，将思政内容贯穿于教学的全过程；（2）在每一章节的内容基础上深挖思政内容的教学点和结合点，使思政内容全方位地融入教学；（3）通过讨论法、案例分析法、情景模拟法、翻转课堂法等教学方法的应用，实现与育人方法的相统一；（4）从现有的官方平台上的文献资料提炼思政元素，将这些思政元素融入教学案例，形成课程思政的案例库。

总之，课程思政的目的是为了更好地实现立德树人，无论是基础课、专业课，还是理论课、实践课都具有这样的责任。通过将政治认同、文化自信、民族精神等内容与各类课程固有的知识、技能有机结合，才能实现教育目标，为行业输送合格的从业者，为社会培养优质的青年力量。

（三）坚持产教创一体化育人模式

"产教创一体化"是指将生产经营、教育教学、创新创业三个环节在保持相对独立的基础上又能够相互融合、相辅相成，即在生产经营过程中实施教育教学、在教育教学过程中促进学生进行创新创业实战，同时，学生创新创业的成果和教育教学的效果又反哺于生产经营。①

具体到广告学专业，可以通过校企合作、校企共建等方式强化专业教学同广告行业中的广告服务机构、广告主机构的联系，将专业竞赛、广告项目等引入课堂，指导学生带着问题与需求进行专业学习。在教学过程中，注重发展和培养学生对问题的发现、分析、解决等方面的实践能力，通过将比赛与教学相结合、项目制工作与教学相结合的方式来重塑课堂教学。例如，将学生划分为若干个项目工作组，小组之间既是同学也是竞争对手，每组4—6人并选出一名组长，由组长主要负责与任课教师的沟通工作以及组内协调工作。在这门课程中，无论是课堂讨论还是营销策划任务，该小组都以团队的形式参与课程学习。这种从班级讲授的上课方式到团队管理、教师与组长的协同管理方式，既能锻炼学生的团队合作和协调能力，又能使学生在学习过程中彼此深度交流和讨论。

在产教创一体化育人过程中着重培养以下几方面的能力：（1）使学生能够将产品特点结合产品所处市场进行分析，来指导后续的策划、创意、制作、投放等步骤；（2）使学生能够熟练地使用智能营销工具如制作软件、数据分析

---

① 吴加权、朱国奉：《高职院校"产教创一体化"育人模式研究》，《中国职业技术教育》，2017年，第32期，第34-37页。

软件，学会在实战中借助工具解决问题；（3）使学生在课题团队中学会分工配合、密切合作，有效地锻炼他们的沟通管理能力；（4）使学生能够在操作中将营销传播的前沿理论和模式应用到实战项目中，最后将这种能力提升应用于毕业论文的写作。产教创一体化育人模式能够在一定程度上解决广告教育落后于广告实践的问题，为校企协同育人整合资源、调动多方积极性、提升学校的办学水平及质量，也为企业用人提供资源。

三、结语

在信息技术迅速发展和媒体融合持续加深的背景下，广告与企业、媒体、消费者等各种利益相关者的关系不断发生变化，这也使得广告的业态发生着深刻的改变。广告教育亟须在不断变化的发展过程中，基于新的理论知识和实践经验，探索适应自身专业特色的培养模式。课程改革是系统而繁重的工程，从教育理念到课程定位、从教学模式到教学设计，只有逐步构建长期有效的机制，才能推动广告学专业课程改革的创新与深化。

赛教融合——平面设计类课程三创教育教学改革

李 娟

（闽江学院　新闻传播学院）

一、引言

近年来，如何有效开展创新创业创造教育成为应用型本科高校建设的新内涵和新目标。创新创业创造教育与专业教育融合，是新时代高校教育改革与创新发展的重要内容。[①] 二者只有更好地融合，才能促进三创教育效果的提升。专业教育的落脚点是一门门课程，或者说是一堂堂课，因此，三创教育需要结合课堂教学开展，这样对专任教师和学生都提出了新的要求。实践表明，学科竞赛是大学生综合能力培养和展示的重要平台，其很大程度上能反映出学生解决问题的综合能力和素质。学科竞赛注重利用专业知识和技能解决实际问题，竞赛作品追求创新性、原创性。因此，要实现课程教学和三创教育的融合，学科竞赛是一个十分适合的切入点。

[①] 施生旭、阮晓菁:《构建创新创业创造教育与专业教育融合的人才培养体系》,《教育评论》, 2021年, 第 3 期, 第 68-72 页。

二、问题分析

平面设计类课程是广告学、数字媒体艺术等专业教学计划的重要组成部分，课程主要目标是使学生掌握新媒体设计技能，能创作出具有创意的平面设计作品。课堂特点是要将艺术设计学和计算机技术相结合，注重学生艺术思维和创意思维的培养和实践动手能力的训练。近年来，三创教育越来越得到重视，平面设计类课程专任教师也积极探索将三创教育的思想融合到课堂教学过程中，积极开展三创教育改革。通过和相关任课教师、毕业生、在校生和用人单位等交流，发现平面设计类课程三创教育改革还有很多工作需要深入开展。

（一）三创教育理念需要扎根于师生心中

开展创新创业创造教育是我国大学发展转型的一次挑战，也是提升高等教育整体实力的一次考验。[①] 三创教育的开展已有一段时间，教学管理部门十分重视，但在很多师生心里，并没有真正树立起三创教育的理念，也不知道如何去开展，更多的是按部就班，被动地应付检查，效果可想而知。有的课程仍保留着传统的教学模式，即以老师为中心，照本宣科，学生是被动地、机械地学习。学生在学习过程中不会去"质疑"，逐渐放弃独立思考，甚至拒绝思考，从而丧失学习的主动性，这样会制约学生的创新思维，学习兴趣也慢慢减少，能掌握书本知识就算不错了，创新创造根本就无从谈起，成了奢望。

这种现象究其原因是教师没有转变观念，仍然认为课堂教学是以传授知识为主，忽视学生的主动性和创新性，没有把三创教育理念贯穿于课程教学过程中。创新创业教育可以理解为是对专业教育内涵的不断深化和更高的要求，只有将这种对创新精神、创业能力的培养真正融入专业教育与学习当中，

---

① 王洪才、刘隽颖:《大学创新创业教育核心·难点·突破点》,《中国高等教育》, 2017 年，第 2 期，第 61-63 页。

大学生在专业领域才能更大地发挥自己的潜能、不断实现自我的超越。[①]

因此，为了更好地开展三创教育，就要与时俱进，教师要率先转变观念，要让学生成为课堂学习的主体，创造条件让他们去思考，激发他们创新创造的思维，这样三创教育理念才会逐渐植根于师生心中。

（二）三创教育和课堂教学需要相互融合、相互促进

长期以来，专业人才培养都是以知识传授为主，完成专业培养计划上的所有课程，包括基础课、专业课和实践课等，学生修满学分即可毕业。三创教育和专业课程缺少联系，二者是分离的，各自为战，从而严重影响到三创教育的成效。三创教育对教师的知识广度和实践性有很高的要求，甚至要求老师有创业经历。而大部分专业课老师没有受过系统的三创教育训练，对于老师而言，三创教育难以入手，也存在实际困难。因此，如何让专业课程教学更好地融入三创教育中，使专业教育和三创教育能有效结合、相互促进是当前的重点工作。

实践表明，学科竞赛是三创教育和课堂教学相融合的重要平台，可以充分利用好学科竞赛平台，把三创教育和课堂教学联系起来。全国大学生广告艺术大赛（以下简称大广赛），是由中国高等教育学会主办，大广赛组委会组织，中国传媒大学、大广赛文化传播（北京）有限公司承办的全国性高校文科大赛。[②]大广赛由企业命题，学生依据命题品牌和要求进行作品的创作，评委组更是包含了业界广告精英、企业代表以及高校教师代表等，从多角度、全方位地对作品进行评审。大广赛使学生、学校和市场之间形成一种良性的互动，学生能够真正做到独立完成作品，从而使学生的专业技能和创新能力得到锻炼和提升。大广赛的参赛作品要求原创，评审的核心是作品创意。如

---

① 董秀成：《媒体深度融合背景下传媒类院校创新创业教育研究》，《未来传播》，2019 年，第 26 卷，第 3 期，第 73-78 页。

② 赵智慧：《广告设计类课程教学探索与思考——基于十届大广赛的参赛实践》，《设计》，2019 年，第 32 卷，第 9 期，第 108-109 页。

果一个作品能够获奖，从某种意义上来说这个学生就具备较强的创新思维和能力。平面设计类课程的特点也是要求学生能利用专业技能，设计出具有创新的作品。

因此，以大广赛为例的学科竞赛和平面设计类课程具有很好的契合度，把学科竞赛融入课堂中，必定会促进三创教育效果的提升。在课程教学过程中，要求教师以学生为主体，引导和组织学生开展理论知识和专业技能训练，并且把参加学科竞赛作为课程的一个目标。具体做法是：结合课程内容适时将全国大学生广告艺术大赛的优秀获奖作品引入课堂，和学生一起探讨命题要求和优秀作品的创作理念，并指导学生发挥想象，创作出相关设计作品，参加大广赛。通过将三创教育的理念融合于专业课程的教学中，使学生成为主体，让他们主动去思考去分析设计作品的创意，并以学科竞赛作为载体，以参赛为目标，吸引学生，让他们能主动去学习理论和技能，有创作激情，就能让学生的专业技能和创新创造思维得到训练和提高。

（三）三创教育不是短期行为，是一个长期的过程

如何评价三创教育的成效一直以来都没有很好的方法。学科竞赛、创业大赛等的获奖情况、国家级省级大学生创新实验项目数量等一直以来是评价三创教育成效的重要内容。这些量化指标都很直观，确实可以反映出一部分成效。但这些成果和指标不是三创教育的本质，不应该作为评价重点。三创教育重点是培养创新创造人才，其特点主要表现为积极主动、自信心强、独立思考、想法新颖等，这些特点不是短期就能够培养起来的，需要一点一滴的积累。

在大学里评价三创教育工作，比赛获奖等级和数量只能作为一部分，更要注重三创精神和三创能力潜移默化的过程，可以根据学生毕业三年五年后的成就回过来评估他们大学学习的成效。因此，三创人才培养是一个长期的过程，不能急于一时，相信大学里打好了三创教育的基础，让学生对自己有

信心，毕业后一定能展现出自身的优势。

三、赛教融合，三创教育的新途径

三创人才首先要求学生掌握专业知识和专业技能，在此基础上，立德树人，鼓励学生去创新、创造和创业。三创教育的理念是鼓励创新，让学生敢于实践。因此课堂要以学生为中心，教师创造条件，让学生主动去思考，尝试去创新。思想指导行动，三创教育改革首先要求专业教师与时俱进，将三创教育理念贯穿于教与学的全过程，并将其作为长期坚持的教育思想。学科竞赛系列性活动的全程式和渐进性开展，可以有效拓宽大学生的专业视野，增强学习的主动性，培养创新意识，提高解决实际问题的能力，全面提升高等教育教学质量。[①] 赛教融合的方式，可以说为平面设计类课程教学过程中开展三创教育改革提供了新的途径。

（一）寓赛于教，让学生成为课堂主体，训练创新思维

高校培养三创人才，是要在学科教育的基础上，因此专业教育和三创教育要相辅相成，相互融合。专业教育让学生掌握专业基础知识和基本技能，在此基础上，如何让学生具备更强的三创能力和三创精神，是人才培养的重点。三创教育要融入专业教育过程中，就要以课堂为载体，通过每一门课程、每一节课、每一次实验、每一次课后作业，潜移默化，让三创种子默默地耕种于学生心中。

大广赛始终遵循"促进教改，启迪智慧，强化能力，提高素质"的宗旨，激发大学生的智慧和创作力，培养学生的创新意识和创新思维，是检验高校教学水平的重要依据。[②] 课堂教学要在讲授理论知识和训练专业技能的基础

① 王蕾、张巧英：《基于学科竞赛的高校实践教学体系创新研究》，《教育理论与实践》，2015年，第35卷，第6期，第43-44页。

② 王骏：《"大广赛"下的平面广告创新思维培养——以惠州学院美术与设计学院为例》，《中国民族博览》，2020年，第22期，第185-187页。

上，融入学科竞赛元素，以生为本，注重培养学生的创新创意思维。广告学、数字媒体艺术等专业中，有许多与设计相关的课程，这些课程要充分利用好大广赛的资源优势，把优秀的大广赛作品和案例融入课程中。在案例课堂上，教师不再是知识的专家，而是与学生处在平等的位置上，和学生共同学习，一起讨论，一起研究创意，此时学生当家作主的意识会得到极大提升，他们的自学能力、思考问题和解决问题的能力也会得到有效提高，并在其中不断完善他们的专业知识体系。

（二）以赛促学，锻炼专业技能和培育三创精神

以大广赛为代表的学科竞赛，是行业、企业和教育界共同主导的比赛，比赛评价作品的关键之一就是创意。平面设计类学生十分珍惜参加这类学科竞赛，既有荣誉方面的奖励，又能锻炼专业技能和创新思维。作为教师，在鼓励学生参赛的前提下，也要重视过程的指导，所以也要求教师自我充电，不断充实自己。

在研究和分析往届优秀获奖作品的基础上，要求学生根据自己的兴趣特长，选择相应竞赛命题，发挥创意想象，创作出平面设计作品，参加大广赛。通过比赛，可以得到评委专家的反馈，知道自己的长处或短处，从而进一步提高自己的专业能力。指导学生参加竞赛是课程教学的有效途径，竞赛可以让学生发挥想象、展现自我。同时，学科竞赛也可以磨炼学生的意志品质，一个好的作品，除了创意，还需要付出许多的努力才能创作出来。通过一次次的设计、研讨和打磨，训练学生的创新创造思维和优秀的意志品质。如果有更多的课程、更多的参赛机会，相信学生的综合素养会得到更多的锻炼和提升，逐步成为优秀的三创人才。

四、赛教融合的初步成效与挑战

平面设计课程是学习设计理论的基础上，掌握设计技能，创作出具有创意的作品。基于这个课程特点，探索以课堂为载体，把学科竞赛作为课程的一个教学目标，在教学过程中，充分融入大广赛元素，解析往届优秀获奖作品，讲解新的竞赛命题，一步步启发学生，让其独立思考，去发挥想象，去创作出比赛作品，从而让学生综合能力得到更好的锻炼，也让三创教育的种子默默地扎根于学生的心里。

闽江学院新闻传播学院成立以来，十分重视师资队伍建设和人才培养模式创新，把三创教育作为了学生素质教育的一个重要方面，并鼓励和支持学生积极参加各类学科比赛。针对广告学、数字媒体艺术等专业中平面设计类课程的特点，任课教师积极将大广赛等学科竞赛和课堂教学结合起来，教学取得丰硕的成果，同时，也使三创教育的成效逐渐展现出来。几年来，在师生共同努力下，新闻传播学院的学生通过参加大广赛、学院奖等，专业技能得到了锻炼，也取得了十分不俗的比赛成绩。比赛成绩是一方面，更为重要的是在比赛过程中，这一批学生的创新思维得到训练和拓展，设计技能得到锻炼和提升，从而使他们树立起更强的自信心，学习更加积极主动，毕业生展现出更强的就业竞争力。

三创教育的难点是理念，也就是如何坚持把三创教育作为人才培养的一个重要目标。在教师层面，部分教师会认为专业教育就是以教授专业知识为主，创新创造创业应该是以后的事情。在学生层面，每个学生都有独立的想法，有的学生积极主动会思考懂沟通，有的学生按部就班被动学习，还有的学生认为大学学习最主要的是拿到文凭，至于学什么或怎么学却没有放在心上。人才培养要求全体专业教师和学生都参与，大家都是主角，不是个别老师或学生的事情。因此，如何让更多的老师和学生做到与时俱进，坚持三创教育理念，是三创教育面临的最根本的挑战。

五、结语

三创教育的内涵是以专业知识为基础，以实践技能为核心，使学生富有创造、创新精神和创业能力。本文以平面设计类课程为样本，结合课程教学特点，探索将大广赛等学科竞赛和专业课程教学相融合，以促进三创教育的开展。在课程教学中，鼓励教师将参加学科竞赛作为课程的一个教学目标，并将学科竞赛的元素融入课堂，包括优秀作品的创作思路、评审专家的点评意见、命题要求和创意要求等。赛教融合的教学方式让学生的专业实践技能得到训练，创新思维也得到激发，一次次的创作实践和一场场的比赛经历，会让三创教育的种子默默地埋在学生的心里，一点一点成长起来。

后 记

　　本书的作者都是来自闽江学院各职能部门的管理干部以及各学院的一线教师，本书是他们行政管理、教学科研工作的智慧结晶。在此，对参编人员严谨求实、积极探索的精神表示敬意，并对中国广播影视出版社为本书出版付出的辛劳表示诚挚的感谢。

2022 年盛夏